Umschlagmotiv:
Kalligraphie von Seung Sahn
„Quellen mystischer Weisheit"

BUDDHA STEHT KOPF

Seung Sahn Dae Soen Sa Nim

Buddha steht kopf

Die Lehren des Zen-Meisters Seung Sahn

CONTEXT VERLAG

Übersetzung:
Ja An (Beate Gundrum)
Dr. Paul Köppler

Originaltitel:
Dropping Ashes On The Buddha

CIP-Titelaufnahme der Deutschen Bibliothek:
Sungsan
Buddha steht kopf: die Lehren des Zen-Meisters Seung Sahn/
Seung Sahn Dae Soen Sa Nim. [Übers.: Jaan (Beate Gundrum);
Paul Köppler]. – 1. Aufl., 1.-3. Tsd. – Bielefeld: Context-Verl., 1990
Einheitssacht.: Dropping ashes on the Buddha <dt.>
ISBN 3-926257-06-7

1. Auflage, August 1990, 1.-3. Tsd.

Harald Gries, Uta Bodewig, Joachim Kamphausen GbR
Postfach 1750, Tel.: 05 21 / 6 7179 D - 4800 Bielefeld 1

Umschlag:
Kalligraphie: Seung Sahn
Idee + Gestaltung:
Franz Josef Wiewel

Satz: satzbau, Bielefeld
Druck: Clausen & Bosse, Leck

Inhaltsverzeichnis

Vorwort

Die Zen-Lehre ist wie ein Fenster. Beim ersten Hinsehen erkennen wir nur die verschwommene Spiegelung unseres eigenen Gesichts. Je mehr wir aber lernen, um so klarer wird unser Weitblick. Die Lehre wird klarer, bis sie schließlich vollkommen transparent ist. Wir können hindurchsehen. Wir sehen alles: unser eigenes Gesicht.

Dieses Buch ist eine Zusammenstellung der Lehrmethoden von Seung Sahn Dae Soen Sa Nim in Amerika – Dialoge, Geschichten, formelle Zen-Interviews, Dharma-Reden und Briefe. Die Worte tauchen den Situationen entsprechend auf. Jede Situation ist ein Spiel, und es geht um Leben und Tod.

Der englische Titel des Buches „Dropping Ashes on the Buddha" entstand aus einem Problem, das zu lösen Dae Soen Sa Nim seinen Schülern als Hausaufgabe gibt (ein *Kong-An*). Es lautet folgendermaßen:

Jemand kommt mit einer brennenden Zigarette in der Hand ins Zen-Zentrum, geht zur Buddha-Statue, bläst ihr den Rauch ins Gesicht und klopft die Asche über dem Schoß des Buddha ab. Du stehst dabei. Was kannst du tun?

Dieser Mensch hat verstanden, daß es weder heilig noch nicht heilig gibt. Alles im Universum ist eins, und dieses Eine ist er selbst. Folglich ist alles erlaubt. Asche ist Buddha; Buddha ist Asche. Die Zigarette wird zwischen den Fingern geschnippt, und die Asche fällt.

Er hat aber nur ein teilweises Verständnis erlangt. Er hat noch nicht verstanden, daß alles genauso ist, wie es ist. Heilig ist heilig; nicht heilig ist nicht heilig; Asche ist Asche; Buddha ist Buddha. Dieser Mensch klammert sich nur an die Leerheit und an sein eigenes Verstehen, und er ist überzeugt, daß alle Worte nutzlos sind. Deshalb wird er dich schlagen, was immer du auch sagst, ganz egal wie du ihn zu belehren versuchst. Versuchst du ihn zu lehren, indem du zurückschlägst, wird er dich nur noch fester schlagen (er ist sehr stark).

Wie kannst du ihn von seiner Verblendung heilen?

Da du Zen-Schüler bist, bist du gleichzeitig auch Zen-Lehrer. Du gehst auf dem Pfad des Bodhisattvas, dessen Gelöbnis es ist, alle Wesen von ihren Leiden zu erretten. Dieser Mensch leidet unter einer falschen Sichtweise. Du mußt ihm helfen, die Wahrheit zu verstehen: Alles im Universum ist genauso, wie es ist.

Wie kannst du ihm helfen?

Findest du die Antwort auf dieses Problem, so wirst du den wahren Weg finden.

EINFÜHRUNG

Hoch in den Bergen wird die große Tempelglocke geschlagen. Du hörst ihren Widerhall in der Morgenluft – und alle Gedanken verschwinden aus deinem Geist. Es gibt nichts mehr, was du bist. Es gibt nichts mehr, was du nicht bist. Es gibt nur noch den Klang der Glocke, der das ganze Universum erfüllt.

Der Frühling kommt, du siehst die Blumen blühen, die Schmetterlinge flattern; du hörst die Vögel singen, du atmest die warme Frühlingsluft ein, und dein Denken ist nur noch Frühling. Es gibt sonst nichts.

Du besuchst Niagara und fährst mit einem Boot zum Fuß der Wasserfälle. Das herunterstürzende Wasser ist vor dir und um dich herum und in dir, und plötzlich schreist du: JAAAAAAA!

In all diesen Erfahrungen werden Innen und Außen eins. Das ist der Zen-Geist.

Die ursprüngliche Natur hat keine Gegensätze. Sprache und Worte sind unnötig. Ohne Denken sind alle Dinge genauso, wie sie sind. Die Wahrheit ist einfach genau so.

Also wozu benutzen wir Worte? Wozu haben wir dieses Buch gemacht? Entsprechend der orientalischen Medizin wird jede Krankheit mit dem Mittel bekämpft, durch das sie verursacht wurde. Die meisten Menschen sind sehr abhängig von Worten und Sprache. Deshalb heilen wir diese Krankheit mit der Wort-und-Sprache-Medizin.

Die meisten Menschen haben eine verblendete Ansicht dieser Welt. Sie sehen sie nicht, wie sie ist; sie verstehen die Wahrheit nicht. Was ist gut, was ist schlecht? Wer macht das Gute, wer macht das Schlechte? Die Menschen klammern sich mit aller Macht an ihre Meinungen. Aber jeder hat eine andere Meinung. Wie kannst du behaupten, deine Meinung sei richtig und die eines anderen sei falsch? Das ist Verblendung.

Möchtest du die Wahrheit verstehen, so mußt du dich von deinen Situationen, deinen Bedingungen und all deinen Meinungen trennen. Dann befindet sich dein Geist vor dem Denken. „Vor dem Denken“ ist der klare Geist. Der klare Geist hat kein Innen und kein Außen. Er ist einfach genau so. „Einfach genau so“ ist die Wahrheit.

Ein bedeutender Lehrer sagte:

Wenn du dieses Tor durchschreiten willst,
laß kein Denken aufkommen.

Das bedeutet, solange du denkst, kannst du Zen nicht verstehen. Bewahrst du aber den Geist, der vor dem Denken liegt: das ist der Zen-Geist.

Deshalb sagte ein anderer Zen-Meister:

Der Buddha lehrte nur,
um dein Denken in die richtigen Bahnen zu lenken.
Hast du bereits dein Denken abgeschnitten,
wozu sind Buddhas Worte gut?

Im Herz-Sutra steht: „Form ist Leerheit, Leerheit ist Form." Das bedeutet: „Keine Form, keine Leerheit." Aber die wahre Bedeutung von „keine Form, keine Leerheit" ist: „Form ist Form, Leerheit ist Leerheit."

Denkst du, so kannst du diese Worte nicht verstehen. Wenn du nicht denkst, „einfach genau so" ist die Buddha-Natur. Was ist Buddha-Natur? Hoch in der Bergen wird die große Tempelglocke geschlagen.

Die Wahrheit ist einfach genau so.

Seung Sahn

1. Zen heisst, sich selbst erkennen

Eines Tages kam ein Zen-Schüler aus Chicago in das Zen-Zentrum in Providence und fragte Dae Soen Sa Nim: „Was ist Zen?“

Dae Soen Sa Nim hielt den Zen-Stock über seinen Kopf und sagte: „Verstehst du?“

Der Schüler sagte: „Ich weiß nicht.“

Dae Soen Sa Nim sagte: „Dieser Weiß-Nicht-Geist bist du. Zen bedeutet, sich selbst erkennen.“

„Was kannst du mir über mein Selbst sagen? Erkläre es mir.“

Dae Soen Sa Nim antwortete: „In einer Bäckerei werden verschiedene Kekse in unterschiedlichen Formen gebacken, z.B. als Tiere, Autos, Menschen und Flugzeuge. Sie haben alle verschiedene Namen und Formen, aber sie sind alle aus dem gleichen Teig gemacht und schmecken alle gleich.

Genauso haben alle Erscheinungen des Universums – Sonne, Mond, Sterne, Berge, Flüsse, Menschen, usw. verschiedene Namen und Formen, aber sie sind alle aus derselben Substanz gemacht. Das Universum besteht aus Gegensätzen: Licht und Dunkel, Mann und Frau, Klang und Stille, Gut und Schlecht. Aber alle diese Gegensätze entsprechen einander, sie sind aus derselben Substanz gemacht. Namen und Formen sind verschieden, die Substanz ist jedoch diesselbe. Namen und Formen entstehen durch dein Denken. Wenn du nicht denkst und unabhängig bist von Namen und Formen, dann ist alles eins. Dein Weiß-Nicht-Geist durchtrennt das Denken. Er ist deine Substanz. Die Substanz dieses Zen-Stockes und deine Substanz ist gleich. Du bist dieser Stock, dieser Stock ist du.“

Der Schüler sagte: „Manche Philosophen sagen, diese Substanz ist Energie; manche sagen, sie ist Geist; andere behaupten, sie ist Gott oder Materie. Was ist richtig?“

Dae Soen Sa Nim erklärte: „Vier Blinde gingen in den Zoo zu einem Elefanten. Einer berührte dessen Seite und sagte, ‚der Elefant ist wie eine Mauer.‘ Ein anderer berührte den Rüssel und sagte, ‚der Elefant ist wie eine Schlange.‘ Der dritte berührte eines seiner Beine und sagte, ‚der Elefant ist wie eine Säule.‘ Der vierte berührte seinen Schwanz und sagte, ‚der

Elefant ist wie ein Pinsel.' Und dann begannen die vier Männer zu streiten, denn jeder glaubte sich im Recht, und erkannte nur den Teil, den er berührt hatte; keiner erkannte das Ganze.

Die Substanz hat weder Namen noch Formen. Energie, Geist, Gott, Materie – das sind alles nur Namen und Formen. Die Substanz ist das Absolute. Hast du Namen und Formen, so hast du auch Gegensätze. Deshalb verhält sich die ganze Welt wie diese Blinden, die sich gegenseitig bekämpfen. Erkennst du dich selbst nicht, so kannst du auch nicht die Wahrheit erkennen.

Deswegen kämpfen wir. Würden alle Menschen in der Welt sich selbst erkennen, dann könnten alle das Absolute erreichen, und es wäre Frieden in der Welt. Zen ist Weltfrieden.

Der Schüler fragte: „Wie kann die Zen-Praxis den Weltfrieden bringen?"

Dae Soen Sa Nim sagte: „Die Menschen verlangen nach Geld, Ruhm, Sex, Nahrung und Freizeit. Dieses Verlangen kommt aus dem Denken. Denken bedeutet Leiden. Leiden heißt: keinen Frieden in der Welt. Nicht Denken hingegen bedeutet nicht Leiden. Nicht Leiden bedeutet Weltfrieden. Der Weltfrieden ist das Absolute. Das Absolute ist das Ich."

Der Schüler sagte: „Wie kann ich das Absolute erkennen?"

Dae Soen Sa Nim sagte: „Du mußt dich selbst erkennen."

„Wie kann ich mich selbst erkennen?"

Dae Soen Sa Nim hielt seinen Zen-Stock in die Höhe: „Siehst du das?"

Dann schlug er schnell mit dem Stock auf den Tisch: „Hörst du das? Dieser Stock, dieser Ton und dein Geist – sind sie gleich oder verschieden?"

Der Schüler sagte: „Gleich."

Dae Soen Sa Nim sagte: „Sagst du, sie sind gleich, so schlage ich dich dreißigmal; sagst du, sie sind verschieden, so schlage ich dich auch dreißigmal. Warum?"

Der Schüler konnte nicht antworten.

Dae Soen Sa Nim schrie: „KATZ!!!" Dann fügte er hinzu: „Der Frühling kommt. Das Gras wächst von selbst."

2. Der Zen-Kreis

Eines Abends hielt Dae Soen Sa Nim folgenden Dharma-Vortrag im Zen-Zentrum in Providence.

„Was ist Zen? Zen heißt, sich selbst erkennen. Es heißt sich zu fragen: Was bin ich? Ich erkläre Zen mit einem Kreis. Es gibt auf diesem Kreis fünf Punkte. 0°, 90°, 180°, 270° und 360°. 360° ist derselbe Punkt wie 0°.

Wir beginnen mit dem Raum von 0° bis 90°. Hier herrschen Denken und Abhängigkeit. Denken ist Verlangen, und Verlangen führt zu Leiden. Alles besteht aus Gegensätzen: gut und schlecht, schön und häßlich, mein und dein. Ich mag das – ich mag das nicht. Ich möchte glücklich sein und nicht leiden. Deshalb ist Leben in diesem Fall Leiden und Leiden ist Leben.

Über 90° liegt der Raum der Bewußtheit oder des sogenannten Karma-Ichs. Unterhalb von 90° ist man abhängig von Name und Form, ist man also abhängig vom Denken. Ehe du geboren wurdest, warst du Null. Nun bist du Eins. Wenn du stirbst, wirst du wieder Null. Deshalb ist Null Eins und Eins ist Null. In diesem Bereich sind alle Erscheinungen gleich, denn sie sind aus derselben Substanz. Alles hat Namen und Form, aber alle Namen und Formen kommen aus der ursprünglichen Leerheit und kehren wieder zur Leerheit zurück. Das alles ist aber immer noch Denken.

Ab 180° gibt es überhaupt kein Denken mehr. Das ist die Erfahrung der wahren Leerheit. Vor dem Denken gibt es weder Worte noch Sprache, also auch keine Berge, keine Flüsse, keinen Gott, keinen Buddha, überhaupt nichts mehr. Es gibt nur noch …"

An dieser Stelle schlug Dae Soen Sa Nim auf den Tisch.

„Als nächstes kommt der Bereich bis 270°, der Bereich der Magie und der Wunder. Hier herrscht vollkommene Freiheit, ungehindert von Raum und Zeit. Das nennt man lebendiges Denken. Ich kann meinen Körper in den einer Schlange verwandeln. Ich kann auf einer Wolke in den westlichen Himmel reiten. Ich kann auf dem Wasser gehen. Will ich leben, dann lebe ich; will ich sterben, dann sterbe ich. In diesem Bereich ist alles möglich: eine Statue kann weinen; der Boden ist weder hell noch dunkel; der Baum hat keine Wurzeln; das Tal hat kein Echo.

Bleibst du bei 180 ° stehen, wirst du abhängig von der Leerheit; bleibst du bei 270 ° stehen, wirst du abhängig von der Freiheit.

Bei 360 ° sind alle Erscheinungen genauso, wie sie sind. Die Wahrheit ist einfach genau so. ‚Einfach so' bedeutet, man ist von nichts mehr abhängig. Dieser Punkt ist dem Null-Punkt genau gleich. Wir kommen dort an, wo wir begonnen haben, wo wir immer gewesen sind. Der Unterschied liegt darin, daß 0 ° abhängiges Denken ist, während 360 Grad unabhängiges Denken ist.

Ein Beispiel: Wenn du Auto fährst und dein Geist ist irgendwo anders, dann fährst du vielleicht bei Rot über die Kreuzung. Das ist abhängiges Denken. Nicht abhängiges Denken bedeutet, daß dein Geist die ganze Zeit über klar ist. Fährst du Auto, dann denkst du nicht mehr, sondern du fährst einfach nur. Dann ist die Wahrheit einfach genauso, wie sie ist. Rot bedeutet Halt, Grün bedeutet freie Fahrt. Das ist eine intuitive Handlung. Das heißt, eine Handlung ohne Verlangen, ohne Festhalten. Mein Geist ist wie ein klarer Spiegel, der alles einfach genau so reflektiert. Erscheint Rot, zeigt der Spiegel Rot, erscheint Gelb, zeigt der Spiegel Gelb. Genauso ist das Leben eines Bodhisattvas. Ich begehre nichts für mich selbst, mein Handeln ist für alle Menschen.

0 ° ist das kleine Ich. 90 ° ist das Karma-Ich. 180 ° ist das Nicht-Ich. 270 ° ist das Freiheit-Ich. 360 ° ist das Große Ich. Das Große Ich ist unbegrenzter Raum und unbegrenzte Zeit. Also kennt es weder Leben noch Tod. Ich habe nur einen Wunsch: alle Wesen zu erretten. Sind die Menschen glücklich, bin ich auch glücklich, sind sie traurig, bin ich auch traurig.

Zen heißt 360 ° erreichen. Hast du 360 ° erreicht, dann verschwinden alle Grade auf dem Kreis. Dieser Kreis ist nur ein Hilfsmittel der Zen-Lehre. Er existiert nicht wirklich. Wir verwenden ihn, um das Denken zu vereinfachen und die Erkenntnis eines Zen-Schülers zu testen."

Dae Soen Sa Nim hielt ein Buch und einen Bleistift in die Höhe und sagte: „Dieses Buch und dieser Bleistift – sind sie gleich oder verschieden? Bei 0 ° sind sie verschieden. Bei 90 ° sind alle Dinge eins, daher ist das Buch der Bleistift, und der Bleistift ist das Buch. Bei 180 ° hat alles Denken aufgehört, es gibt weder Worte noch Sprache. Die Antwort ist ..." Dae Soen Sa Nim schlug auf den Tisch. „Bei 270 ° herrscht vollkommene Freiheit, dann lautet eine gute Antwort: das Buch ist zornig, der Bleistift lacht. Bei 360 ° ist die Wahrheit einfach genau so. Der Frühling kommt, das Gras wächst von selbst; drinnen ist es hell, draußen ist es dunkel; drei mal drei ist neun. Also lautet die Antwort: das Buch ist das Buch, der Bleistift ist der Bleistift.

An jedem Punkt lautet die Antwort unterschiedlich. Welche Antwort ist zutreffend? Verstehst du?

Nun habe ich noch eine Antwort für dich: Alle fünf Antworten sind falsch."

„Warum?"

Nachdem er einen Moment gewartet hatte, schrie Dae Soen Sa Nim: „KATZ!!!" anschließend fügte er hinzu: „Das Buch ist blau, der Bleistift ist gelb. Wenn du das verstehst, wirst du dich selbst verstehen.

Verstehst du dich selbst, so schlage ich dich dreißigmal. Verstehst du dich aber nicht, so schlage ich dich auch dreißigmal."

„Warum?"

Nachdem er nochmals eine Zeit gewartet hatte, sagte Dae Soen Sa Nim: „Heute ist es sehr kalt."

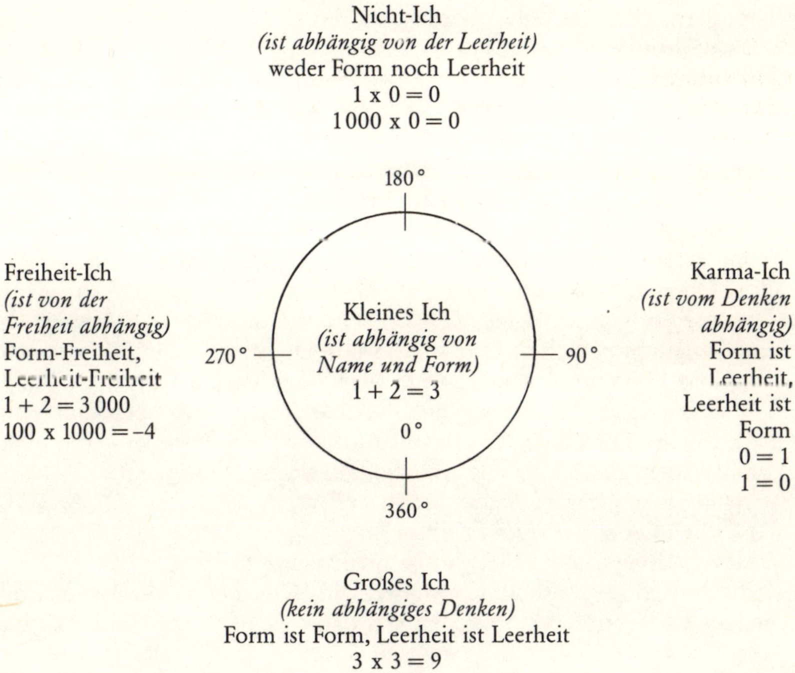

3. Mein Dharma ist zu teuer

Einmal kam ein Zen-Schüler zu Meister Hyang Bong und fragte: „Bitte Meister, erkläre mir das Dharma."

Hyang Bong sagte: „Es tut mir leid, aber mein Dharma ist sehr teuer."

„Wieviel kostet es?"

„Wieviel kannst Du zahlen?"

Der Schüler griff in seine Tasche und nahm einige Münzen heraus: „Das ist mein ganzes Geld."

„Selbst wenn Du mir einen Goldklumpen brächtest, so groß wie ein Berg, mein Dharma wäre trotzdem zu teuer."

Daraufhin begann der Schüler, Zen zu üben. Nach einigen Monaten des harten Trainings ging er wieder zu Hyang Bong und sagte: „Meister, ich will dir mein Leben schenken, ich will alles für dich tun, ich will dein Sklave sein. Bitte lehre mich."

Hyang Bong antwortete: „Selbst wenn du mir tausend Leben gäbest, mein Dharma wäre trotzdem zu teuer."

Niedergeschlagen ging der Schüler weg. Nach mehreren Monaten erneuter harter Übung kam er wieder: „Ich will dir meinen Geist geben. Wirst Du mich jetzt lehren?"

Hyang Bong antwortete: „Dein Geist ist ein stinkender Mülleimer. Ich kann ihn nicht brauchen. Und selbst wenn Du mir zehntausend Formen von Geist brächtest, mein Dharma wäre trotzdem zu teuer."

Wieder ging der Schüler weg und übte hart. Nach einiger Zeit kam er zu der Einsicht, daß das ganze Universum leer ist. Da begab er sich erneut zum Meister: „Nun verstehe ich, wie teuer dein Dharma ist."

Hyang Bong fragte: „Wie teuer ist es?"

Der Schüler schrie: „KATZ!!!"

Hyang Bong sagte: „Nein, es ist noch teurer."

Als der Schüler diesmal den Meister verließ, war er völlig verwirrt und niedergeschlagen. Er gelobte, sich erst dann wieder zum Meister zu begeben, wenn er vollkommen erwacht wäre.

Schließlich kam dieser Tag und er ging wieder zum Meister:

„Meister, nun verstehe ich wirklich. Der Himmel ist blau, das Gras ist grün."

„Nein, nein, nein", sagte Hyang Bong, „mein Dharma ist sogar noch teurer."

Da wurde der Schüler wild. „Ich habe schon verstanden! Ich brauche dein Dharma nicht! Du kannst es nehmen und dir in den Arsch schieben!"

Hyang Bong lachte. Das machte den Schüler noch zorniger. Er kehrte um und stürmte hinaus. Gerade als er beim Tor angelangt war, rief ihm Hyang Bong zu: „Warte einen Augenblick!"

Der Schüler drehte sich um.

„Verliere mein Dharma nicht", sagte Hyang Bong.

Als er diese Worte vernahm, wurde der Schüler erleuchtet.

4. Ratschlag für einen Anfänger

Lieber Soen Sa Nim, 16. Februar 1975

Mittwoch abend erlebte ich die Diskussion mit Dir und zwei von Deinen Zen-Schülern in Yale. Es war sehr wichtig für mich, Dich zu sehen und Deine Worte zu hören und all den anderen Zuhörern zu begegnen, denn bis jetzt habe ich mein Interesse an Zen ganz allein entwickelt, und meine Kenntnisse kommen aus Büchern. Dadurch erschien mir Zen oft sehr fern und unübertragbar auf die heutige Zeit und mein Leben. Ich hatte das Gefühl, daß mein Interesse an Zen vielleicht ein unpassender Versuch ist, dieser Welt zu entkommen, die ich nicht verstehe. Wenn ich aber andere Menschen sehe, die sich mit Leichtigkeit in dieser Welt bewegen, vergehen solche Gefühle und mein Interesse an Zen wächst wieder. Diese unmittelbaren Erfahrungen mit Zen haben natürlich eine Menge Fragen hervorgerufen, besonders über die Zen-Übung. Das ist auch der wichtigste Grund meines Schreibens.

Welche Methode des *Zazen* kannst Du einem Anfänger empfehlen? Ich habe einen Monat lang geübt, indem ich saß und die einzelnen Atemzüge jeweils bis zehn zählte. Empfiehlst Du, mit dieser Methode fortzufahren, oder sie zu ändern? Kannst Du mir auch einen Ratschlag geben, wie man Tag für Tag handeln soll, um zum rechten Verständnis zu kommen? Ich versuche zu tun, was getan werden muß, ohne ins Denken abzuschweifen, und spüre schon Fortschritte dabei. Trotzdem bin ich überzeugt, daß es noch eine ausgeprägtere Richtlinie für das rechte Handeln gibt oder geben sollte. So habe ich z.B. von den sechzehn Gelöbnissen gelesen. Sind diese Gelöbnisse nur für jene, die Einsicht erlangt haben – für Handlungsweisen, die nur aus dieser Einsicht kommen? Können diese Gelöbnisse auch von jemandem angewandt werden, der nicht die letzte Einsicht hat, indem sie als Hinweis für richtiges Handeln auf dem Weg zur Einsicht dienen?

Ich habe über Veranstaltungen gelesen, die *Sesshin* heißen und bei denen Laien ungefähr eine Woche in einem Kloster oder Zentrum verbringen, um zu üben und mit einem Meister zu sprechen. Gibt es solche Veranstaltungen in Euren Zentren? Ich bitte um nähere Informationen.

Außerdem weiß ich nicht, in welchem Zusammenhang die tatsächliche Übung mit der schriftlichen Überlieferung, mit den Geschichten und Erklärungen über die wahre Einsicht usw. steht. Ich habe genug gelesen, und kann die Zen-Lehre verstandesmäßig begreifen und mit der Vernunft akzeptieren. Aber sie geht mir nicht unter die Haut, weil ich keine direkte Erfahrung habe. Deshalb stimme ich mit jenen überein, die sagen, nur durch Worte kann man kein wahres Verständnis erlangen; es muß durch die Übung erworben werden. Aber Du verwendest doch auch Worte, um Deinen Schülern zu helfen. Ich verstehe es nicht. Wenn ich lese, kommen Gedanken über Gedanken, und ich komme immer wieder an diese Mauer, hinter die man nicht mit Worten gelangen kann. Deshalb will ich jetzt nicht mehr herausfinden, wo diese Worte hinführen, sondern versuchen, nur zu üben, zu meditieren und darüber nachzudenken, wer oder was diese Worte schreibt, wer ißt, schläft, usw. Aber ich frage mich, ob ich die Worte aufgeben kann, ehe ich sie wirklich erschöpft habe. Ich glaube, das ist ein ziemlich konfuser Haufen verwirrter Gedanken, aber vielleicht kannst Du meine Verblendung durchschauen.

Ich habe nun genug von Deiner Zeit in Anspruch genommen und bin sehr dankbar für die Aufmerksamkeit, die Du meinen Fragen schenkst.

Hochachtungsvoll

Patricia

Liebe Patricia, 23. Februar 1975

danke für Deinen Brief. Wie geht es Dir?

Du schreibst, Du hättest viele Bücher über Zen gelesen. Das ist gut. Aber solange Du denkst, kannst Du Zen nicht verstehen. Alles was in einem Buch geschrieben werden kann, alles was gesagt werden kann – das alles ist Denken. Denkst Du, dann sind alle Zen-Bücher, alle buddhistischen Lehrreden, alle Bibeln nur Worte von Dämonen. Aber liest Du mit einem Geist, der alles Denken abgeschnitten hat, dann sind die Zen-Bücher, die Sutren und Bibeln die Wahrheit. Ebenso ist das Bellen eines

Hundes oder das Krähen eines Hahnes die Wahrheit! Alle Dinge belehren Dich in jedem Moment, und diese Geräusche sind sogar bessere Lehren als Zen-Bücher. Zen führt zu dem Geist, der vor dem Denken liegt. Wissenschaften und akademische Studien liegen nach dem Denken. Wir müssen zu dem Zustand vor dem Denken zurückkehren. Dann werden wir unser wahres Selbst erlangen.

Du sagst in Deinem Brief, Du übst die Methode, die Atemzüge bis zehn zu zählen. Diese Methode ist weder gut noch schlecht. Es ist zwar möglich, auf diese Weise im Sitzen zu üben, aber wenn Du Auto fährst, wenn Du sprichst, wenn Du fernsiehst, wenn Du Tennis spielst – wie ist es dann möglich, die Atemzüge zu zählen? Das Sitzen ist nur ein kleiner Teil der Übung. Die wahre Bedeutung der Zen-Übung ist es, das Denken abzuschneiden und den unbeweglichen Geist zu bewahren. Deshalb frage ich Dich: „Was bist Du?" Du weißt es nicht; es gibt nur noch: „Ich weiß nicht." Bewahre immer diesen Weiß-Nicht-Geist. Wird dieser Weiß-Nicht-Geist klar, dann wirst Du verstehen. Bewahrst Du diesen Weiß-Nicht-Geist, während Du Auto fährst, dann ist das Zen-Fahren. Bewahrst Du ihn, während Du redest, dann ist das Zen-Reden. Bewahrst Du ihn, während Du fernsiehst, dann ist das Zen-Fernsehen. Du mußt den Weiß-Nicht-Geist bewahren, immer und überall. Das ist die wahre Zen-Übung.

> Der große Weg ist nicht schwer,
> solange Du keine Unterscheidungen machst.
> Wirf alle Vorlieben und Abneigungen weg,
> und alles wird vollkommen klar.

Deshalb wirf alle Meinungen weg, alle Vorlieben und Abneigungen, und bewahre nur den Geist, der nicht weiß. Das ist sehr wichtig. Der Weiß-Nicht-Geist ist der Geist, der alles Denken abschneidet. Hast Du alles Denken abgeschnitten, dann ist Dein Geist leer. Das ist der Zustand vor dem Denken. Dein vor dem Denken liegender Geist und mein vor dem Denken liegender Geist und der vor dem Denken liegende Geist aller Menschen ist derselbe. Das ist Deine Substanz. Deine Substanz, meine Substanz, die Substanz des ganzen Universums wird eins. Folglich werden Bäume, Berge, Wolken und Du eins. Dann frage ich Dich: „Du und der Berg, seid ihr gleich oder verschieden?" Sagst Du „gleich", so schlage ich Dich dreißigmal; sagst Du: „verschieden", so schlage ich Dich auch dreißigmal. Warum?

Der Geist, der eins wird mit dem Universum, liegt vor dem Denken. Vor dem Denken gibt es keine Worte. „Gleich" und „verschieden" sind gegensätzliche Wörter. Sie kommen aus dem Geist, der alles trennt. Deshalb bekommst Du die Schläge, egal was Du sagst. Was wäre eine gute

Antwort? Verstehst Du nicht, so bewahre nur den Weiß-Nicht-Geist und Du wirst bald eine gute Antwort finden. Hast Du sie, dann schicke sie mir bitte.

Du fragst mich, warum ich Worte verwende, um zu lehren, wenn doch ein Verstehen durch Worte unmöglich ist. Worte sind nicht notwendig. Aber sie sind sehr nützlich. Hältst Du an Worten fest, dann kannst Du nicht zu Deinem wahren Selbst zurückfinden. Hältst Du nicht an Worten fest, wirst Du bald Erleuchtung erlangen. Denkst Du, dann sind Worte ganz schlecht. Denkst Du aber nicht, werden Dir alle Worte und alles was Du sehen, hören, riechen, schmecken oder fühlen kannst, hilfreich sein. Deshalb ist es für Dich sehr wichtig, alles Denken abzuschneiden und nicht mehr an den Worten zu hängen.

Hier ist ein Gedicht für Dich:

Buddha sagte, alles hat Buddha-Natur,
Meister Jo-ju sagte, ein Hund hat keine Budddha-Natur.
Was ist richtig?
Wenn Du Deinen Mund öffnest, fährst Du zur Hölle.
Warum?
KATZ!!!
Wolken ziehen am Himmel auf.
Regen fällt auf die Erde herunter.

Hochachtungsvoll Dein

S.S.

P.S. Sesshin ist ein japanisches Wort und bedeutet, sich für eine Zeit zum Meditieren zurückziehen, ein Meditations-Retreat. In Korea heißt das *Yong Maeng Jong Jin*, das bedeutet: „sitzen wie ein Tiger vor dem Sprung." Wir haben solch eine Übungszeit einmal im Monat in jedem unserer Zentren. Ein Sieben-Tage-Retreat im Zen-Zentrum in Providence, und dreitägige Retreats in New Haven, in Cambridge und in New York. Du bist zu jeder dieser Übungen herzlich willkommen.

Lieber Soen Sa Nim, 6. April 1975

danke für Deine Antwort auf meinen letzten Brief. Ich habe versucht, Deinem Rat zu folgen und den Weiß-Nicht-Geist bei jeder Handlung zu bewahren, aber das war nicht so einfach. Ich hatte oft solche Schwierigkeiten, daß ich ganz deprimiert war, denn es erschien mir fast unmöglich, den ganzen Mist loszuwerden, den ich in all den Jahren angesammelt habe. Wenn mir die Frage einfiel, ob der Berg und ich gleich oder verschieden sind, mußte ich oft weinen und die Frage aufgeben. Es scheint mir eine erdrückende Frage zu sein.

Zunächst war ich sehr begeistert, fröhlich und fleißig. Meine Begeisterung verflog jedoch, ich bin nicht mehr fröhlich und fleißig, und das macht mich noch trauriger. Was kann man tun, wenn der Geist aufgibt?

Ich freue mich auf die Eröffnung des Zen Centers in New Haven. Vielleicht beleben die Gemeinschaft und die Gelegenheit, mit Dir zu sprechen, meine Praxis wieder.

Mit großer Hochachtung

Patricia

Liebe Patricia, 11. April 1975

danke für Deinen Brief. Du schreibst, das Bewahren des Weiß-Nicht-Geistes sei sehr schwierig. Wenn Du Deinen denkenden Geist kontrollierst, dann ist es schwierig. Du darfst Deinen denkenden Geist nicht kontrollieren. Denken ist in Ordnung. Mache Dir keine Gedanken darüber. Wenn Du Dich durch Dein Denken nicht erschüttern läßt, dann ist es auch nicht schwer, den Weiß-Nicht-Geist zu bewahren. Zunächst wirst Du ihn nur für eine kurze Zeit behalten können. Aber nach ernsthaftem Üben, wird er von selbst wachsen.

Dein Geist ist wie das Meer. Kommt der Wind auf, dann entstehen große Wellen. Legt sich der Wind, werden die Wellen kleiner und kleiner. Hört der Wind schließlich ganz auf, wird das Meer wie ein klarer Spiegel. Dann spiegeln sich die Berge und Bäume und alle Dinge auf der Oberfläche des Meeres. In Deinem Geist gibt es jetzt viele Gedanken-Wellen. Fährst Du aber fort, den Weiß-Nicht-Geist zu trainieren, wird dieses Denken nach und nach weniger werden, bis Dein Geist immer klar sein wird. Der klare Geist ist wie ein Spiegel. Erscheint Rot, zeigt der Spiegel Rot; erscheint Gelb, zeigt der Spiegel Gelb; erscheint ein Berg, zeigt der Spiegel einen Berg. Dein Geist ist der Berg, der Berg ist Dein Geist. Sie sind nicht zwei. Deshalb ist es sehr wichtig, weder am Denken noch am Nicht-Denken festzuhalten. Du darfst Dich nicht durch das, was in Deinem Geist geschieht, aus der Fassung bringen lassen. Kümmere Dich nicht darum und bewahre Deinen Weiß-Nicht-Geist.

Du schreibst, daß Du zunächst begeistert warst, und nun bist Du entmutigt. Beide Extreme sind nicht gut. Es verhält sich wie bei einer Gitarrensaite: ist sie zu stark gespannt, dann klingt sie nicht harmonisch und wird bald reißen; ist sie zu schlaff gespannt, dann ist sie immer noch nicht harmonisch und kann nicht gespielt werden. Die Saite muß gerade richtig gespannt sein. Zu begeistert ist nicht gut, zu entmutigt ist auch nicht gut. Zen-Geist ist Alltagsgeist. Du mußt diesen Geist immer bewahren, während all Deiner Handlungen – Essen, Sprechen, Tennis spielen, Fernsehen. Behalte immer den Weiß-Nicht-Geist. Am wichtigsten ist, wie Du Deinen Geist gerade auf den jetzigen Moment richtest. Das ist der

„Gerade-Jetzt-Geist". Wenn Du Zeit hast, dann ist es gut, zu sitzen und zu meditieren. Hast Du keine Zeit, dann übe Zen bei allem, was Du tust. Aber sei sehr vorsichtig mit dem Wunsch nach Erleuchtung. Das ist eine schlimme Zen-Krankheit. Bewahrst Du den klaren Geist, dann bist Du das ganze Universum, und das ganze Universum ist Du. Auf diese Weise hast Du schon Erleuchtung erlangt. Erleuchtung zu wollen, ist nichts anderes als Denken. Du fügst nur etwas hinzu, als ob Du Beine auf das Bild einer Schlange malst. Die Schlange ist vollkommen, so wie sie ist. Die Wahrheit ist schon da, direkt vor Deinen Augen.

Unser Zen-Zentrum in New Haven wird bald eröffnet. Es ist wahr, der Kontakt zu anderen Zen-Schülern wird Deiner Übung helfen. Gemeinsame Handlungen sind sehr wichtig für Zen-Übende. Sich gemeinsam zu verbeugen, zu singen, zu sitzen, zu essen – das bedeutet, Deine eigenen Situationen, Deine Bedingungen, Deine Meinungen können sich leichter auflösen. Zen ist die Arbeit daran, einen leeren Geist zu bekommen. Du hast einen leeren Geist, sobald all Deine Meinungen verschwunden sind. Dann wirst Du wahre Leerheit erfahren. Erfährst Du die wahre Leerheit, dann erlangst Du Deine wahren Situationen, Deine wahren Bedingungen, Deine wahren Meinungen. Ich hoffe, Du wirst oft in das Zen-Zentrum in New Haven kommen, dort fleißig üben, bald Erleuchtung erlangen und alle Wesen vom Leiden erretten.

Hochachtungsvoll Dein

S.S.

Lieber Soen Sa Nim, 14. April 1975

vielen Dank für Deine Antwort auf meinen letzten Brief. Sie war sehr ermutigend und hat meinem Geist und meiner Übung geholfen.

Trotzdem habe ich immer noch Probleme mit der Übung, naja. Mein erstes ernsthaftes Interesse für Zen entstand, nachdem ich vor ungefähr vier Monaten einige Bücher über Zen gelesen hatte. Diese Bücher zerschmetterten die meisten grundlegende Meinungen meines Lebens und befreiten mich davon. Dann erkannte ich, daß ich eigentlich nichts verstand, und alles wurde zu einer großen Frage. Wenn ich nun meditiere und mich frage: „Wer bin ich?", *weiß* ich, daß ich nichts weiß. In diesem Sinn ist es für mich schwierig, mit Nachdruck und gezielt zu fragen. Ich kann zuhören und beobachten, aber es ist schwierig zu fragen, denn ich habe keinen festen Punkt, von dem aus ich meine Frage stellen könnte. Ich nehme an, ich mache mir Gedanken um die Form der Frage, was unwichtig ist und ich sollte stattdessen einfach mit meinem ganzen Herzen fragen, in welcher Form auch immer. Ist das richtig?

Außerdem möchte ich noch etwas erwähnen. Je mehr ich Zen als natürliche Funktion meines Lebens betrachte, desto mehr fühle ich einen starken Strom von umfassender Liebe in mir fließen. Ich spüre das in Deinen Briefen, im Kontakt mit Mu Gak und anderen Schülern von Dir, und ich spüre es in mir selbst. Ich liebe meine Familie und meine Freunde wie nie zuvor, und mir erscheint diese Welt viel wunderbarer, als ich je verstehen werde. Selbst wenn ich niemals Erleuchtung erlange, habe ich durch die Zen-Praxis schon so viel bekommen, daß ich immer dankbar sein werde.

Hochachtungsvoll Deine

Patricia

Liebe Patricia, 3. Mai 1975

danke für Deinen Brief. Entschuldige bitte meine späte Antwort, aber ich war bis vor einigen Tagen in New York, um unser Zen-Zentrum dort zu eröffnen, und Dein Brief wurde mir nicht nachgesandt. So erhielt ich ihn erst gestern.

Du schreibst, daß wir Dir geholfen haben zu üben. Das ist sehr gut. Zen-Übung ist von größter Wichtigkeit. Man muß sich entscheiden, zu üben und diese Entscheidung sehr ernst nehmen. Das verlangt großen Glauben, großen Mut und großes Fragen.

Was ist großer Glaube? Großer Glaube heißt, daß Du die ganze Zeit über den Geist behältst, der sich für die Übung entschieden hat, egal was geschieht. Es ist wie mit einer Henne, die auf ihren Eiern sitzt. Sie sitzt ständig auf ihnen, sorgt sich um sie und gibt ihnen Wärme, damit sie ausgebrütet werden. Ist sie unachtsam oder nachlässig, werden die Eier nicht ausgebrütet, und es schlüpfen keine Hühner daraus. Zen Geist bedeutet, immer und überall an sich zu glauben. Ich gelobe, Buddha zu werden und alle Wesen zu retten.

Was ist großer Mut? Das heißt, man richtet seine ganze Energie auf einen Punkt. Genauso wie eine Katze, die eine Maus jagt. Die Maus hat sich in ihr Loch zurückgezogen, aber die Katze wartet draußen stundenlang und ohne die geringste Bewegung. Sie ist vollkommen konzentriert auf das Mauseloch. Das ist der Zen-Geist: alles Denken ist abgeschnitten und alle Energie wird auf einen Punkt gerichtet.

Was ist großes Fragen? Es ist wie bei einem Kind, das nur an seine Mutter denkt. Oder wie bei einem Mann, der vor Durst umkommt und nur an Wasser denkt. Das wird Eins-Geist genannt. Stellst Du mit größter Aufrichtigkeit Fragen, dann wird nur noch der Weiß-Nicht-Geist da sein.

Wenn Du diese drei – großen Glauben, großen Mut und großes Fragen – nie vergißt, dann wirst Du bald Erleuchtung erlangen. Du schreibst in Deinem Brief, daß die Übung schwierig ist. Das ist Dein Denken. Zen ist nicht schwierig. Sagst Du, es ist schwierig, so heißt das, Du hast Dich und Deine Situationen, Deine Beziehungen und Deine Meinungen kontrolliert. Deshalb sagst Du, Zen ist schwierig. Bewahrst Du aber bei dem Geist, der vor dem Denken liegt, dann ist Zen nicht schwierig. Und es ist auch nicht leicht. Dann ist es nur, wie es ist. Mache es weder schwierig noch leicht. Übe einfach weiter.

Du sagst, die Zen-Bücher, die Du gelesen hast, haben Deinen Glauben zerschmettert. Das ist sehr gut. Aber zerschmettert ist nicht gleich zerschmettert. Vorher war Deine Ansicht eine Täuschung. Nun ist sie zutreffend. Vorher war Dein Glaube wie der Wunsch, den Regenbogen festzuhalten. Aber der Regenbogen verschwindet schnell. Er hat nie wirklich existiert. Alles ist einfach so. Vorher glaubtest Du, daß alles existiert. Nun verstehst Du, daß alles leer ist. Du mußt noch einen Schritt weitergehen. Glauben oder Nicht-Glauben, Nicht-Zerschmettert oder Zerschmettert – das alles liegt noch im Bereich der Gegensätze. Du mußt alle Gegensätze wegwerfen, dann wird die Wahrheit nur einfach so sein. Du schreibst, daß alles zerschmettert ist, dieses „zerschmettert" ist jedoch immer noch ein Festhalten an Namen und Formen. Ursprünglich gibt es nur Leerheit. Es gibt weder ein Zerschmettert noch ein Nicht-Zerschmettert. Das ist der Bereich des Absoluten. Das Absolute ist die wahre Leerheit; die wahre Leerheit liegt vor dem Denken. Vor dem Denken ist alles, wie es ist. Form ist Form, Leerheit ist Leerheit. Dein Weiß-Nicht-Geist liegt vor dem Denken, das ist die wahre Leerheit, ist das Absolute, ist Dein wahres Selbst. Die Namen sind verschieden, aber es sind alles Namen für den klaren Geist. Der ursprüngliche klare Geist hat keinen Namen und keine Formen. Es gibt keine Worte dafür. Wenn Du Deinen Mund öffnest, liegst Du schon falsch. Deshalb schrie Zen-Meister Lin-chi, wann immer er gefragt wurde: „KATZ!!!" Dok Sahn antwortete nur, indem er jeden Fragenden schlug. Ku-ji hob immer nur einen Finger. Hältst Du nicht an KATZ oder am SCHLAGEN oder an einem Finger fest, dann wirst Du verstehen, daß all diese Handlungen nur den klaren Geist zum Ausdruck bringen. Die verschiedenen Handlungen sind nur verschiedene Methoden, um auf den klaren Geist hinzuweisen. Es ist unmöglich, den klaren Geist mit Worten zu erklären; deshalb verwenden die Zen-Meister das Schreien, Schlagen oder einen Finger hochhalten als Erklärung. Aber auch das mußt Du loslassen! KATZ ist nichts weiter als KATZ, SCHLAGEN ist nur SCHLAGEN, ein Finger ist nur ein Finger. Das mußt Du verstehen. Schreibst Du: „Ich weiß, daß ich nichts weiß", dann ist das nicht gut. Kontrolliere bitte nicht Deinen Weiß-Nicht-Geist.

Leben ist Zen. Einige Menschen sagen, Leben ist Leiden. Was ist der Unterschied? Handelst Du in der Ansicht, „mein Leben ist Zen", dann wird Dein Leben Zen. Handelt jemand in der Ansicht, „mein Leben ist Leiden", dann wird sein Leben Leiden. Deshalb hängt alles davon ab, wie Du Deinen Geist gerade jetzt hältst, in diesem Moment! Dieser Gerade-

Jetzt-Geist setzt sich fort und wird zu Deinem Leben, so wie ein Punkt sich fortsetzt und zu einer geraden Linie wird. Du magst Zen, deshalb ist Dein Leben zu Zen geworden. Nun denkst Du, daß die Welt wunderbar ist. Dein *Geist* ist wunderbar, deshalb ist die ganze Welt wunderbar. Erlangst Du Erleuchtung, wirst Du verstehen, daß alle Menschen sehr leiden, deshalb wird Dein Geist auch leiden. Das ist das große Leiden. Deshalb mußt Du den großen Bodhisattva-Weg gehen und alle Menschen vom Leiden erretten. Ich hoffe, daß Du immer und überall den Weiß-Nicht-Geist aufrecht erhältst, so wirst Du bald Erleuchtung erlangen und alle Wesen erretten.

Hier ist noch eine Frage für Dich. Einmal fragte jemand den großen Zen-Meister Dong Sahn: „Was ist Buddha?" Dong Sahn antwortete: „Drei Pfund Flachs". Was bedeutet das?

Ich warte auf eine gute Antwort.

Hochachtungsvoll Dein

S.S.

5. Innen, Aussen

Nach einem Dharma-Vortrag im Zen-Zentrum in New Haven, fragte ein Zen-Schüler Dae Soen Sa Nim: „Es scheint, daß im Christentum Gott außerhalb von mir ist, während im Zen Gott in mir ist, also Gott und ich eins sind. Ist das richtig?"

Dae Soen Sa Nim sagte: „Wo ist Innen, wo ist Außen?"

„Innen ist in mir. Außen ist außerhalb von mir."

„Wie kannst du das trennen? Wo verläuft die Grenze?"

„Ich bin innerhalb meiner Haut und die Welt ist außerhalb."

Dae Soen Sa Nim sagte: „Das ist die Haut deines Körpers. Wo ist die Haut deines Geistes?"

„Der Geist hat keine Haut."

„Wo ist dann der Geist?"

„In meinem Kopf."

„Ah, dein Geist ist sehr klein. (Lautes Gelächter der Zuhörer) Du mußt den großen Geist bewahren, dann wirst du verstehen, daß Gott, Buddha und das ganze Universum in deinen Geist passen." Dann hielt Dae Soen

Sa Nim seine Uhr hoch und fragte: „Ist diese Uhr außerhalb deines Geistes oder innerhalb?"

„Außerhalb."

„Sagst du außerhalb, so schlage ich dich dreißigmal; sagst du innerhalb, so schlage ich dich auch dreißigmal."

„Das stört mich nicht, – ich sage trotzdem, sie ist außerhalb."

„Ist die Uhr außerhalb, woher weißt du dann, daß es eine Uhr ist? Fliegt dein Geist aus deinen Augen und berührt die Uhr, und fliegt er dann wieder zurück nach innen?"

„Ich sehe die Uhr. Ich bin drinnen und die Uhr ist draußen."

Einige Momente blieb es ganz ruhig. Dann sagte Dae Soen Sa Nim: „Mache kein Innen und kein Außen. Okay?"

Immer noch zweifelnd, verbeugte sich der Schüler.

6. Ein Kind fragt nach dem Tod

Eines Abends starb, nach einer langen Krankheit, Katz, eine schwarze Katze mit weißer Schwanzspitze, die im Zen-Zentrum in Cambridge lebte. Die sieben Jahre alte Tochter eines Schülers von Dae Soen Sa Nim war von dem Tod der Katze sehr berührt. Nach dem Begräbnis und den Gesängen an Amita Buddha, ging sie zu Dae Soen Sa Nim zu einem Interview.

Dae Soen Sa Nim sagte: „Hast du irgendwelche Fragen?"

Gita antwortete: „Ja. Was ist mit Katzie passiert? Wo ist sie hingegangen?"

Dae Soen Sa Nim sagte: „Wo bist du hergekommen?"

„Aus dem Bauch meiner Mutter."

„Wo ist deine Mutter hergekommen?"

Gita schwieg.

Dae Soen Sa Nim sagte: „Alles in der Welt kommt aus der gleichen Quelle. Es ist wie in einer Bäckerei. Dort werden verschiedene Kekse gebacken – Löwen, Tiger, Elefanten, Häuser, Menschen. Sie haben alle verschiedene Namen und Formen, aber sie sind alle aus dem gleichen Teig, und sie schmecken alle gleich. Deshalb sind alle verschiedenen Dinge, die du siehst – eine Katze, ein Mensch, ein Baum, die Sonne, dieser Fußboden hier – in Wirklichkeit dasselbe."

„Was sind sie?“

„Die Menschen geben ihnen viele verschiedene Namen, aber eigentlich haben sie gar keine Namen. Denkst du, dann haben alle Dinge verschiedene Namen, verschiedene Formen. Denkst du aber nicht, dann ist alles dasselbe. Es gibt keine Worte und keine Namen dafür. Die Menschen machen die Worte. Eine Katze sagt nicht, ‚ich bin eine Katze‘. Die Menschen sagen, ‚das ist eine Katze‘. Die Sonne sagt nicht, ‚mein Name ist Sonne‘. Die Menschen sagen, ‚das ist die Sonne‘. Also, wenn dich jemand fragt ‚was ist das?‘, wie würdest du antworten?“

„Ich dürfte keine Worte gebrauchen.“

Dae Soen Sa Nim sagte: „Sehr gut! Du dürftest keine Worte gebrauchen. Also jemand fragt dich, ‚was ist Buddha?‘ Was wäre eine gute Antwort?“

Gita blieb still.

Dae Soen Sa Nim sagte: „Jetzt fragst *du mich*.“

„Was ist Buddha?“

Dae Soen Sa Nim schlug auf den Boden.

Gita lachte.

Dae Soen Sa Nim sagte: „Nun frage *ich dich*: Was ist Buddha?“

Gita schlug auf den Boden.

„Was ist Gott?“

Gita schlug auf den Boden.

„Was ist deine Mutter?“

Gita schlug auf den Boden.

„Was bist du?“

Gita schlug auf den Boden.

„Sehr gut! Daraus ist alles in der Welt gemacht. Du und Buddha und Gott und deine Mutter und die ganze Welt sind dasselbe.“

Gita lächelte.

Dae Soen Sa Nim sagte: „Hast du noch eine Frage?“

„Du hast mir noch nicht gesagt, wo Katzi hingegangen ist.“

Dae Soen Sa Nim beugte sich leicht vor, sah ihr in die Augen und sagte: „Du hast schon verstanden.“

Gita sagte: „Oh!“ und schlug sehr fest auf den Boden. Dann lachte sie.

Dae Soen Sa Nim sagte: „Sehr, sehr gut! So solltest du jede Frage beantworten. Das ist die Wahrheit.“

Gita verbeugte sich und ging. Als sie die Tür öffnete, drehte sie sich nochmals um und sagte: „Wenn ich in der Schule bin, werde ich aber nicht so antworten. Ich werde normale Antworten geben.“

Dae Soen Sa Nim lachte.

7. Wer braucht einen Zen-Meister

Eines Abends, nach dem Dharma-Vortrag im Zen-Zentrum in Cambridge, fragte eine Schülerin Dae Soen Sa Nim: „Ist es notwendig, einen Zen-Meister zu haben und warum?“

Dae Soen Sa Nim antwortete: „Warum bist du hierhergekommen?“

Die Schülerin schwieg.

Dae Soen Sa Nim erklärte: „Denkst du, so ist ein Zen-Meister notwendig. Hast du bereits alles Denken abgeschnitten, ist er nicht notwendig. Ist dein Geist klar, dann ist ein Zen-Meister unnötig, ist Buddha unnötig, ist alles unnötig.“

8. *Du* hältst fest!

Eines Abends, nach einem Dharma-Vortrag in der Yale Universität, fragte ein Zen-Schüler Dae Soen Sa Nim: „Was ist der klare Geist?“

Dae Soen Sa Nim hielt seine Uhr hoch: „Was ist das?“

Der Schüler sagte: „Eine Uhr.“

Dae Soen Sa Nim entgegnete: „Du bist abhängig von Name und Form. Das ist keine Uhr.“

„Was ist das denn?“

„Du hast schon verstanden.“

Der Schüler schwieg für einen Moment, dann fragte er nochmals: „Was ist es?“

Dae Soen Sa Nim sagte: „Du hast es schon verstanden! Du kannst es sehen, ich kann es sehen.“ (Gelächter der Zuhörer).

„Danke.“

Dae Soen Sa Nim fragte: „Ist das alles?“ (Gelächter) „Was hast du verstanden?“

„Ich weiß nicht."

Dae Soen Sa Nim zeigte auf eine Tasse: „Das ist eine Tasse. Aber im Diamant-Sutra steht, ‚alles, was in dieser Welt erscheint, ist vergänglich. Erkennst du alles Erscheinen als Nicht-Erscheinen, dann wirst du die wahre Natur von allem erkennen.' Bist du abhängig von der Form dieser Tasse, dann kannst du die Wahrheit nicht verstehen. Sagst du, das ist eine Tasse, dann haftest du an Namen und Formen. Sagst du jedoch, das ist keine Tasse, dann haftest du an der Leerheit. Ist das nun eine Tasse oder nicht?"

Nach einigem Schweigen seufzte der Schüler: „Ich gebe auf."

„In Ordnung, ich werde für dich antworten." Dae Soen Sa Nim nahm die Tasse und trank daraus. „Nur das."

Nach einer Pause fuhr er fort: „Alles hat Namen und Formen. Aber wer hat die Namen und Formen gemacht? Die Sonne sagt nicht, ‚mein Name ist Sonne', die Menschen sagen, ‚das ist die Sonne, das ist der Mond, das ist ein Berg, das ist ein Fluß'. Also wer hat Namen und Formen gemacht? Sie sind vom Denken gemacht."

„Wer hat das Denken gemacht?"

Dae Soen Sa Nim lachte: „Gerade eben hast *du* das Denken gemacht!" (Gelächter) „Also der Zen-Geist bedeutet die Rückkehr zum ursprünglichen Geist. Der ursprüngliche Geist liegt vor dem Denken. Durch das Denken entstehen die Gegensätze. Vor dem Denken gibt es keine Gegensätze. Das ist das Absolute. Da gibt es weder Worte noch Sprache. Öffnest du nur den Mund, so ist es schon falsch. Vor dem Denken liegt der klare Geist. Im klaren Geist gibt es weder Innen noch Außen. Welche Farbe hat die Wand? Weiß. Dieser Geist. Es gibt nur Weiß. Mein Geist und dieses Weiß werden eins. Was ist das? Das ist eine Uhr. Deine Antwort war zutreffend. Aber als ich sagte, ‚du bist abhängig von Name und Form', da setzte dein Denken ein: ‚Oh, was war an meiner Antwort falsch? Welche Antwort kann ich finden, die unabhängig ist von Formen und Namen.' So denkst du. Du warst abhängig von dem, was ich sagte. Aber ich sagte das nur, um deinen Geist zu prüfen. Würdest du nicht an meinen Worten festhalten, dann hättest du sagen können, ‚du hältst an meinen Worten fest'. Das ist eine gute Antwort. Ich sage zu dir, ‚du bist abhängig von Name und Form'. Dann sagst du zu mir, ‚*du* bist abhängig von meinen Worten'." (Gelächter) „Als du mich fragtest, ‚was ist es', antwortete ich, ‚du hast schon verstanden'." Dae Soen Sa Nim lachte und fuhr fort: „Das liegt vor dem Denken.

Schneidest du alles Denken ab, so wirst du eins mit dem Universum. Deine Substanz und die Substanz des ganzen Universums ist dieselbe. Also bist du diese Tasse, und diese Tasse ist du. Ihr seid nicht zwei. Denkst du aber, so seid ihr verschieden.

Nun habe ich dir alles erklärt. Deshalb frage ich dich: Diese Tasse und du, seid ihr gleich oder verschieden?"
Der Schüler sagte: „Du weißt es bereits."

Dae Soen Sa Nim sagte: „Ich weiß es nicht. Deshalb frage ich dich."

„Du hast es bereits verstanden."

„Deshalb frage ich ja *dich*!"

„Es ist klares Wasser in der Tasse."

„Du hältst am klaren Wasser fest."

„*Du* hältst am klaren Wasser fest!" (Gelächter)

Dae Soen Sa Nim lachte: „Sehr gut! Nun verstehst du. In dieser Tasse ist klares Wasser. Die Wand ist weiß. Zen-Geist ist Alltagsgeist. Das ist alles."

9. Über das Herz-Sutra

Lieber Soen Sa Nim, 21. November 1974

ich habe einige Fragen, die das Herz Sutra betreffen.

1. Im Sutra steht, im Nirvana gebe es, ‚kein Erreichen, weil es nichts zu erreichen gibt'. Aber dann steht geschrieben: ‚Alle Buddhas der Vergangenheit, Gegenwart und Zukunft schöpfen aus Prajna Paramita und erwachen zu Anuttara Samyak Sambodhi.' Warum ist Nirvana nicht zu erreichen, aber die vollkommene Erleuchtung (Anuttara Samyak Sambodhi) *ist* bereits erreicht?

2. Was ist der Unterschied zwischen Nirvana und Anuttara Samyak Sambodhi? Zwischen 180° und „einfach so". Bedeutet 180° nicht erreicht und 360° erreicht?

3. Wenn der Geist bei 180° verschwindet, erscheint dann nicht automatisch der „Einfach so"-Geist?

4. Im ersten Teil sagt das Sutra, ‚Form ist Leerheit, Leerheit ist Form'. Aber im zweiten Teil steht: ‚In der Leerheit gibt es keine Form'. Einmal steht da also, daß sie identisch sind und dann steht da, daß sie es nicht sind. Ich glaube, ich verstehe das, aber könntest Du dennoch etwas darüber sagen?

Mit herzlichen Grüßen

Ed

Lieber Ed, 29. November 1974

danke für Deinen Brief. Wie geht es Dir in der letzten Zeit? Gut oder schlecht?

Hier sind die Antworten auf Deine Fragen:

1. „Warum wird das Nirvana nicht erreicht?" – Ich schlage Dich.

„Warum wird Anuttara Samyak Sambodhi erreicht?" – Der Himmel ist blau, das Gras ist grün.

Verstehst Du meine Antworten? Dann verstehst Du auch Erreichen und kein Erreichen.

2. Du fragst nach dem Unterschied zwischen Nirvana und Anuttara Samyak Sambodhi. Nirvana ist wie ein leerer Spiegel – nicht gut, nicht schlecht, keine Farbe, keine Form, gar nichts. Erscheint Gelb, dann zeigt der Spiegel Gelb; erscheint Rot, zeigt der Spiegel Rot. Hält man sich für längere Zeit im Nirvana auf, so ist das nur ein Festhalten an der Leerheit. Das ist nicht gut, weil Du dann nicht mehr alle Wesen retten kannst. Im Nirvana gibt es keine Menschen, keine Buddhas, kein Leiden, kein Glück – nur Stille. Es ist ein Festhalten an dieser Ruhe und somit ein Festhalten an dem eigenen Frieden. Aber nach 180° erreichst Du 360°. Dann ist alles klar. Glück ist Glück, Leiden ist Leiden. Begegnest Du dann leidenden Menschen, befreist Du sie von ihren Leiden. Begegnest Du glücklichen Menschen, bist Du mit ihnen glücklich. Du mußt den wahren Weg lehren. Der wahre Weg ist der große Bodhisattva-Weg. Hast Du diesen Bodhisattva-Weg gefunden, das ist 360°.

3. Du fragst: „Wenn der Geist bei 180° verschwindet, erscheint dann nicht automatisch der ‚Einfach so'-Geist?" 180° bedeutet nur wahrer, leerer Geist. Der ‚Einfach so'-Geist ist der Geist, der weder erscheint noch verschwindet. Aber was ist der wahre, leere Geist? Was ist der Geist, der weder erscheint noch verschwindet? Es ist sehr wichtig, nicht an Namen und Formen festzuhalten. 180° und ‚einfach so' sind nur belehrende Worte. Hänge nicht an Worten.

4. „Form ist Leerheit, Leerheit ist Form": Das ist 90°.

„Keine Form, keine Leerheit": Das ist 180°.

Hängst Du nicht an den Worten, dann sind diese beiden Sätze gleich. Wir unterteilen also: Form ist Leerheit, Leerheit ist Form. Keine Form, keine Leerheit. Außerdem noch: *Gate, gate, paragate, parasamgate, bodhi swaha.* Das heißt: Form ist Form, Leerheit ist Leerheit. Diese drei Arten mußt Du verstehen. Aber welche von ihnen ist zutreffend?

Sagst Du, jede ist zutreffend, so schlage ich Dich dreißigmal. Sagst Du aber, keine ist zutreffend, so schlage ich Dich auch dreißigmal.

Was ist die wahre Bedeutung des Herz-Sutras?

Hier ist ein Gedicht für Dich:

Nach so vielem Leiden in den Burgen des Nirvana,
was für eine Freude, in diese Welt zu sinken!
Die Menschen tragen seidene Kleider,
der Buddha trägt die Lumpen,
ein Mann aus Holz geht durch die Nacht,
eine Frau aus Stein mit Hut –
zum erstenmal wirst Du sehen,
wie Du Deine Hände wie eine Schale formst
und den Mond aufhebst,
der auf der stillen Oberfläche des Teiches schwimmt.

Hochachtungsvoll

S.S.

10. Nicht schwer, nicht leicht

Im Mai 1975 beschloß ein Zen-Schüler, in das neu eröffnete Zen-Zentrum in New Haven zu ziehen. Er schrieb einem Zen-Lehrer, bei dem er geübt hatte und fragte ihn deswegen um seine Meinung. Der Lehrer schrieb ihm einen langen Brief, in dem er unter anderem sagte: „Zen-Training ist harte Arbeit, sei dir darüber klar. Es gibt keinen leichten Weg. Dogen sagt, ‚die den leichten Weg suchen, suchen nicht den wahren Weg'."

Der Zen-Schüler fragte nun Dae Soen Sa Nim um seinen Rat. Dae Soen Sa Nim sagte: „Willst du den leichten Weg gehen, dann ist das Verlangen. Aber wenn du den schwierigen Weg gehen willst, dann ist das auch Verlangen. Zen heißt, jedes Verlangen aufgeben. Dann wirst du den wahren Weg finden.

Dieser Lehrer sagt, daß Zen schwierig ist. Ich aber sage, daß Zen sehr leicht ist. Aber wir sagen das Gleiche. Buddha sagte, ‚alles hat Buddha-Natur'. Als Meister Jo-ju gefragt wurde, ob ein Hund Buddha-Natur habe, sagte er, ‚Nein!'. Liegt Buddha richtig und Jo-ju falsch? Das sind nur zwei verschiedene Arten des Lehrens.

Warum lehre ich, daß Zen leicht ist? Viele Schüler in Amerika haben die ‚Schwierigkeits-Krankheit'. ‚Oh, Zen ist sehr schwierig! Wir müssen immer *Zazen* üben und die ganze Zeit *Sesshins* mitmachen. Dann werden wir vielleicht in zehn oder zwanzig Jahren Erleuchtung erlangen.‘ Zeige ich ihnen, daß Zen leicht ist, dann heile ich ihr Festhalten an Schwierigkeiten. Zu der Zeit, als Jo-ju lehrte, hielten sehr viele Schüler an Buddha und der Buddha-Natur fest. Deshalb: ‚Hat ein Hund Buddha-Natur?‘ ‚NEIN!!!!!!.‘ Das ist Jo-ju’s Weg.

Wenn du glaubst, Zen sei schwer oder leicht, dann werden die Begriffe selbst zum Hindernis, und du kannst Zen nicht verstehen. Ich lehre immer, ohne Denken, einfach genau so ist Buddha. ‚Schwer‘ kommt vom Denken und ‚leicht‘ kommt vom Denken. Du darfst nicht an den Worten hängen. Hängst du an Jo-ju’s Nein, dann kannst du Jo-ju’s Geist nicht verstehen. Hängst du an meinen Worten, kannst du meinen ‚leichten Weg‘ nicht verstehen.

Es war einmal ein berühmter buddhistischer Laie namens Busol. Er war ein erleuchteter Mann. Seine Frau war erleuchtet, ebenso sein Sohn und seine Tochter. Eines Tages kam ein Mann zu Busol und fragte, ‚ist Zen schwer oder nicht?‘ Busol sagte, ‚Oh, es ist sehr schwierig. Es ist genauso, als ob du versuchst, mit einem Stock den Mond zu schlagen‘.

Der Mann war verwirrt und zerbrach sich den Kopf, ‚wenn Zen so schwer ist, wie hat dann Busols Frau die Erleuchtung erlangt?‘ Er ging also zu ihr und stellte ihr die gleiche Frage. Sie antwortete, ‚das ist das leichteste der Welt. Es ist leichter, als sich beim morgendlichen Waschen an die Nase zu greifen‘.

Nun war der Mann vollkommen verwirrt. ‚Ich verstehe nichts mehr. Ist Zen leicht? Ist es schwer? Wer hat recht?‘ Deshalb fragte er ihren Sohn. Der Sohn sagte, ‚Zen ist weder schwer noch leicht. Auf den Spitzen von 100 Grashalmen sitzt das ganze Ziel der Patriarchen.‘

‚Nicht schwer? Nicht leicht? Was ist es dann?‘ Also ging der Mann zur Tochter und fragte sie, ‚dein Vater, deine Mutter und dein Bruder haben jeder eine andere Antwort gegeben. Wer hat nun recht?‘ Sie sagte, ‚machst du es dir schwer, dann ist es schwer. Machst du es dir leicht, dann ist es leicht. Denkst du nicht, dann ist die Wahrheit genauso, wie sie ist. Sage mir jetzt – worauf richtest du deinen Geist gerade in diesem Moment?‘

Der Mann war total verwirrt. Plötzlich gab ihm die Tochter einen Schlag, ‚wo ist jetzt schwer und wo ist jetzt leicht?‘ Da verstand der Mann.

Denke also nicht darüber nach, ob Zen leicht oder schwer ist. Zen ist genauso, wie es ist.“

II. Eine Dharma-Rede

Diese Rede hielt Dae Soen Sa Nim anläßlich der Eröffnung des Internationalen Zen-Zentrums in New York am 20. April 1975.

(Dae Soen Sa Nim hebt seinen Zen-Stock und schlägt damit auf den Tisch, langsam und dreimal) Ist es beendet oder eröffnet?

Sagt ihr „beendet", dann fahrt ihr in die Hölle ohne Tore. Sagt ihr „eröffnet", dann tanzt ihr mit allen Dämonen.

Warum?

(Er hält seinen Zen-Stock in die Höhe und zieht einen Kreis in der Luft; dann hält er den Stock senkrecht zum Tisch) Eins zwei drei vier; fünf sechs sieben acht.

(Nach einer kurzen Pause) Ich danke euch, daß ihr zu unserer Zeremonie gekommen seid, obwohl ihr sicher sehr viel zu tun habt. Es ist kein Zufall, daß wir hier und heute versammelt sind. Es ist das Ergebnis unseres früheren Karmas. Es ist ein sehr gutes Karma, das uns hierhergebracht hat, vor den Altar des Buddha.

Dieses Karma bedeutet, daß wir dabei sind, unser wahres Selbst zu finden und das Absolute zu erreichen. Es bedeutet, die Welt des Verlangens hinter uns zu lassen und in das Land der wahren Freiheit und des wahren Friedens zu reisen.

Deshalb haben wir vor einem Jahr Won Gak Sa gegründet und eröffnen heute das Internationale Zen-Zentrum von New York.

Aber im Sutra steht, ‚Form ist Leerheit, Leerheit ist Form'. Daher sind alle Formen und Begriffe leer. Won Gak Sa, das Internationale Zen-Zentrum von New York, diese Eröffnungszeremonie – das ist alles ebenfalls leer.

Im Sutra steht auch, ‚alle Wesen sind bereits Buddha'. Wozu ist dann das Singen, das Lesen der Sutren und das Üben von Zen notwendig?

Aber wir kennen uns selbst nicht. Verlangen, Zorn und Unwissenheit verdunkeln unseren klaren Geist. Wenn wir alles Denken abschneiden und zum leeren Geist zurückkehren, dann ist euer Geist und mein Geist und der Geist aller Menschen gleich. Wir werden eins mit dem ganzen Universum.

Deshalb sagte ein bedeutender Lehrer, ‚alles im Universum kehrt zu dem Einen zurück'.

Der wahre leere Geist liegt vor dem Denken. Das Denken erscheint nicht und verschwindet auch nicht. Hier ist das Reich, in dem nichts erscheint und nichts verschwindet.

In diesem Reich gibt es kein Leben und keinen Tod, kein Leiden und kein Glück, nichts Gutes und nichts Schlechtes, nicht dich und nicht mich. Deshalb sagt man, daß alles im Universum zu dem Einen zurückkehrt.

Aber wohin kehrt das Eine zurück?

Einmal kam jemand zu dem berühmten Zen-Meister Mang Gong und fragte ihn, ‚wenn alles zu dem Einen zurückkehrt, wohin kehrt dann das Eine zurück?' Mang Gong sagte, ‚im Frühling fliegen die Gänse nach Norden'. Was glaubt ihr, bedeutet das – im Frühling fliegen die Gänse nach Norden?

Selbst wenn ihr genug versteht, um den Berg Sumeru in eine Million Stücke zu zerschmettern und den Ozean auf einen Zug auszutrinken, werdet ihr das nicht verstehen.

Selbst wenn ihr genug versteht, um alle Buddhas der drei Zeit-Welten, alle bedeutenden Lehrer und alle Menschen zu töten oder zum Leben zu erwecken, werdet ihr nicht einmal anfangen, das zu verstehen.

Wie kann es euch also gelingen, die wahre Bedeutung von ‚im Frühling fliegen die Gänse nach Norden' zu verstehen? Bewahrt immer nur den Weiß-Nicht-Geist. Dieser Weiß-Nicht-Geist ist der Geist, der wie angewurzelt ist und nicht mehr weiter weiß. Es ist, als ob ihr versucht, eine Wand aus Stahl zu durchbrechen oder einen silbernen Berg zu erklimmen. Alles Denken ist abgeschnitten. Sobald ihr diesen Zustand durchbrecht, wird euer Geist explodieren. Dann könnt ihr den Löwen aus Stein sehen, der über die Wellen läuft und die Sonne verschlingt.

Aber trotzdem werdet ihr immer noch verwirrt sein. Geht noch einen Schritt weiter, dann werdet ihr in euer wahres Zuhause kommen, wo es Frühling wird und überall die Blumen blühen. Wenn ihr hier ankommt, werden nicht nur die Sutren und die Bibeln wahr, sondern auch der Klang des Wassers und des Windes, die Farbe der Berge, das Bellen eines Hundes auf der Straße – alles was ihr seht, was ihr wahrnehmt, das alles wird wie es ist zur Wahrheit.

Deshalb sagte Zen Meister Mang Gong, ‚im Frühling fliegen die Gänse nach Norden'. Die Wahrheit ist einfach genau so.

Alles im Universum kehrt zu dem Einen zurück, wohin kehrt das Eine zurück? Werft das kleine Ich weg und ergreift das Große Ich. Wenn ihr dann eure Augen öffnet, wird alles, was ihr sehen und hören könnt, einfach so sein.

Vor kurzer Zeit habe ich dreimal auf den Tisch geschlagen. Mang Gong sagte, ‚im Frühling fliegen die Gänse nach Norden'. Die Bedeutung meiner Handlung, und die Bedeutung von Mang Gongs Worten – sind sie beide gleich oder verschieden?

Sagt ihr „gleich", so schlage ich euch dreißigmal, sagt ihr „verschieden", so schlage ich euch auch dreißigmal.

Warum?

KATZ!!!

Öffnet die Tür zum Broadway.

12. Was ist eins plus zwei?

Eines Tages fragte Dae Soen Sa Nim seine Schüler: „Was ist eins plus zwei?"

Ein Schüler antwortete: „Drei".

Dae Soen Sa Nim sagte: „Falsch. Eins und zwei ist null."

„Warum? Nimmst du einen Apfel und gibst noch zwei dazu, dann hast du drei Äpfel."

„Esse ich zuerst den einen Apfel und dann die zwei, dann sind keine Äpfel mehr da."

„Das ist nicht richtig."

„Du sagst, eins und zwei ergibt drei. Ich sage, eins und zwei ergibt null. Wer hat recht?"

Der Schüler konnte nicht antworten.

Dae Soen Sa Nim schlug ihn und sagte: „Der Löwe zerreißt Menschen, der Hund läuft hinter dem Knochen her."

Am nächsten Tag fragte Dae Soen Sa Nim wieder seine Schüler: „Was ist eins und zwei?"

Ein Schüler schrie: „KATZ!!!"

„Ist das die Wahrheit?"

„Nein."

„Was ist dann die Wahrheit?"

„Eins und zwei ergibt drei."
Dae Soen Sa Nim sagte: „Ich dachte, du bist ein blinder Hund, aber jetzt sehe ich, daß du ein scharfäugiger Löwe bist."

13. Wie man mit Lärm umgeht

Einmal sagte ein Zen-Schüler im Zen-Zentrum in Cambridge zu Dae Soen Sa Nim: „Während ich meditiere, werde ich oft von Lärm gestört. Was kann ich dagegen tun?"
Dae Soen Sa Nim sagte: „Welche Farbe hat diese Decke?"
„Blau."
„Ist sie leise oder laut?"
„Leise."
„Wer macht sie leise?"
Der Schüler zuckte mit den Schultern.
Dae Soen Sa Nim sagte: „Du machst es. Laut oder leise werden durch dein Denken gemacht. Denkst du, etwas sei laut, dann ist es laut. Denkst du, es sei leise, dann ist es leise. Laut ist nicht gleich laut, leise ist nicht gleich leise. Wahre Stille ist weder leise noch laut. Hörst du dem Lärm mit klarem Geist zu, ohne irgendeine Vorstellung, dann ist es kein Lärm mehr, dann ist es nur, was es ist. Laut und leise sind Gegensätze. Das Absolute ist nur einfach so."
Einige Zeit herrschte Schweigen. Dann fragte Dae Soen Sa Nim: „Was ist das Gegenteil von Blau?"
Der Schüler sagte: „Ich weiß nicht."
Dae Soen Sa Nim sagte: „Blau ist Blau, Weiß ist Weiß. Das ist die Wahrheit."

14. Du musst *total* verrückt werden

Eines Tages kam eine Besucherin in das Zen-Zentrum in Providence und fragte Dae Soen Sa Nim: „Wenn ich Zen studiere, erlange ich dann die Erleuchtung?"

Dae Soen Sa Nim sagte: „Warum willst du Erleuchtung erlangen?"

„Mir geht alles auf die Nerven. Ich fühle mich nicht frei."

„Warum fühlst du dich nicht frei?"

„Ich nehme an, ich hänge zu sehr an vielen Dingen."

„Warum trennst du dich nicht davon?"

„Sie erscheinen mir alle so echt."

Dae Soen Sa Nim erwiderte: „Niemand weiß, wann er sterben wird. Es könnte im nächsten Jahr sein, in der nächsten Woche oder in den nächsten fünf Minuten. Laß alles los – jetzt in diesem Augenblick. Halte deinen Geist, als ob du bereits tot wärest. Dann werden all deine Abhängigkeiten verschwinden, und es wird keine Rolle mehr spielen, ob du Zen studierst oder nicht. Gerade jetzt denkst du, ‚ich lebe, ich bin stark.' Deshalb hast du viele Wünsche und hältst an vielem fest. Denke nur, ‚ich bin tot.' Ein Toter hat keine Wünsche."

„Wie kann ich zugleich leben und tot sein?"

„Tot ist nicht tot. Wir haben Augen, Ohren, Nase, Zunge, Körper und Geist. Aber im Herz-Sutra steht, daß es in der Leerheit keine Augen, keine Ohren, keine Nase, keine Zunge, keinen Körper und keinen Geist gibt. Ohne die sechs Sinne gibt es auch kein Hindernis. Es ist ganz einfach. Wenn ich schon tot bin, ist Sehen nicht Sehen, Hören nicht Hören. Es ist genauso, wie an einem Restaurant vorbeizugehen, all die guten Düfte zu riechen und weiterzugehen. Es ist nicht mein Haus, also rühre ich nichts an."

Die Besucherin fragte: „Wie soll ich üben, tot zu sein?"

„Stelle dir immer nur die große Frage, ‚Was bin ich?'. Jetzt frage ich dich: Was bist du?"

„Ich bin das Eine."

„Woher kommt das Eine?"

„Von Gott. Gott ist das Eine."

„Gott? Verstehst du Gott?"

„Nein."

„Du sagst ‚das Eine', du sagst ‚Gott'. Das ist falsch. Wenn du das Eine machst, ist es das Eine, wenn du Gott machst, ist es Gott. All das ist Denken. Aber ohne Denken – was bist du?"

„Nichts."

„Nichts?" Dae Soen Sa Nim schlug sie und sagte: „Das ist Schmerz. Kann ‚Nichts' Schmerzen fühlen?"

Die Besucherin lächelte.

Dae Soen Sa Nim sagte: „Vor dem Denken war dein Geist wie ein Stück weißes Papier. Dann hast du ‚das Eine' aufgeschrieben und ‚Gott' und ‚Nichts' und so weiter und so fort. Schneidest du all das Denken ab, dann löschst du alle Namen und Formen und kehrst zurück zur ursprünglichen Leerheit. Was bin ich? Ich weiß nicht. Bewahrst du die große Frage, dann bewahrst du den Geist, der nicht weiß. Der Weiß-Nicht-Geist ist der leere Geist. Da gibt es weder Worte noch Sprache. Also gibt es nicht das Eine, nicht Gott, nicht Nichts, nicht Geist, nicht Leerheit. Dieser Weiß-Nicht-Geist ist sehr wichtig. Ich ist weiß nicht, weiß nicht ist ich. Nur das. Das ist dein wahres Selbst. Bewahre deshalb immer den Weiß-Nicht-Geist."

Die Besucherin sagte: „Meine Freunde denken, ich sei verrückt, weil ich mich für Zen interessiere."

Dae Soen Sa Nim entgegnete: „Verrückt sein ist gut. Verrückte Menschen sind glücklich, frei, sie haben keine Hindernisse. Aber solange du noch an vielen Dingen hängst, bist du nur ein bißchen verrückt. Das ist nicht verrückt genug. Du mußt *total* verrückt werden. Dann wirst du verstehen."

Die Besucherin verbeugte sich. Jemand kam und goß zwei Tassen Tee ein.

15. Die Geschichte Ko Bongs

Ko Bong war einer der größten Zen-Meister in China während der Sung Dynastie.

Als er 20 Jahre alt war, gab ihm sein Lehrer folgendes *Kong-An*: „Wo war ich, ehe ich geboren wurde, und wo werde ich nach dem Tod sein?" Als er mit diesem *Kong-An* meditierte, fühlte er sich wie ein Reisender, der den Weg im dunklen Wald verloren hat. „In dieser Zeit", so schrieb er später, „war ich vollkommen gefangen in meinen Verblendungen." Es vergingen drei Jahre, und Ko Bong kämpfte Tag und Nacht mit seinem *Kong-An*, war aber unfähig, auch nur den geringsten Grad der auf eins gerichteten Konzentration zu erreichen. Schließlich ging er in seiner Verzweiflung zu dem berühmten Zen-Meister Seorl Am. Ko Bong schilderte ihm seine vergeblichen Versuche, das *Kong-An* zu ergründen und bat ihn um Hilfe.

„Man hat uns erzählt", sagte der Meister, „daß alle Wesen Buddha-Natur haben. Das ist die Lehre aller Buddhas der Vergangenheit, Gegenwart und Zukunft. Als jedoch ein Mönch zu Zen-Meister Jo-ju kam und fragte, ob Hunde Buddha-Natur haben, sagte Jo-ju, ‚Nein!'. Was bedeutet dieses ‚nein'?"

Ko Bong war wie betäubt. Aber während er sich bemühte, eine Antwort hervorzubringen, nahm der Meister seinen Stock, schlug ihm gewaltig auf die Schulter und jagte ihn hinaus.

Vor Schmerzen und Erniedrigung weinend kehrte Ko Bong in sein Kloster zurück. Er konnte nicht mehr aufhören, über die Frage des Meisters nachzudenken. Was konnte das bedeuten? Was konnte das bedeuten? Plötzlich entzündete sich in seinem Geist ein Verstehen, leuchtete wie eine Flamme in einem dunklen Raum auf und breitete sich aus, bis es sein ganzes Wesen erfüllte. Auch das ursprüngliche *Kong-An* – ‚wo war ich, ehe ich geboren wurde, und wo werde ich nach dem Tod sein?' – erschien ihm jetzt klar.

Am nächsten Tag, als er auf den Feldern des Klosters arbeitete, kam Seorl Am zu Besuch. Er sagte: „Guten Morgen. Wie geht deine Suche voran?"

Ko Bong entgegnete: „Tötet ein Mann sein Verlangen nach der Suche, wird er sicher das finden, wonach er sucht."

Plötzlich packte ihn der Meister beim Kragen und schrie: „Wer schleppt diesen Leichnam mit sich herum?“ Obwohl Ko Bong das *Kong-An* vollkommen verstanden hatte, war er wie gelähmt und konnte nur wie ein Idiot vor sich hinstarren. Der Meister stieß ihn zurück und ging.

Ko Bong war so erschüttert durch sein neuerliches Versagen, daß er tagelang nicht schlafen konnte. Dann erschien ihm eines Nachts sein erster Lehrer im Traum und gab ihm ein anderes *Kong-An*: „Alles kehrt zu dem Einen zurück; wohin kehrt das Eine zurück?“ Als er aufwachte, merkte er, daß seine ganzen Zweifel und Fragen zu einer großen Masse zusammengewachsen waren, die wie ein riesiger Felsen auf seinem Herzen lag. Fünf Tage lang bewegte er sich wie betäubt. Am sechsten Tag ging er in die Halle des großen Klosters, wo die Mönche eben eine Gedächtnisfeier für den verstorbenen fünften Patriarchen der Lin-Chi Schule abhielten. Zu diesem Zweck hatten sie ein Bild des Patriarchen aufgehängt, auf welches dieser selbst folgende Zeilen geschrieben hatte:

Sechsunddreißigtausend Tagesanbrüche
in einhundert Jahren.
Weißt du immer noch nicht,
daß das derselbe alte Kerl ist?

Als Ko Bong das letzte Wort las, explodierte die Erkenntnis in ihm. Später schrieb er: „In diesem Moment kam es mir vor, als wäre das ganze Universum in winzige Stücke zerhackt und die ganze Erde vollkommen flach gemacht. Es gab kein Ich mehr, keine Welt. Es war, als würde ein Spiegel einen anderen Spiegel reflektieren. Ich fragte mich selbst mehrere *Kong-Ans*, und die Antworten waren glasklar.“

Am nächsten Tag ging er zu Seorl Am. Der Meister fragte ihn: „Wer schleppt diesen leblosen Körper mit sich herum?“

Ko Bong schrie: „KATZ!!!“

Der Meister nahm seinen Stock, aber Ko Bong schlug ihm den Stock aus der Hand und sagte: „Ho-ho. Du kannst mich heute nicht schlagen.“

Der Meister sagte: „Warum nicht?“

Ko Bong stand auf und ging hinaus.

Einige Zeit später kam ein anderer Zen-Meister um Ko Bong zu besuchen und sagte: „Meine Gratulation, ich habe gehört, du hast die große Erleuchtung erlangt.“

Ko Bong lächelte: „Danke.“

Der Meister sagte: „Kannst du diesen Zustand die ganze Zeit über aufrecht erhalten?“

„Ja, natürlich.“

„Auch während du arbeitest, schläfst oder träumst?“

„Ja, sogar in den Träumen."

Und wie ist es im traumlosen Schlaf, wo es nichts zu sehen und zu hören gibt und kein Bewußtsein da ist. Wo ist dann deine Erleuchtung?"

Als der Meister sah, daß Ko Bong nicht antworten konnte, erläuterte er: „Ich möchte dir einen Rat geben. Wenn du hungrig bist, dann iß; wenn du müde bist, dann ruhe dich aus; in der Minute, in der du jeden Morgen aufwachst, frage dich selbst: ‚Wer ist der Meister dieses Körpers, und wo wohnt er?' Das wird dich zum endgültigen Verstehen bringen!"

Ko Bong beschloß, an dieser Frage ohne Unterlaß zu arbeiten, selbst wenn er dabei verrückt würde.

Fünf Jahre vergingen.

Eines Tages befand sich Ko Bong mit einem Freund auf einer Pilgerreise in den Norden Chinas. Unterwegs machten sie in einem Gasthaus Rast. Der Freund war sehr müde und schlief sofort ein. Ko Bong saß in einer Ecke und meditierte. Plötzlich, als sich sein Freund im Schlaf bewegte, fiel sein hölzernes Kissen zu Boden. Ko Bong hörte das Geräusch, sein Geist explodierte und das ganze Universum wurde von Licht überflutet. Er verstand nicht nur sein eigenes *Kong-An*, sondern alle *Kong-Ans* die uns von Buddha und den Patriarchen überliefert wurden. Er fühlte sich wie ein Weitgereister, der endlich zu Hause angekommen war. In diesem Moment des großen Erwachens verfaßte er folgende Zeilen:

> Der Mann, der das erreicht hat,
> ist der Mann, der von Anfang an hier war.
> Er tut, was er immer getan hat.
> Nichts hat sich verändert.

16. Wie kann der Buddha Lächeln?

Lieber Soen Sa Nim, 5. Mai 1973

Heute abend war Intensiv-Zen. Niemand schlief. Am Schluß ging Alban mit dem Stock herum und schlug jeden sehr hart. Guter Zen-Meister. Heute abend hatten wir fünf Besucher, manchmal kommt kein einziger.

Mein Vater möchte mehr *Kim tschi*.

Heute ging ich in viele Läden und kaufte eine Menge Lebensmittel. Du bist nicht da – nicht gut. Ich möchte, daß Du mir hilfst.

Ich hoffe, es geht Dir gut. Hier sind alle wohl auf. Wir essen viel, meditieren viel, rezitieren viele Mantras, denken viel. Der Frühling ist da, die Blumen blühen. Der Buddha lächelt.

Bobby

Lieber Bobby, 14. Mai 1973

danke für Deinen Brief, die Bücher und Bilder. Mir geht es so weit gut. Wir hatten eine wunderbare Zeremonie zu Buddhas Geburtstag. Es waren mehr als zweihundert Gäste gekommen.

Ich freue mich, daß jeder in Providence ernsthaft Zen übt und daß Alban einen guten Zen-Meister abgibt. Ich denke oft an Dich und mache mir Sorgen, denn Du hast die schwere Aufgabe, für jeden im Zen-Zentrum zu sorgen. Aber ich weiß, Du machst Deine Sache sehr gut. Sobald ich kann, komme ich zurück, um Dir zu helfen.

Du schreibst, ‚wir essen viel, meditieren viel, rezitieren viele Mantras, denken viel.' Das ist ein sehr schöner Satz. Aber ich habe eine Frage an Dich: Wird das alles in Deinem Geist getan oder außerhalb von ihm?

Deine nächsten Sätze waren auch sehr schön, aber:

1) Ursprünglich ist alles leer. Woher kommt der Frühling?

2) Der wirkliche Buddha hat weder Namen noch Form. Wie kann der Buddha lächeln?

Antwortest Du, so schlage ich Dich dreißigmal, antwortest Du nicht, so schlage ich Dich dreißigmal.

Warum?

Im Wasser schwimmt ein hölzernes Huhn.
Am Himmel spielt ein Fisch aus Stein.
Form-Körper und Karma-Körper entstehen aus dem Denken.
Der Dharma-Körper ist rein und klar und unbegrenzt in Raum und Zeit.
Auf dem Wasser von tausend Flüssen spiegeln sich tausend Monde.
Es gibt keine Wolken in zehntausend Meter Höhe,
nur blauen Himmel, zehntausend Meter weit.

Bis bald,

S.S.

17. Äpfel und Orangen

Eines Tages saß Dae Soen Sa Nim mit einigen von seinen Schülern in der Küche des Zen-Zentrums in Providence. In der Mitte des Tisches stand eine Schale mit Äpfeln und Orangen. Er nahm einen Apfel und sagte: „Was ist das?"

Ein Schüler sagte: „Weißt du das denn nicht?"

„Ich frage *dich*."

Der Schüler antwortete: „Es ist ein Apfel."

Dae Soen Sa Nim nahm dann eine Orange und sagte: „Dieser Apfel und diese Orange – sind sie gleich oder verschieden?"

Der Schüler nahm den Apfel und biß hinein.

Dae Soen Sa Nim sagte: „Hat dieser Apfel Buddha-Natur?"

„Nein."

„Warum nicht? Der Buddha sagte, alles hat Buddha-Natur. Du sagst, dieser Apfel hat keine Buddha-Natur. Was ist die Wahrheit?"

Der Schüler gab Dae Soen Sa Nim den Apfel.

„Ich will diesen Apfel nicht. Gib mir eine andere Antwort."

„Der Apfel ist rot."

Dae Soen Sa Nim sagte: „Vorher wußte ich nicht, welche Farbe der Apfel hat. Aber jetzt, da du es mir sagst, weiß ich, daß er rot ist."

18. Kong-An Blues

Lieber Soen Sa Nim, 4. März 1975
beiliegend findest Du eine Sammlung von Briefen, die ich an Dich geschrieben und nicht abgesendet habe. Hier sind sie nun.

Meine Übung ist – ich weiß nicht wie. Ich nehme an, sie ist weder gut noch schlecht, aber ich weiß nicht wie. Ich glaube, ich weiß eigentlich überhaupt nicht, wie irgend etwas ist auch außerhalb von ‚ich weiß nicht wie'.

Erzähle mir bitte etwas über die Shakuhachi-Übung. Es ist sicher mein Ego, das gut spielen möchte. Wie kann ich es lernen, einfach nur zu spielen? Beobachte ich mein Spielen, so fiel mir heute dabei auf, daß alles genauso ist wie die Musiknoten in dem Buch. Da steht: Bewege den dritten Finger. Wie kann ich es lernen, so zu leben, als wäre jeder Moment meines Lebens von diesen Noten gelenkt, und ich erfülle diese Aufgabe, so gut ich nur kann? Ich weiß wirklich nicht, was ich eigentlich sagen will, aber ich muß Dir schreiben. Ich hoffe, daß ich diese Briefe einwerfen werde.

See Hoy

Lieber Soen Sa Nim, 5. März 1975
ich bin sehr verwirrt. Seitdem Du nicht mehr hier bist, übe ich mit Venerable Hearn und manchmal mit Dr. Thien-An. Ven. Hearn ist nur einmal in der Woche da für das *Dokusan* und wird Ende des Monats nach Asien fahren.

Kurz nachdem Du nach Providence gegangen bist, ging ich zu Kozan Kimura Roshi. Hier ist eine Liste der *Kong-Ans*, die ich bekommen habe:

Von Dir: „Was bin ich?"
„Warum hat Bodhidharma keinen Bart?"

Von Ven. Hearn: „Was ist der Klang einer Flöte ohne Löcher?"
Einmal sagte er zu mir: „Nun zeige mir Deine Erkenntnis" und gab mir das *Kong-An*: „Kannst Du einen Nagel ohne Hammer einschlagen?"

Von Dr. Thien-An: „Wo findest Du die Buddha-Natur?"
Meine Antwort: „Durchgaloppieren, alles ist ringsherum. Wie könnte es eine Spur hinterlassen?"

Er sagte: „Arbeite noch weiter daran."

Kimura Roshi sagte, ich sollte mich für einen Meister entscheiden. Ich sagte ihm, daß Du nicht hier seist. Er antwortete mir, ich solle Dir folgen und nach Providence gehen. Er sagte, er möchte gerne, daß ich komme und mit ihnen übe, aber er wolle mir kein *Dokusan* geben, um nicht die Arbeit an einem anderen *Kong-An* zu stören.

Gestern abend ging ich hin, um mit ihm zu üben und hatte kein *Dokusan*. Heute war ich auch bei ihm und ging zum *Dokusan*. Er riet mir, nur an einem *Kong-An* zu arbeiten und gab mir: „Wann wurdest Du geboren?" Nachdem alle anderen mit dem *Dokusan* fertig waren, ging ich wieder hin und antwortete: „Da es keine Spur gibt, wie sollte ich das wissen." Dann unterhielten wir uns, und er fragte nach meinen *Kong-Ans*, an denen ich gearbeitet habe. Ich sagte ihm, daß ich vorwiegend mit dem *Kong-An* „was bin ich?" arbeite. Er sagte, es sei zu schwer für Anfänger, und ich solle besser mit der Frage arbeiten: „Wann bist Du geboren?"

Bitte gib mir einen Rat, denn wenn ich Zen übe, kann ich eigentlich nur fragen – und ich will auch nur fragen – „was bin ich?". Ich weiß nicht, was ich tun soll.

Soll ich mit Kozan üben und nicht zum *Dokusan* gehen? Soll ich nach Providence kommen? Aber ich hänge hier an so vielen Dingen. Übrigens hafte ich sogar an Dir.

Manchmal erinnere ich mich, wie Du fragtest: „Was bin ich?" und ich könnte sogar böse auf Dich werden, weil Du mir so ein Ding verpasst hast.

Sogar jetzt in diesem Moment hänge ich an „was bin ich?" und bei dem bloßen Gedanken an „wann bin ich geboren?" könnte ich kotzen, weil mich das alles konfus macht. Heute abend werde ich versuchen, noch mehr *Zazen* zu üben und nur zu denken, „was bin ich?". Bitte hilf mir, denn ich glaube, nur Du kannst das „was bin ich?" zurücknehmen.

Bitte antworte mir bald, aber Du wirst es wahrscheinlich nicht tun, hmm?

Wie auch immer, ich möchte Dir gerne sagen, daß Du mich am Arsch lecken kannst.

Hochachtungsvoll und in der Hoffnung, Dich bald zu sehen

See Hoy

Lieber See Hoy, 22. März 1975

danke für Deine zwei Briefe. Ich war in New York, deshalb habe ich sie erst vor einigen Tagen erhalten. So kommt es zu meiner verspäteten Antwort. Es tut mir leid.

Du sagst, daß Du nicht weißt, wie Deine Übung ist, daß Du überhaupt nichts weißt. Aber dann sagst Du, daß Du verwirrt bist. Verwirklichst Du den vollkommenen Weiß-Nicht-Geist, wie kann dann Verwirrung auftauchen? Der vollkommene Weiß-Nicht-Geist bedeutet, alles Denken ist abgeschnitten. Alles Denken abschneiden ist wahre Leerheit. In der wahren Leerheit gibt es kein Ich und überhaupt nichts, das verwirrt werden könnte. Die wahre Leerheit liegt vor dem Denken. Vor dem Denken erscheint nichts und verschwindet auch nichts. Die Wahrheit ist deshalb einfach genau so. Erscheint Rot, dann ist da Rot, erscheint Weiß, dann ist da Weiß. Verschließt Du alle Öffnungen der Shakuhachi, dann gibt es keinen Ton; sind alle Öffnungen offen, dann gibt es einen hohen Ton. Nur einfach so. Shakuhachi ist ein guter Lehrer für Dich. Verstehst Du etwas nicht, dann frage nur Shakuhachi. Gib Dich in den Klang des Shakuhachi, und Shakuhachi wird Dir erklären, was Erleuchtung ist.

Dr. Thien-An, Song Ryong Hearn und Kimura Roshi sind alle gute Lehrer. Ich denke, Du kannst mit Deinen Fragen und Problemen zu jedem von ihnen gehen, und sie werden Dich gut lehren.

Du hast viele *Kong-Ans*. Aber ein *Kong-An* ist nur wie der Finger, der zum Mond zeigt. Klammerst Du Dich an den Finger, dann erkennst Du nicht, in welche Richtung er zeigt, und Du kannst daher den Mond nicht sehen. Klammerst Du Dich an kein einziges *Kong-An*, dann verstehst Du die Richtung. Die Richtung ist der vollkommene Weiß-Nicht-Geist. Der Name für ‚einfach so' ist ‚weiß nicht'. Verstehst Du ‚weiß nicht', so verstehst Du alle *Kong-Ans*, und bald verstehst Du auch ‚einfach so'.

Du hast viele Probleme mit Deinen *Kong-Ans*. „Was bin ich?" – verstehst Du das? Deine Antwort ist: „Ich weiß nicht." „Wann bist Du geboren?" – Verstehst Du das? Deine Antwort ist ebenfalls: „Ich weiß nicht." Haftest Du nicht an den Worten, dann ist der Weiß-Nicht-Geist immer derselbe. Alle *Kong-Ans* werden zu dem selben Weiß-Nicht-Geist. Dein Weiß-Nicht-Geist, mein Weiß-Nicht-Geist, der Weiß-Nicht-Geist aller Menschen, der „was bin ich?"-Weiß-Nicht-Geist, der „wann bin ich geboren?"-Weiß-Nicht-Geist – all das ist dasselbe weiß nicht. Das ist also ganz leicht. Bewahre nur das weiß nicht. Klammere Dich nicht an Worte. Dieses weiß nicht ist Dein wahres Selbst. Letztendlich gibt es überhaupt nichts. Das ist ganz leicht, nicht schwer.

Deshalb mußt Du nur das weiß nicht behalten, immer und überall. Dann wirst Du bald Erleuchtung erlangen. Aber gib gut acht, daß Du nicht die Erleuchtung willst. Bewahre immer nur den Weiß-Nicht-Geist.

Deine Situationen, Deine Bedingungen, Deine Meinungen – wirf das alles weg.

Ich denke, es wäre gut für Dich, mit Kimura Roshi zu arbeiten. Ich hoffe, daß Du ebenfalls auf das hörst, was Dich Dein Shakuhachi lehrt und bald Erleuchtung erlangst.

Am Schluß des Briefes schreibst Du: „Du kannst mich am Arsch lecken." Das sind wunderbare Worte, die Du mir geschenkt hast, und ich danke Dir sehr. Wenn Du Erleuchtung erlangst, werde ich sie Dir zurückgeben.

Aufrichtigst Dein

S.S.

19. Die 84.000 Stufen der Erleuchtung

An einem Abend, nach dem Dharma-Vortrag im Zen-Zentrum in Cambridge, sagte ein Zen-Schüler zu Dae Soen Sa Nim: „Ich habe eine Frage zur Erleuchtung. Nun, Erleuchtung ist sehr gut ..."

„Sie ist sehr schlecht!", unterbrach ihn Dae Soen Sa Nim. (Gelächter der Zuhörer)

Der Schüler sagte: „Die vollkommenen Eigenschaften der Erleuchtung wurden von Buddha selbst weitergegeben. Er sagte, daß die Erleuchtung sieben Glieder hat."

„Sieben?"

„Ja, sieben."

„Nein – noch viel mehr." (Gelächter)

„Meine Frage lautet: Ist das genug, wenn jemand erwacht ist? Ist Anuttara Samyak Sambodhi, die unübertroffene, vollkommene Erleuchtung, genug? Ist sie dasselbe wie Nirvana? Oder ist das Nirvana eher provisorisch? Manche Lehrer sagen, daß es zwei Stufen der Erleuchtung gibt, andere sagen es gibt drei. Was ist deine Meinung über die Stufen der Erleuchtung? Gibt es eine, zwei, drei oder mehr?"

Dae Soen Sa Nim sagte: „Es gibt viele Stufen der Erleuchtung. Ungefähr 84.000 Stufen. Wieviele willst du?" (Gelächter)

„Das ist sehr interessant."

„Ich werde dich alle lehren." (Gelächter)

„Ich habe von dieser Lehre gehört. Sie kommt von der T'ien-t'ai Philosophie."

„Wieviele willst du? Eine, zwei, drei, 84.000?"

„Ich kenne diese Lehre. Aber könntest du mir erklären, was die beiden Stufen..."

Dae Soen Sa Nim reichte ihm ein Glas Wasser: „Trink das."

Der Schüler trank.

„Wie hat es geschmeckt?"

„Wie Wasser schmecken sollte."

„Du hast eben die 84.000 Stufen der Erleuchtung erlangt." (Gelächter)

Der Schüler sagte: „Das ist mehr, als ich erwartet habe." (Gelächter) „Danke."

Dae Soen Sa Nim erklärte: „In Ordnung, nun will ich es dir erklären. Im Zen lehren wir, daß es drei Stufen der Erleuchtung gibt." Dann hielt er den *Moktak* hoch. „Das ist ein *Moktak*. Sagst du aber, das ist ein *Moktak*, dann hältst du an Namen und Form fest. Sagst du, das ist kein *Moktak*, dann hältst du an der Leerheit fest. Ist das also ein *Moktak* oder nicht? Das ist eines der grundlegenden *Kong-Ans*, das wir verwenden. Antwortest du mir, indem du auf den Boden schlägst oder ‚KATZ!!!' schreist oder mich schlägst, dann ist das die erste Erleuchtung. Alles wird eins. Buddha, du, ich, der *Moktak*, der Klang, KATZ, SCHLAGEN – alles wird eins. Die zehntausend Dharmas kehren zurück zu dem Einen."

Der Schüler schnippte mit den Fingern.

„Das ist richtig. Das ist die erste Erleuchtung. Die nächste ist die ursprüngliche Erleuchtung. Ist das ein *Moktak* oder nicht? Diesmal antwortest du: ‚Die Wand ist weiß, der *Moktak* ist braun', oder ‚der Himmel ist blau, das Gras ist grün' oder ‚drei mal drei ergibt neun'. Alles ist einfach so. Das ist die ursprüngliche Erleuchtung. In Ordnung?"

„In Ordnung."

„Als nächstes kommt die endgültige Erleuchtung. Das ist ganz wichtig. Was ist die endgültige Erleuchtung?" Dae Soen Sa Nim schlug den *Moktak*. „Nur das. Nur dieser Punkt. Die Wahrheit ist einfach genau so. Deshalb lehren wir diese drei Arten: Erste, ursprüngliche und endgültige Erleuchtung. Zuerst erscheinen sie uns gleich. Aber sie sind nicht gleich. Ist das jetzt klar?"

„Viel klarer als sonst."

„Nur das. Wenn du intensiv Zen übst, wirst du bald verstehen."

„Danke."

„Gut. Dann frage ich dich. Einmal war Zen-Meister Dong Sahn damit beschäftigt, Flachs abzuwiegen. Jemand kam, und fragte, ‚was ist Buddha?'. Er antwortete, ‚drei Pfund Flachs'. Was bedeutet das?"

Der Schüler dachte nach, dann sagte er: „Drei Pfund Flachs bedeuten genau das, was drei Pfund Flachs sind."

Dae Soen Sa Nim sagte: „Nur das?"

„Das ist alles, was mir heute abend einfällt."

„Ja, das ist eine gute Antwort. Nicht schlecht, nicht gut."

Der Schüler schwieg.

Dae Soen Sa Nim sagte: „In Ordnung. Die nächste Frage. Jemand fragte Zen-Meister Un-mun, ‚was ist Buddha?' Un-mun antwortete, ‚trokkene Scheiße am Stock'. Beide Zen-Meister wurden gefragt, ‚was ist Buddha?'; Dong Sahn sagte, ‚drei Pfund Flachs' und Un-mun sagte, ‚trockene Scheiße am Stock'. Sind diese beiden Antworten gleich oder verschieden?"

Der Schüler sagte: „Wenn du es mit Ein-Geist verstehst, dann sind sie gleich."

„Nur das?"

„Das ist das Beste, was mir einfällt."

„Ich dachte, du wärst ein scharfäugiger Löwe, aber nun erkenne ich, daß du ein blinder Hund bist."

Der Schüler entgegnete: „Vielleicht werde ich eines Tages sehen können."

Dae Soen Sa Nim sagte: „Jetzt bist du ein blinder Hund. Du mußt wieder ein scharfäugiger Löwe werden."

Der Schüler schloß die Augen und verbeugte sich.

20. Was ist Freiheit?

An einem Nachmittag kam ein junger Zen-Schüler zum Tee in das Zen-Zentrum in Cambridge und fragte Dae Soen Sa Nim: „Was ist Freiheit?"

Dae Soen Sa Nim sagte: „Freiheit bedeutet, ohne Hindernisse zu sein. Sagen dir deine Eltern, was du tun sollst, und du denkst, du bist ein freier Mensch, dann hörst du nicht auf sie. Das ist nicht die wahre Freiheit. Die wahre Freiheit ist die Freiheit vom Denken, die Freiheit von allen Abhängigkeiten, die Freiheit von Leben und Tod. Will ich das Leben, dann gibt es Leben; will ich den Tod, dann gibt es Tod."

Der Schüler sagte: „Heißt das, wenn du jetzt sterben wolltest, dann könntest du sofort sterben?"

„Was ist der Tod?"

„Ich weiß nicht."

Dae Soen Sa Nim erklärte: „Machst du den Tod, dann erschaffst du den Tod, machst du das Leben, dann erschaffst du das Leben. Verstehst du das? Das ist Freiheit. Mit freiem Denken hast du Freiheit. Mit abhängigem Denken hast du Hindernisse. Nimm an, deine Eltern sagen, ‚dein

Hemd ist dreckig; du mußt es wechseln!', und du antwortest, ,nein, ich ziehe es nicht aus, ich bin frei!', dann hältst du an deinem dreckigen Hemd fest oder an der Freiheit selbst. So bist du nicht frei. Wenn du wirklich frei bist, dann ist dreckig gut, dann ist sauber gut. Das spielt keine Rolle. Das Hemd nicht ausziehen ist gut, das Hemd ausziehen ist gut. Wollen meine Eltern, daß ich es wechsle, dann wechsle ich es. Ich tue es nicht für mich, ich tue es für sie. Das ist Freiheit. Ohne Wünsche für mich, sondern für alle Menschen."

„Wenn du keine Wünsche hast, warum ißt du dann?"

„Ich bin hungrig, also esse ich."

„Aber *warum* ißt du, wenn du sagst, daß du frei bist von den Wünschen?"

„Ich esse für dich."

„Was heißt das?"

Dae Soen Sa Nim antwortete: „Bin ich hungrig, dann esse ich, das bedeutet, ,einfach genau so'. Das heißt, ich bin nicht abhängig vom Essen. Es gibt kein ,ich mag das', oder ,ich mag das nicht'. Wenn ich nicht esse, kann ich dich nicht lehren. Also esse ich für dich."

„Ich verstehe wirklich nicht."

Dae Soen Sa Nim schlug ihn: „Verstehst du es jetzt?"

„Ich weiß nicht."

„Du mußt dieses weiß-nicht verstehen, dann wirst du an nichts mehr festhalten. Bewahre also immer den Weiß-Nicht-Geist. Das ist die wahre Freiheit."

21. Der grosse Schatz

Als Dae Ju das erstemal zu Zen-Meister Ma-jo kam, fragte ihn dieser: „Was willst du von mir?"

Dae Ju antwortete: „Ich möchte, daß du mich das Dharma lehrst."

„Was bist du für ein Narr!" sagte Ma-jo. „Du hast den größten Schatz der Welt in dir, und doch gehst du herum und bittest andere Leute um Hilfe. Wozu ist das gut? Ich habe dir nichts zu geben."

Dae Ju verbeugte sich: „Bitte Meister, sage mir, was ist das für ein Schatz?"

Ma-jo erklärte: „Woher kommt deine Frage? *Das* ist dein Schatz. Es ist genau das, was dich dazu bringt, die Frage in eben diesem Moment zu stellen. Alles, das dir gehört, ist in deinem Schatzhaus aufbewahrt. Es steht zu deiner Verfügung, du kannst es verwenden, wie du willst, nichts fehlt. Du bist der Herr und Meister. Warum läufst du vor dir selbst davon und suchst nach etwas, das außerhalb ist?"

Als er diese Worte hörte, erlangte Dae Ju Erleuchtung.

22. Der Mond des klaren Geistes

Eines Abends, nach dem Dharma-Vortrag im Zen-Zentrum in Providence, fragte ein Zen-Schüler Dae Soen Sa Nim: „Wie kann ich über das bloße Aufsagen der Frage ‚was bin ich?' hinausgelangen?"

Dae Soen Sa Nim erklärte: „Du möchtest, daß sich diese Frage entwikkelt. Dieser Geist ist nicht gut. Das ist abhängiges Denken. Du mußt dieses Denken abschneiden und einfach nur fleißig üben. Es ist nicht wichtig für diese Frage, daß sie sich entwickelt. Was wichtig ist, ist ein einziger Moment des klaren Geistes. Der klare Geist liegt vor dem Denken. Wenn du diesen Geist erfährst, dann hast du schon Erleuchtung erlangt. Machst du diese Erfahrung nur für eine kurze Zeit – und ist es nur für einen Moment – das ist Erleuchtung. Auch wenn du sonst ständig denkst, brauchst du dir über dieses Denken keine Sorgen zu machen. Das ist eben dein Karma. Du darfst nicht an diesem Denken festhalten. Du darfst es nicht zwingen aufzuhören. Du darfst den klaren Geist nicht zwingen, sich zu entwickeln. Er wird sich von selbst entwickeln, während sich dein Karma nach und nach auflöst.

Der klare Geist ist wie der Vollmond am Himmel. Manchmal kommen Wolken und bedecken ihn, aber der Mond dahinter ist immer da. Ziehen die Wolken vorbei, scheint der Mond wieder hell. Deshalb brauchst du dich nicht um den klaren Geist zu kümmern, er ist immer da. Kommt das Denken, so steckt der klare Geist dahinter. Geht das Denken, ist nur noch der klare Geist da. Das Denken kommt und geht, kommt und geht. Du darfst weder am Kommen noch am Gehen festhalten.

23. Was hast du mitgebracht?

An einem Sonntag kam ein Zen-Schüler in den Interview Raum im Zen-Zentrum in Providence und verbeugte sich vor Dae Soen Sa Nim.

Dae Soen Sa Nim fragte: „Was hast du mitgebracht?"

Der Schüler schlug auf den Boden.

„Ist das die Wahrheit?"

Der Schüler schlug wieder auf den Boden.

Dae Soen Sa Nim sagte: „Du verstehst eins. Du verstehst nicht zwei."

Der Schüler schlug nochmals auf den Boden.

Dae Soen Sa Nim sagte: „Ein zweiter Verstoß ist nicht erlaubt."

Der Schüler verbeugte sich und ging.

Der nächste Schüler kam in den Raum. Dae Soen Sa Nim sagte: „Was hast du mitgebracht?"

„Ich weiß nicht."

„Wie lange übst du Zen?"

Der Schüler antwortete: „Drei Monate."

Dae Soen Sa Nim sagte: „Warum meditierst du?"

„Ich denke zuviel. Ich liebe die Stille."

„Woher kommt dein Denken?"

„Ich weiß nicht."

Dae Soen Sa Nim erklärte: „Dieser Weiß-Nicht-Geist schneidet alles Denken ab und ist der wahre stille Geist. Frage dich also immer: ‚Was bin ich?' und bewahre diesen Weiß-Nicht-Geist."

„Vielen Dank."

Dae Soen Sa Nim sagte: „Bring bitte das nächste Mal deinen Weiß-Nicht-Geist mit."

Der Schüler verbeugte sich und ging.

Viele Schüler kamen und gingen. Ein Schüler kam und Dae Soen Sa Nim fragte ihn: „Was hast du mitgebracht?"

Der Schüler schrie: „KATZ!!!"

Dae Soen Sa Nim hielt sich die Ohren zu: „Dein KATZ!!! hat mir das Trommelfell zerissen."

Der Schüler brüllte nochmals: „KATZ!!!"

„Ist KATZ!!! alles, was du mitgebracht hast?"

„Nein."

„Dann gib mir etwas anderes."

Der Schüler stand auf, verbeugte sich und sagte: „Hast du die letzte Nacht gut geschlafen?"

Dae Soen Sa Nim sagte: „Recht gut, ich danke dir. Nun geh und trinke Tee."

Der Schüler ging.

Der nächste Schüler kam. Dae Soen Sa Nim sagte: „Was hast du mitgebracht?"

Der Schüler schlug auf den Boden.

Dae Soen Sa Nim sagte: „Ist das die Wahrheit?"

„Nein."

„Was ist die Wahrheit?"

Der Schüler sagte: „Heute ist Sonntag, der 22. Juli 1973."

Dae Soen Sa Nim öffnete sein *Kong-An* Buch und las: „Vor langer Zeit sagte ein Zen-Meister: ‚Hörst du ein hölzernes Huhn gackern, so verstehst du deinen Geist.' Was bedeutet das?"

Der Schüler sagte: „Ein Mädchen aus Stein tanzt zur Musik einer Flöte ohne Löcher."

„Nicht schlecht. Nun noch eine andere Frage. Jemand kommt in das Zen-Zentrum in Providence, raucht eine Zigarette, bläst der Statue den Rauch ins Gesicht und läßt die Asche auf den Buddha fallen. Wenn du der Zen-Meister wärest, was könntest du tun?"

Der Schüler sagte: „Ich würde ihn schlagen."

„Dieser Mensch ist sehr stark. Er hat erkannt, daß er selbst Buddha ist, daß er Dharma ist. Er wird zurückschlagen."

„Ich würde nur sitzen."

Dae Soen Sa Nim erwiderte: „Du bist ein Zen-Meister. Du erkennst, daß er an der Leerheit festhält. Wenn du nur sitzt, dann belehrst du ihn nicht."

„Ich bin kein Zen-Meister, wie kann ich das wissen?"

Der Schüler und Dae Soen Sa Nim lachten gemeinsam. Dae Soen Sa Nim sagte: „Du mußt sehr fleißig üben. Ich hoffe, du erlangst bald Erleuchtung."

„Ich danke vielmals", sagte der Schüler, verbeugte sich und ging.

24. Erleuchtet und nicht erleuchtet, das sind leere Namen

An einem Abend, nach dem Dharma-Vortrag im Zen-Zentrum in Cambridge, fragte ein Schüler Dae Soen Sa Nim: „Benimmt sich ein erleuchteter Mann anders als ein nicht erleuchteter?“

Dae Soen Sa Nim antwortete: „Eins, zwei, drei, vier, fünf, sechs. Diese Reihe beginnt mit eins. Woher kommt eins?“

„Vom Geist.“

„Vom Geist? Woher kommt der Geist?“

Der Schüler konnte nicht antworten.

Dae Soen Sa Nim erklärte: „Nun ist dein Geist der Weiß-Nicht-Geist. Du bist nur noch weiß nicht. Woher kommt der Geist? Was ist der Geist? Ich weiß nicht. Dieser Weiß-Nicht-Geist ist dein wahrer Geist. Dieser wahre Geist beendet alles Denken. Also Geist ist Nicht-Geist. Warum? Der wahre Geist ist der leere Geist. Der leere Geist liegt vor dem Denken. Vor dem Denken gibt es keine Worte und keine Sprache. Deshalb ist Geist Nicht-Geist. Geist ist auch nur ein Name, den das Denken hervorgebracht hat. Schneidest du alles Denken ab, dann gibt es keinen Geist mehr. Denkst du, dann lebst du in Gegensätzen: Gut und schlecht, erleuchtet und nicht erleuchtet. Aber beendest du das Denken, gibt es keine Gegensätze mehr, gibt es nur noch das Absolute. Gegensätzliche Worte sind tote Worte; absolute Worte sind lebendige Worte. Buddha sagte, ‚alles hat Buddha-Natur‘. Aber als jemand Zen-Meister Jo-ju fragte, ob ein Hund Buddha-Natur habe, antwortete er, ‚Nein!‘. Welche Antwort ist richtig, die von Buddha oder von Jo-ju?“

„Ich glaube, ich verstehe das. Das sind alles nur Worte.“

„Jawohl, nur Worte. Dann sind also die beiden Antworten gleich?“

„Das spielt keine Rolle. Aber was ich immer noch gerne wissen möchte ist, ob sich ein Mann mit leerem Geist anders verhält als ein Mann mit denkendem Geist.“

„Deshalb frage ich dich: sind die Antworten von Buddha und Jo-ju gleich oder verschieden?“

„Nun, alles hat Buddha-Natur. Manche Leute wissen, daß sie Buddha-

Natur haben, und manche wissen es nicht. Wahrscheinlich weiß der Hund es nicht."

Dae Soen Sa Nim sagte: „Das ist eine sehr gute Antwort. Der Hund weiß nicht, daß er Buddha-Natur hat, deshalb hat er keine. Gibst du mir aber diese Antwort bei einem Interview, so schlage ich dich dreißigmal. Warum?"

„Oh . . . ich antworte eigentlich nicht, um ein Katz-und-Maus-Spiel zu treiben."

„Und stellst du mir bei einem Interview die Frage über das Verhalten eines erleuchteten Mannes, so schlage ich dich auch dreißigmal. Verstehst du das?"

„Ich verstehe nur soviel, daß es auf diese Frage keine Antwort gibt."

„Es gibt auf diese Frage viele Antworten." (Gelächter der Zuhörer). „Solange du die Erleuchtung nicht erlangt hast, ist alles voneinander verschieden. Hast du die Erleuchtung erlangt, ist alles eins. Das mußt du verstehen."

Der Schüler verbeugte sich: „Vielen Dank."

25. Warum wir singen

An einem Sonntag abend, nach dem Dharma-Vortrag im Internationalen Zen-Zentrum von New York, fragte ein Schüler Dae Soen Sa Nim: „Warum singen wir? Ist Sitzen nicht genug?"

Dae Soen Sa Nim antwortete: „Das ist ein sehr wichtiges Thema. Wir verbeugen uns gemeinsam, wir singen gemeinsam, wir essen gemeinsam, wir sitzen gemeinsam, und wir tun überhaupt vieles gemeinsam hier in diesem Zen-Zentrum. Warum üben wir zusammen?

Jeder Mensch hat ein unterschiedliches Karma. So haben alle Menschen verschiedene Situationen, verschiedene Bedingungen und verschiedene Meinungen. Einer ist Mönch, ein anderer Schüler, ein dritter arbeitet in einer Fabrik; einer behält immer einen klaren Geist, ein anderer ist unzufrieden oder streitet oft; einer mag die Frauenbewegung, ein anderer kann sie nicht ausstehen. Aber jeder denkt, ‚*meine* Überzeugung ist richtig!' Selbst Zen-Meister sind so. Zehn Zen-Meister wissen zehn verschiedene Wege und Lehren und jeder Zen-Meister wird denken, sein Weg sei der beste. Die Amerikaner haben eine amerikanische Meinung.

Die Orientalen haben eine orientalische Meinung. Verschiedene Meinungen führen zu verschiedenen Handlungen, welche verschiedenes Karma verursachen. Wenn du an deiner eigenen Meinung festhältst, ist es sehr schwierig, dein Karma zu beeinflussen, und dein Leben wird schwierig bleiben. Behältst du deine falschen Meinungen bei, so setzt du dein schlechtes Karma fort. Aber in unserem Zen-Zentrum leben wir gemeinsam, üben wir gemeinsam und wir alle bleiben den Tempelregeln treu. Die Leute kommen zu uns mit sehr starken Vorlieben und Abneigungen. Aber allmählich werden sie toleranter. Alle verbeugen sich einhundertachtmal um 5.30 morgens, alle sitzen gemeinsam, alle essen gemeinsam, alle arbeiten gemeinsam. Manchmal ist dir nicht nach Verbeugen, aber dies ist eine Tempelregel, also verbeugst du dich. Manchmal möchtest du nicht singen, aber du singst. Manchmal bist du müde und möchtest schlafen, aber du weißt, wenn du nicht zum Sitzen erscheinst, werden sich die anderen fragen, wo du bleibst; also sitzt du.

Wir essen in einem bestimmten Stil mit vier Schüsseln, und nach dem Essen spülen wir die Schüsseln mit Tee aus, indem wir den Zeigefinger benutzen, um sie zu reinigen. Als wir die ersten Male so aßen, mochte das niemand. Ein Schüler vom Zen-Zentrum in Cambridge kam sehr aufgelöst zu mir. ‚Ich kann diese Art zu essen nicht aushalten! Der Tee füllt sich mit Abfall! Ich kann das nicht trinken!' Ich sagte zu ihm, ‚kennst du das Herz-Sutra?' ‚Ja.' ‚Sagt es nicht, alle Dinge sind weder rein noch unrein?' ‚Ja.' ‚Also, warum kannst du den Tee dann nicht trinken?' ‚Weil es schweinisch ist.' (Gelächter von den Zuhörern) ‚Warum ist es schweinisch? Diese Krümel sind von dem Essen, das du bereits gegessen hast. Denkst du, der Tee sei dreckig, so ist er dreckig; denkst du, der Tee sei sauber, so ist er sauber.' Der Schüler antwortete, ‚du hast recht. Ich werde den Tee in Zukunft trinken.' (Gelächter)

So leben wir gemeinsam und so handeln wir gemeinsam. Gemeinsam handeln bedeutet das Abschneiden unserer Meinungen, das Abschneiden unserer Bedingungen und das Abschneiden unserer Situationen. Dabei leert sich unser Denken, unser Kopf wird wie ein weißes Blatt Papier. Nun taucht unsere wahre Meinung, unsere wahre Bedingung und unsere wahre Situation auf. Verbeugen wir uns gemeinsam, singen wir gemeinsam und essen wir gemeinsam, so wird unser Geist ein Geist. Er ist wie das Meer. Kommt Wind auf, so entstehen viele Wellen; legt sich der Wind, werden die Wellen kleiner; hört der Wind auf, wird das Wasser klar wie ein Spiegel, der alles reflektiert: Berge, Bäume, Wolken. Unser Geist ist genauso. Haben wir viele Wünsche und Meinungen, so entstehen viele hohe Wellen. Aber wenn wir Zen üben und einige Zeit gemeinsam handeln, verschwinden unsere Meinungen und Wünsche. Die Wellen werden kleiner und kleiner. Dann wird unser Geist wie ein klarer Spiegel und alles, was wir sehen oder hören oder riechen oder schmecken oder fühlen oder denken ist die Wahrheit. Jetzt ist es sehr einfach, die Gedanken der anderen zu verstehen. Ihre Gedanken spiegeln sich in meinem Geist.

Das Singen ist sehr wichtig. Zuerst verstehst du es nicht, aber nach regelmäßigem Singen wirst du es verstehen. ‚Ah, Singen – ein sehr gutes Gefühl!' Mit den einhundertacht Verbeugungen ist es genauso, zuerst mag sie niemand. Warum verbeugen wir uns? Wir verbeugen uns nicht vor Buddha, wir verbeugen uns vor uns selbst. Das kleine Ich verbeugt sich vor dem Großen Ich. Dann verschwindet das kleine Ich und wird zum Großen Ich. Das ist wahre Verbeugung. So komm' und übe mit uns, du wirst es bald von selbst verstehen."

Der Schüler verbeugte sich: „Vielen Dank."

26. Eine Dharma-Rede

Diese Rede hielt Dae Soen Sa Nim im Zen-Zentrum in Providence 1973 zum Gedenken an Buddhas Geburtstag.

Vor langer Zeit sagte ein bedeutender Lehrer, ‚bevor Buddha von seiner Mutter geboren wurde, hatte er bereits alle Menschen vom Leiden errettet.'

Das bedeutet, tausend Zungen haben und sie doch nicht brauchen. Verstehst du das, so verstehst du auch, daß du in deiner Handinnenfläche sämtliche Nasen der bedeutenden Lehrer der ältesten Vergangenheit bis in die Gegenwart hältst. Das mußt du zuerst erkennen. Verstehst du das nicht, so solltest du den Mund halten, denn Reden wäre reine Zeitverschwendung. Es ist besser für dich, den Mund zu schließen und nicht mehr zu öffnen, bis das Frühjahr zu Ende ist.

Buddha sprang aus der rechten Seite seiner Mutter und machte sieben Schritte in die vier Himmelsrichtungen. Dann warf er einen Blick in jede der vier Richtungen, deutete mit einem Finger zum Himmel, berührte mit der anderen Hand die Erde und sagte, ‚im oberen und im unteren Himmel bin einzig ich heilig.'

Du mußt diesen Satz verstehen, vor allem was dieses ICH bedeutet. Dieses ICH ist leer. Leer ist voll. Es hat weder Namen noch Formen, es erscheint nicht und verschwindet auch nicht. Alle Menschen und alle Dinge haben es. Woher kommt dann Buddha?

Vor langer Zeit sagte Zen-Meister Un-mun, ‚ich habe Buddha kurz nach seiner Geburt geschlagen, getötet und an einen hungrigen Hund verfüttert. Die ganze Welt befand sich in Frieden.‘

Was Buddha an seinem Geburtstag sagte, ist falsch, deshalb werde ich ihn 30mal schlagen. Was Zen-Meister Un-mun sagte, ist auch falsch, so werde ich ihn auch 30mal schlagen. Was ich gerade gesagt habe, ist falsch, so werde ich mich selbst 30mal schlagen.

Wo ist der Fehler?

KATZ!!!

Heute ist Buddhas Geburtstag, und draußen fällt weißer Schnee.

Nach der Dharma-Rede beantwortete Dae Soen Sa Nim Fragen.

Eine Schülerin sagte: „Einige behaupten, Buddha ist ein göttliches Wesen, andere sagen, er war übermenschlich, wieder andere sagen, er war nur ein weiser alter Mann, der ein bißchen mehr wußte als die meisten Menschen. Wer ist Buddha?“

Dae Soen Sa Nim fragte sie: „Wie bist du hierhergekommen?“

„Ich bin gelaufen.“

„Warum bist du gelaufen?“

„Ich habe kein Auto.“

„Manche fahren mit dem Auto hierher, aber was hat deinen Körper hierher gebracht?“

„Ich weiß nicht.“

„Dieser Weiß-Nicht-Geist, das ist Buddha.“

„Warum feierst du dann Buddhas Geburtstag?“

„Zen-Meister Un-mun sagte, ‚ich habe Buddha kurz nach seiner Geburt geschlagen, getötet und an einen hungrigen Hund verfüttert. Die ganze Welt befand sich in Frieden.‘ Verstehst du, was das heißt?“

„Nein.“

„Das ist Buddhas Lehre. Erkenne das, und du verstehst, warum wir seinen Geburtstag feiern.“

27. Die Geschichte Won Hyos

Der große Zen-Meister namens Won Hyo lebte vor 1300 Jahren in einer früheren Provinz Koreas. Als junger Mann kämpfte er bereits in einem blutigen Bürgerkrieg und konnte hautnah erleben, wie seine Freunde niedergemetzelt wurden und seine Heimat zerstört wurde. Die Leerheit seines Daseins überwältigte ihn, deshalb rasierte er seinen Kopf und ging in die Berge, um dort als Mönch zu leben. Er las dort viele Sutren und hielt sich streng an die Gelöbnisse, aber die wahre Bedeutung des Buddhismus begriff er noch nicht. Schließlich erfuhr er, daß er in China sicher einen Zen-Meister fände, der ihm helfen könnte, erleuchtet zu werden. Sofort packte er seinen Rucksack und begab sich zu den großen, trockenen Ebenen des Nordens.

Er wanderte tagsüber und ruhte nachts aus. Als er die Wüste durchquerte, hielt er eines Abends an einer Oase an, in der einige Bäume wuchsen und es ausreichend Wasser gab, und er legte sich schlafen. Gegen Mitternacht erwachte er, weil er sehr durstig war. Es war stockdunkel. Nach etwas Wasser suchend, tastete er sich langsam auf allen Vieren vorwärts. Schließlich berührte seine Hand eine Tasse, die auf der Erde stand. Er hob sie auf und trank. Ah, wie köstlich! Dann verbeugte er sich vor Buddha in tiefer Dankbarkeit für diese Wassergabe.

Am nächsten Morgen erwachte Won Hyo und erblickte neben sich das, was er im Dunkeln für eine Tasse gehalten hatte. Es war ein blutverkrusteter, zersplitterter Schädel, an dessen Wangenknochen noch Fleischfetzen hingen. Innen krabbelten und schwammen sonderbare Insekten im dreckigen Regenwasser. Won Hyo ekelte sich entsetzlich. Sein Mund öffnete sich. In dem Augenblick, als er sich erbrach, öffnete sich sein Geist, und er verstand. Letzte Nacht, als er weder sah noch dachte, war das Wasser köstlich. Heute Morgen hatten Sehen und Denken ihn zum Kotzen gebracht. Ah, sagte er zu sich, das Denken unterscheidet: gut und schlecht, Leben und Tod. Das Denken erschafft das ganze Universum. Es ist der allumfassende Meister. Ohne Denken gibt es kein Universum, keinen Buddha, und kein Dharma. Alles ist eins und das Eine ist leer.

Nun glaubte er, keinen Meister mehr zu brauchen. Won Hyo wußte bereits genug über Leben und Tod. Was gab es mehr zu lernen? Er kehrte um und begab sich auf den Rückweg quer durch die Wüste nach Korea.

20 Jahre vergingen. In der Zwischenzeit wurde Won Hyo einer der berühmtesten Mönche des Landes. Er war der vertraute Berater des größten Königs von Shilla und Ratgeber der reichsten und mächtigsten Familien. Wann immer er einen öffentlichen Vortrag hielt, waren die Räume überfüllt. Er lebte in einem schönen Tempel, unterrichtete die besten Schüler, aß die feinsten Speisen und schlief den traumlosen Schlaf der Gerechten.

Zu dieser Zeit lebte ein sehr alter Zen-Meister in Shilla – ein kleiner alter Mann mit einem Hauch von einem Bart und einer Haut, die einer zusammengeknüllten Papiertüte glich. Er zog barfuß und in zerlumpten Kleidern durch die Städte und läutete seine Glocke: *De-an, de-an, de-an, de-an denkt nicht, de-an einfach so, de-an ruhender Verstand, de-an, de-an*. Won Hyo hatte von diesem Zen-Meister gehört und eines Tages wanderte er zu dessen Berghöhle. Schon von weitem hörte er besonders lieblichen Gesang durch die Täler widerhallen. Aber als er die Höhle erreichte, fand er den Meister weinend neben einem toten Rehkitz vor. Won Hyo war sprachlos. Wie kann ein erleuchtetes Wesen glücklich oder traurig sein, da es im Nirvana nichts gibt, um darüber glücklich oder traurig zu sein und niemanden, der glücklich oder traurig ist? Nach einigem Zögern fragte er den Zen-Meister, warum er denn weine.

Der Meister erzählte. Er habe das hilflose Rehkitz gefunden, dessen Mutter die Jäger getötet hatten. Es war sehr hungrig. Also war er in die Stadt gegangen und hatte um Milch gebettelt. Ihm war bewußt, daß keiner Milch für ein Tier hergeben würde, und so hatte er gelogen, es sei für seinen Sohn. „Ein Mönch mit einem Sohn? Was für ein verdorbener alter Mann!“, dachten die Leute. Aber einige gaben ihm ein wenig Milch. Auf diese Weise erbettelte er einen Monat lang täglich soviel Milch, um das Tier gerade noch am Leben zu erhalten. Dann war der Skandal zu groß, und keiner wollte ihm mehr helfen. Drei Tage war er auf der Suche nach Milch umhergewandert. Schließlich gab man ihm ein wenig, aber als er zu der Höhle zurückkam, war sein Rehkitz bereits tot. „Du verstehst das nicht,“ sagte der Meister, „mein Geist und der Geist des Rehkitzes ist derselbe. Es war sehr hungrig. Ich will Milch, ich will Milch. Nun ist es tot. Sein Geist ist mein Geist. Deshalb weine ich. Ich will Milch.“

Won Hyo begriff allmählich, was für ein großer Bodhisattva der Meister war. Sind alle Lebewesen glücklich, dann ist er auch glücklich. Sind alle Lebewesen traurig, dann ist er auch traurig. Won Hyo sagte zu ihm: „Bitte lehre mich.“ Der Meister entgegnete: „In Ordnung, komm mit mir.“

Sie gingen in das Vergnügungsviertel der Stadt. Der Meister nahm Won Hyo am Arm und zog ihn zu einem Bordelleingang. *De-an, de-an*, klingelte er. Eine wunderschöne Frau öffnete die Tür. „Heute abend habe ich den großen Mönch Won Hyo zu Besuch mitgebracht." „Oh! Won Hyo!", rief sie aus. Won Hyo errötete. Die Frau war beschämt, und ihre Augen wurden groß. Sie führte die beiden nach oben in großer Freude, Begeisterung aber auch Angst über den Besuch eines so berühmten und stattlichen Mönches. Als sie Fleisch und Wein für ihre Besucher bereitete, sagte der Meister zu Won Hyo: „Seit zwanzig Jahren verkehrst du bei Königen, Prinzen und Mönchen. Es ist nicht gut für einen Mönch, die ganze Zeit im Himmel zu verbringen. Er muß auch in die Hölle gehen, um die Menschen zu retten, die in ihren Wünschen schwelgen. Die Hölle ist auch ‚einfach so'. So wird dich dieser Wein heute nacht direkt zur Hölle fahren."

„Aber ich habe noch niemals auch nur das einfachste Gebot gebrochen", stammelte Won Hyo.

„Eine gute Reise", wünschte der Meister.

Dann wandte er sich an die Frau und fragte ernsthaft: „Weißt du nicht, daß es eine Sünde ist, einem Mönch Wein anzubieten? Hast du keine Angst, in die Hölle zu kommen?"

„Nein", erwiderte die Frau, „Won Hyo wird kommen und mich retten."

„Eine sehr gute Antwort!", bestätigte der Meister.

So blieb Won Hyo die ganze Nacht und brach mehr als ein Gebot. Am nächsten Morgen zog er seine elegante Robe aus und tanzte barfuß und in Lumpen durch die Straßen. „*De-an, de-an, de-an!* Das gesamte Universum ist einfach so! Was bist du?"

28. Stachelschweine in Rattenlöchern

Lieber Soen Sa Nim, 10. August 1974

vielen Dank für Deinen letzten „SCHLAG" – nimm bitte meine ungeschickte Rechtfertigung an, daß ich das fast reine und weiße Papier mit meinem Denken und sogar mit Denken über das Denken beschmutze.

Allgemein geht es mir ganz gut. Das Unterrichten hier in Boulder ist das beste, was ich je getan habe. Die enorme Begeisterung, Wißbegierde und die Ernsthaftigkeit meiner Studenten helfen mir, manchmal über mich selbst hinauszuwachsen. Meine Übung macht Fortschritte (ich verbeuge mich einhundertachtmal jeden Morgen in die Richtung des Zen-Zentrums von Cambridge), und das hält mich gesund. Mein erster wirklicher Ausflug in die wirklichen Berge war einfach unbeschreiblich. Ich versuchte meinen Lieblingsplatz zu erreichen, der nahe an einem Gletschersee liegt, 10.000 Fuß hoch. „Was bin ich?“ in 10.000 Fuß Höhe!!! Zur Zeit vermisse ich euch alle sehr. Rinpoche ist ein tantrischer Meister – das heißt viel Alkohol, Sex, Drogen, usw. Vor zehn Jahren hätte mich das begeistert; heute sehe ich mir das einfach an.

Nun einige Fragen. Was ist der Zusammenhang zwischen der Frage „was bin ich?“ und dem Fluß der Gedanken, Wahrnehmungen, usw.? Soll man diese Frage auf die Gedanken und Wahrnehmungen selbst richten, z.B. Schmerzen im Knie während der Übung, usw.? Wenn ein Gedanke auftaucht, fragst Du Dich dann, wem der Gedanke einfällt? Tust Du das mit jedem Gedanken, der wiederkehrt, mit jeder vorherrschenden Empfindung, oder behältst Du einfach nur die Frage und läßt alles andere kommen und gehen? Mit anderen Worten: Achtest Du auf jeden Gedankeninhalt und stellst diese Frage jedem Gedanken, der auftaucht? Oder beachtest Du den Gedankeninhalt nicht und steckst alle Energie stattdessen in die Frage? Damit haben viele Schüler Probleme. Sie fragen häufig, wie sie mit Problemen wie Angst, Ärger, Selbstbefriedigung usw. umgehen sollen. Sollen sie diese Zustände durchleben, oder sollen sie sie akzeptieren und sich fragen, zu wem sie kommen? Oder sollen sie alles zulassen und ihre Energie nur in die große Frage stecken? Es scheint ein Teil des Problems zu sein, daß es den Leuten möglich ist, sich diese Frage zu stellen, während ihre alltäglichen Gedanken fließen; in Extremsituationen allerdings, wenn persönliche Probleme auftauchen, ist es für sie kaum möglich, diese Frage zu beachten, denn sie ist zu weit weg.

Ich freue mich auf unser baldiges Wiedersehen. Wann fährst Du nach Kalifornien? Ich hoffe, daß ich zum *Sesshin* rechtzeitig zurück bin. Wahrscheinlich werde ich das Zentrum nicht mehr wiedererkennen – zuviele Veränderungen.

Bis dann, ich hoffe Dein Englisch und Deine Gesundheit sind gut.

In Liebe

Byon Jo

P.S. Vielleicht habe ich das Wichtigste durch eine negative Erfahrung gelernt. Indem ich so vielen verschiedenen Lehren und Lehrern ausgesetzt bin, bekommt Deine Lehre immer größere Klarheit. Die Leute hier lesen, reden und denken sogar noch mehr als ich!!!! Kannst Du Dir das vorstellen??

Wie geht es Dir, Byon Jo? 15. August 1974

Danke für Deinen langen Brief. Ich weiß schon, daß Du sehr gut lehren kannst. Vorher hast Du nur alles verstanden, aber jetzt hast Du den SCHLAG erreicht.

Alkohol, Sex und Drogen sind weder gut noch schlecht. Aber die Menschen werden sehr leicht abhängig davon. Die amerikanische Jugend steht besonders auf Sex. Zen-Meister Won Hyo sagt, in Sexualität verstrickt sein ist genauso, als ob Stachelschweine in Rattenlöcher kriechen. Es ist leicht hineinzukommen, aber unmöglich, wieder herauszukommen, egal wie sehr sie es versuchen. Die menschlichen Handlungen aus Abhängigkeit schaffen neues Karma. Karma bedeutet Hindernisse, und Hindernisse bedeuten Leiden. Ist jemand unabhängig von Alkohol, Sex, usw., hat er auch keine Hindernisse. Kein Hindernis bedeutet Freiheit, Freiheit ist das Große Ich. Du mußt herausfinden, ob die Leute von Alkohol und Sex abhängig sind. Viele denken: „Ich bin nicht abhängig von diesem oder jenem." Aber, „ich bin nicht abhängig" ist Abhängigkeits-Denken. „Ich bin nicht abhängig" ist „ich bin abhängig."

Zum Thema „was bin ich?" – das wahre „was bin ich?" ist die vollständige Frage. Das ist der Weiß-Nicht-Geist. Alle Fragen, die Du in Deinem Brief stellst, sind Denken. Behältst Du stets das vollständige „was bin ich?", so weißt Du nicht, was Du bist. Ist alles Denken abgeschnitten, wie kann dann diese Frage überhaupt auftauchen? Aber sich zu fragen: wer denkt – das ist nicht zutreffend. Das ist umgekehrtes Denken. Es ist eine umgekehrte Frage und nicht die vollständige, die vollkommene Frage. Schmerzen sind Schmerzen, die Frage ist die Frage. Warum nach den Schmerzen fragen? Bewahrst Du die vollständige Frage in Dir, so gibt es keine Schmerzen. Ärger, Ängste, usw. entstehen aus Deinem früheren Karma, sie sind die Auswirkung der Handlungen, die Du früher in Ärger, Ängsten, usw. getan hast. Jemand, der Zen übt, um sein Karma auszulöschen, wird nicht länger ein Gefangener seiner Handlungen sein. Wenn Du also ärgerlich, ängstlich, usw. bist, versuche nur Zen zu üben. Kommt es vor, daß Du ärgerlich wirst, dann mache Dir keine Sorgen, das ist in Ordnung. „Ich möchte meinen Ärger loswerden!" – das ist Denken. Ärger ist weder gut noch schlecht. Klammere Dich nicht daran fest. Frage Dich nur „was bin ich?" und der Ärger wird bald verschwinden.

Zu Buddhas Zeiten lebte eine Prostituierte namens „Für-alle-Männerda". Sie verkaufte ihren Körper täglich viele Male. Jeden Tag kamen die unterschiedlichsten Männer, um mit ihr zu schlafen. Aber jeder, der mit ihr schlief, wurde erleuchtet. Sie verwendete Sex nur, um Buddhismus zu lehren. Jeder Mann, der zu ihr kam, war voll Begehren. Nachdem er mit ihr zusammen gewesen war, war er wunschlos glücklich, er verstand sein wahres Selbst und verließ sie mit klarem Geist. Dieser Sex ist ein alle Wesen errettender Sex. Aber mache ich Sex nur, weil es mir Spaß macht, zu meiner eigenen Befriedigung, so führt das zum Leiden. So sind die Handlungen an sich weder gut noch schlecht, nur die Absicht, die dahinter steckt, ist maßgebend. Denkst Du allerdings, etwas ist gut, dann ist es gut, denkst Du, es ist schlecht, dann ist es schlecht. Willst Du alles Denken abschneiden und Dein Karma auslöschen, mußt Du Zen üben.

Ich vermisse Dich auch. Wann kommst Du wieder nach Cambridge? Ich fahre am 17. oder 18. Sept. nach Kalifornien. Im August werde ich zum *Sesshin* in Cambridge sein und Dich sehen.

Ich habe noch eine Frage an Dich: Immer wenn Zen-Meister Lin-chi eine Frage gestellt wurde, so schrie er: „KATZ!!!“. Zen-Meister Dok Sahn schlug immer den Fragenden. Zen-Meister Ku-ji hob nur einen Finger. Sind diese drei Antworten gleich oder verschieden? Antwortest Du, so schlage ich Dich dreißigmal, antwortest Du nicht, so schlage ich Dich dreißigmal. Was kannst Du tun?

Bis bald

S.S.

29. Zen üben

Eines Abends, nach dem Dharma-Vortrag im Vihara in Washington, fragte ein Zen-Schüler Dae Soen Sa Nim: „Wie soll ich Zen üben?“

Dae Soen Sa Nim antwortete: „Weißt du das nicht?“

Der Schüler entgegnete: „Ich glaube, Name und Form aller Dinge sind verschieden, aber ihre Substanz ist gleich. Um Zen zu üben, muß ich also eins werden mit dem Universum.“

„Was ist ‚eins‘?“

„Alles.“

„Als Zen-Meister Dong-Sahn einmal gefragt wurde, was Buddha ist, antwortete er, ‚drei Pfund Flachs‘. Was bedeutet das?“

„Drei Pfund Flachs.“

„Sehr gut! Aber du hältst einen Stock fest und versuchst damit den Mond zu schlagen.“

„Das ist Buddha-Natur.“

Dae Soen Sa Nim sagte: „Dein Kopf ist ein Drache, aber dein Schwanz ist eine Schlange.“

Der Schüler war verwirrt und konnte nicht antworten.

Dae Soen Sa Nim sagte: „Ich gebe einer toten Kuh keine Akupunktur.“

„Muuuuuuhh.“

„Der Zug ist bereits abgefahren.“

Der Schüler war still.

„Dong Sahn sagte, ‚drei Pfund Flachs'. Auf die gleiche Frage antwortete Zen-Meister Un-mun, ‚trockene Scheiße am Stock'. Sind diese Antworten gleich oder verschieden?"

„Sag' *du* es *mir*."

„Ich weiß nicht. Frag meine Schüler."

Er fragte einen anderen Schüler, der „KATZ!!!" rief.

Dae Soen Sa Nim fragte: „Hast du das verstanden?"

Der erste Schüler rief nun auch: „KATZ!!!"

Dae Soen Sa Nim antwortete: „Sehr gut. Aber dein Denken ist immer noch an Vorstellungen gebunden. Manchmal ist deine Antwort ‚einfach so', manchmal zeigt sie, daß du an der Leerheit festhältst. Ich möchte den Zen-Kreis nochmals erklären. Bei 90 ° ist das Buch der Bleistift, der Bleistift ist das Buch. Bei 180 ° kannst du nur mit Schlagen oder Schreien antworten. Bei 270 ° ist der Bleistift ärgerlich und das Buch lacht. Bei 360 ° ist das Buch blau und der Bleistift gelb. Welche der vier Antworten ist die beste?"

Der Schüler antwortete: „Sie sind alle gut."

Dae Soen Sa Nim schlug ihn und rief: „Heute ist Samstag."

30. Es ist dein Geist, der sich bewegt

Lieber Soen Sa Nim, 24. November 1974

erinnerst Du Dich noch an mich? Hier ist ein Foto von mir.

Ich habe einige Fragen:

Im Herbst liegen die Blätter auf dem Boden. Liegen sie auf dem Rasen, so kommt der Besitzer und kehrt sie zu kleinen Haufen zusammen. Am Nachmittag kommt der Wind und bläst die Blätter auseinander. Die Leute sind sehr sauer auf den Wind. Einige gehen wieder hinaus und kehren erneut die Blätter zusammen. Aber wieder kommt der Wind und bläst sie fort. Der Wind bläst immer alle welken Blätter fort. Soll man sich die Arbeit machen? Soll man wirklich die Blätter zu Haufen zusammenkehren und sich ärgern, weil man weiß, daß der Wind wieder kommt?

Wenn der Baum keine Wurzeln hat, wie kann er dann stehen?

Ich hoffe, Dich im nächsten Sommer zu sehen. Ich freue mich schon sehr auf diese Zeit. Bis bald
Peter

Lieber Peter, 29. November 1974
danke für Deinen Brief. Wenn einer herausgeht und bei den Blättern, dem Wind und den Menschen stehenbleibt, kann er niemals seinen Weg nach Hause finden. Warum klammerst Du Dich an die Blätter, den Wind und den Ärger anderer Leute? Wer ist es denn, der diese Blätter sieht? Wer?

Einst kam in China der sechste Patriarch an zwei Mönchen vorbei, die gerade über eine Flagge diskutierten, die im Wind flatterte. Der erste Mönch meinte: „Es ist die Flagge, die sich bewegt." Der zweite entgegnete: „Es ist der Wind, der sich bewegt." Der sechste Patriarch belehrte sie: „Ihr irrt euch beide. Es ist nicht die Flagge, es ist nicht der Wind: es ist euer Geist, der sich bewegt." Genauso verhält es sich mit Blättern, Wind, Ärger, usw. Solange Dein Geist sich bewegt, wird eine Handlung folgen. Bewegt sich Dein Geist nicht, dann ist alles einfach genau so. Das ist die Wahrheit. Das Fallen der Blätter ist die Wahrheit. Das Zusammenkehren ist die Wahrheit. Der Wind, der die Blätter fortweht, ist die Wahrheit. Der Ärger der Leute ist auch die Wahrheit. Solange Dein Geist sich bewegt, kannst Du die Wahrheit nicht erkennen. Zuerst mußt Du verstehen, daß Form Leerheit ist und Leerheit ist Form. Als nächstes gibt es weder Form noch Leerheit. Dann wirst Du erkennen, Form ist Form und Leerheit ist Leerheit. Und jetzt sind alle von Dir beschriebenen Handlungen die Wahrheit. Nun kannst Du Dein wahres Zuhause finden. Hast Du es gefunden, so komm zu jeder Zeit zu mir und laß es mich wissen. Ich werde prüfen, ob Du es gefunden hast oder nicht.

Du sagst: „Wenn der Baum keine Wurzeln hat, wie kann er dann stehen?" Ich sage: „Der Hund rennt hinter dem Knochen her." Du darfst nicht an den Worten kleben. Erfahre zuerst die wahre Leerheit. Bleibst Du dann nicht in der Leerheit hängen, so wirst Du die Freiheit erlangen, ohne Hindernisse. Dann wirst Du verstehen, daß der Baum keine Wurzeln hat. Das Denken ist nicht gut. Laß alles los. Behalte nur „was bin ich?". Dieser Weiß-Nicht-Geist ist ganz wichtig. Kannst Du diesen lange Zeit behalten, dann wirst Du den Baum ohne Wurzeln verstehen.

Ich werde Dir unsere neuesten Zen-Nachrichten zusenden. Wir sehen uns bald

S.S.

31. Die Bodhisattva-Abhängigkeit

An einem Abend fragte ein Schüler Dae Soen Sa Nim nach seinem Dharma-Vortrag im Bostoner Dharmadhatu: „Ist der Bodhisattva vom Mitleid abhängig?“

Dae Soen Sa Nim antwortete: „Das Universum ist unendlich, alle Menschen sind unendlich. So ist auch die Abhängigkeit des Bodhisattvas unendlich. Die Abhängigkeit des Bodhisattvas ist keine Abhängigkeit. Keine Abhängigkeit ist Bodhisattva-Abhängigkeit.“

„Sagt ihm sein Verstand, er solle alle Wesen retten, oder passiert das einfach da, wo er gerade ist?“

„Verstehst du denn, was ein Bodhisattva ist?“

„Nein.“

Du mußt erst einmal verstehen, was ein Bodhisattva ist. Dann wirst du auch verstehen, woran ein Bodhisattva festhält. Der Bodhisattva ist dein wahres Selbst. Dein wahres Selbst ist das Große Ich. Das Große Ich bedeutet alle Wesen. Alle Menschen und ich werden dann zu einem Geist. Auf diese Weise handelt ein Bodhisattva immer für alle Wesen. Sind die Menschen glücklich, ist der Bodhisattva auch glücklich; sind die Menschen traurig, ist der Bodhisattva auch traurig. Er handelt stets gemeinsam mit allen Wesen.

Der Schüler verbeugte sich: „Danke.“

32. Fünf Arten des Zen

An einem Sonntagabend, nach einem Dharma-Vortrag im Zen-Zentrum in Providence, fragte ein Zen-Schüler Dae Soen Sa Nim: „Wieviele Arten des Zen gibt es?"

Dae Soen Sa Nim antwortete: „Fünf."

„Wie heißen sie?"

„Es gibt: Zen des äußeren Weges, Zen des einfachen Volkes, Zen des Hinayana, Zen des Mahayana und Zen des höchsten Fahrzeuges."

„Könntest du alle einzeln erklären?"

Dae Soen Sa Nim sagte: „Zen ist Meditation. Zen des äußeren Weges schließt viele verschiedene Arten der Meditation ein, z.B. Christliche Meditation, Göttliches Licht, Transzendentale Meditation, usw.

Zen des einfachen Volkes umfaßt Konzentrations-Meditation, Dharma-Spiel-Meditation, Sport, Tee Zeremonien, andere Rituale, usw.

Die Hinayana-Meditation führt zur Einsicht, in die Vergänglichkeit, Unreinheit und ist, ohne ein Ich.

Die Mahayana-Meditation ist: 1) Einsicht in die Existenz und Nicht-Existenz der Natur des Dharmas; 2) Einsicht in die Tatsache, daß es keine äußeren, fühlbaren Merkmale gibt und daß alles Leerheit ist; 3) Einsicht in das Sein, die Leerheit und den mittleren Weg; 4) Einsicht, wie alle Erscheinungen wirklich sind; 5) Einsicht in die abhängigen Bedingungen aller Erscheinungen; 6) Einsicht, daß alle Erscheinungen an sich das Absolute sind.

Diese sechs entsprechen der folgenden Aussage des Avatamsaka-Sutras: ‚Wünschst du dir, alle Buddhas der Vergangenheit, Gegenwart und Zukunft vollkommen zu verstehen, dann solltest du erkennen, daß die Natur des gesamten Universums nur vom Geist alleine erschaffen ist'.

Zen des höchsten Fahrzeuges unterteilt man in drei Arten: Theoretisches Zen, Tathagata Zen und Patriarchales Zen."

„Welche der fünf Arten ist die beste?"

Dae Soen Sa Nim sagte: „Verstehst du deinen Geist?"

„Nein."

„Verstehst du deinen Geist nicht, hilft dir auch kein Zen. Verstehst du deinen Geist, so ist jede Art des Zen die beste."

„Ich möchte meinen Geist gerne verstehen. Welche Art des Zen ist das beste Training dafür?"

Dae Soen Sa Nim antwortete: „Das Verstehen des eigenen Geistes ist das Ziel des höchsten Fahrzeuges."

„Du erwähntest aber, daß dieses Zen in drei Arten unterteilt ist. Welche ist das beste Training?"

„Diese drei Arten sind nur eine, nicht drei. Intellektuelles Vestehen heißt Theoretisches Zen. Das Erfahren der Leerheit, die Einheit des Geistes und des Universums heißt Thatagata Zen. ‚Einfach so', heißt Patriarchales Zen. Das bedeutet einen ruhenden Geist und das Erfahren des Großen Ichs. Das Große Ich bedeutet unendlichen Raum und unendliche Zeit."

„Das ist alles sehr kompliziert. Ich verstehe es nicht."

„Ich will es dir erklären. Im Herz-Sutra steht: ‚Form ist Leerheit, Leerheit ist Form'. Somit ist deine Substanz und die Substanz aller Dinge dieselbe. Dein ursprünglicher Geist ist Buddha, Buddha ist dein urspünglicher Geist."

Dann hob er einen Bleistift hoch: „Das ist ein Bleistift. Du und dieser Bleistift, seid ihr gleich oder verschieden?"

„Gleich."

„Das ist richtig. Das ist Theoretisches Zen."

„Was ist Thatagata Zen?"

„Im Mahaparinirvana-Sutra steht: ‚Alle Strukturen sind unbeständig. Das ist das Gesetz von Erscheinen und Verschwinden. Wenn sogar das Erscheinen und Verschwinden verschwindet, dann ist die Stille gesegnet.' Ist in deinem Geist weder Erscheinen noch Verschwinden, dann ist dieser Geist gesegnet, dann ist dieser Geist ohne alles Denken. Nun frage ich dich nochmals: Du und dieser Bleistift, seid ihr gleich oder verschieden?"

„Gleich."

„Sagst du ‚gleich', so schlage ich dich dreißigmal; sagst du ‚verschieden', so schlage ich dich dreißigmal. Was kannst du tun?"

Der Schüler war sehr durcheinander und konnte nicht antworten.

Dae Soen Sa Nim schlug auf den Boden: „Bewahre deinen Geist, so wie er jetzt gerade ist. Das ist Thatagata Zen. Verstehst du das?"

„Ich weiß nicht."

„Dieser Weiß-Nicht-Geist hat keinen Buddha, kein Dharma, kein Gut, kein Schlecht, kein Licht, keine Dunkelheit, weder Himmel noch Erde, weder gleich noch verschieden, weder Leerheit noch Form, noch irgend etwas sonst in sich. Dies ist der wahrhaft leere Geist. Leerer Geist nennt man den Geist, der weder entsteht noch vergeht. Diesen Geist für alle Zeit erhalten, ist Thatagata. Vorhin sagtest du, der Bleistift und du, ihr seid gleich. Dieses ‚gleich' ist Denken, so drohte ich dir, dich dreißigmal zu schlagen. Verstehst du das?"

„Ein bißchen."

„Ein bißchen Verständnis ist gut. Fragst du aber mich, ob der Bleistift und ich gleich oder verschieden sind, so schlage ich auf den Boden. Verstehst du, warum ich auf den Boden schlage, dann wirst du das Thatagata Zen verstehen."

„Danke. Könntest du jetzt noch das Patriarchale Zen erklären?"

Dae Soen Sa Nim antwortete: „Einst fragte jemand Zen-Meister Mang Gong, ‚was ist Buddhismus?'. Mang Gong sagte: ‚Der Himmel ist hoch, die Erde ist weit'. Verstehst du, was das heißt?"

„Ich weiß nicht."

Dae Soen Sa Nim sagte: „Das ist richtig. ‚Einfach so', das ist die Erleuchtung. Patriarchales Zen ist Erleuchtungs-Zen. Ein bedeutender Lehrer sagte:

1. ‚Himmel ist Erde, Erde ist Himmel: Himmel und Erde wechseln ständig.
Wasser ist Berg, Berg ist Wasser: Wasser und Berge sind leer.
2. Himmel ist Himmel, Erde ist Erde: Wie können sie jemals wechseln?
Berg ist Berg, Wasser ist Wasser: Die Wahrheit ist einfach genau so'.

Der erste Vers oben ist Thatagata Zen, der zweite ist das Patriarchale Zen.

Jemand fragte einmal Zen-Meister Dong Sahn, ‚was ist Buddha?', er antwortete, ‚drei Pfund Flachs'. Der Mann verstand das nicht und ging zu einem anderen Zen-Meister und beschrieb diesem seine Begegnung mit Dong Sahn und fragte, ‚was bedeutet: „drei Pfund Flachs"?' Der Zen-Meister entgegnete, ‚im Norden Pinie, im Süden Bambus'. Der Mann verstand noch weniger. Er ging zu seinem Freund, der seit einiger Zeit Zen übte. Sein Freund erklärte ihm, ‚du öffnest deinen Mund, deine Zähne sind gelb. Verstehst du das?' ‚Ich weiß nicht.' ‚Erst mußt du deinen Geist verstehen, dann wird dir schon alles von selbst klar werden.' Verstehst du das?"

Der Schüler antwortete: „Ja, danke."

„Was hast du verstanden?"

„‚Einfach so', das ist Patriarchales Zen."

„Was bedeutet, ‚einfach so'?"

Der Schüler konnte nicht antworten.

Dae Soen Sa Nim zwickte ihn fest in seinen Arm, und der Schüler schrie: „Auuaaaaaaaaaaa!"

„Das ist ‚einfach so'. Was ist im Schmerz?"

„Ich weiß nicht."

„Du mußt verstehen, was im Schmerz ist. Dann kannst du das höchste Fahrzeug verstehen und erkennen, daß jedes Teil des Universums die Wahrheit ist."

33. Die Farbe des Schnees

An einem Winternachmittag im Zen-Zentrum in Providence ging Dae Soen Sa Nim mit einigen Zen-Schülern während dem Yong Maeng Jong Jin spazieren. Es hatte den Tag zuvor geschneit. Dae Soen Sa Nim fragte einen Schüler: „Welche Farbe hat der Schnee?"

„Weiß."

„Du hältst an der Farbe fest."

Der Schüler klatschte in die Hände.

Dae Soen Sa Nim entgegnete: „Dein Kopf ist ein Drache, aber dein Schwanz ist eine Schlange."

Dann fragte er eine Schülerin: „Welche Farbe hat der Schnee?"

Sie antwortete: „Du hast es bereits verstanden."

Dae Soen Sa Nim sagte: „Dann sag es mir."

„Weiß."

„Ist das die Wahrheit?"

Die Schülerin sagte: „Bist du nicht hungrig?"

Dae Soen Sa Nim erwiderte: „Es wird bald Zeit für das Mittagessen."

Ein anderer Schüler sagte: „Geh und trink Tee."

Dae Soen Sa Nim antwortete: „Ich habe schon welchen getrunken."

Daraufhin schlug der Schüler Dae Soen Sa Nim.

Dae Soen Sa Nim schrie: „Aua! Aua!"

34. Den Weiss-Nicht-Geist bewahren

An einem Dienstag abend im Zen-Zentrum in Cambridge fragte, ein Zen-Schüler Dae Soen Sa Nim: „Wenn du Auto fährst, fährst du nur Auto, und wenn du Zen übst, indem du dir die Frage, ‚was bin ich?' stellst, bist du dann nur die Frage?"

Dae Soen Sa Nim antwortete: „Nur die Frage. Der *Name*, den wir dem klaren Geist geben, lautet Weiß-Nicht-Geist. Du mußt also weiß nicht verstehen. Weiß nicht ist einfach weiß nicht, das ist ganz wichtig."

„Wenn ich verstehe, habe ich doch keinen Weiß-Nicht-Geist mehr, oder?"

Dae Soen Sa Nim fragte: „*Wer* weiß nicht?" (Gelächter unter den Zuhörern). „Bewahrst du den Weiß-Nicht-Geist, das ist weiß nicht. Du *bist* weiß nicht. Alle Menschen haben Namen bekommen, wie Georg, Robert, Stefan, aber als du geboren wurdest, hattest du keinen Namen. Also ist Geist gleich Kein-Geist. Was ist Geist? Weiß nicht. Der Name von deinem Geist ist weiß nicht."

„Wenn du Auto fährst, ist dann dein Geist weiß nicht, oder fährst du nur Auto?"

„Einfach nur fahren *ist* weiß nicht." (Gelächter) „Bewahre nur den Weiß-Nicht-Geist. Weiß nicht, okay?" (Gelächter)

Der Schüler fragt: „*Was* weiß nicht?" (Gelächter) „Ich meine, wenn du einfach fährst, ist das kein Wissen oder Nicht-Wissen?"

„Wenn du fährst, hast du da einen Geist?"

Der Schüler schwieg.

Dae Soen Sa Nim sagte: „Nun ist dein Geist der Weiß-Nicht-Geist. Hältst du nicht an weiß nicht fest, so gibt es nur noch weiß nicht."

„Weiß nicht was?"

„Welche Farbe hat die Tür?"

„Braun."

„Du sagst braun. Das ist weiß nicht. Verstehst du das?"

„Ich weiß nicht." (Gelächter)

„Ja, du verstehst weiß nicht." (Gelächter)

„Hältst du nicht sehr an weiß nicht fest?"

„*Du* bist es, der an weiß nicht festhält! Das Kleben an Worten ist nicht gut. Nur weiß nicht. Wenn ich Wasser trinke, trinke ich nur Wasser, ich weiß nicht, okay? Somit kann weiß nicht Wasser trinken. Verstehst du das?"

„Warum kannst du nicht einfach sagen, daß du Wasser trinkst?"

„Nun redest du. *Wer* redet?"

Der Schüler schwieg.

Dae Soen Sa Nim fuhr fort: „Weiß nicht. Dieses weiß nicht redet."

„Aber wenn ich nur rede, brauchst du doch nicht weiß nicht zu sagen."

„Ursprünglich gibt es weder Name noch Form. Der Name dafür ist weiß nicht."

„Einige Zen-Meister sagen, du mußt den großen Zweifel – ich nehme an, daß dies der Weiß-Nicht-Geist ist – bewahren. Aber sie sagen auch, daß du an einen Punkt kommen mußt, an dem du den großen Zweifel durchbrichst zur großen Erleuchtung."

Dae Soen Sa Nim erklärte: „Großer Zweifel ist weiß nicht. Die Namen sind verschieden – großer Zweifel, große Frage, großes weiß nicht. Es gibt viele, viele Namen. Mein Taufname ist z.B. Duk In, mein Mönchsname ist Haeng Won, mein Erleuchtungsname ist Seung Sahn. Ich habe viele Namen, aber keiner ist mein wahrer Name. Als ich geboren wurde, hatte ich keinen Namen. Aber kein Name ist der wahre Name. So sind großer Zweifel, große Frage, weiß nicht – alles dasselbe."

„Hätte deine Mutter dich als Baby gefragt, ‚was bist du?', hättest du doch nicht ‚weiß nicht' geantwortet."

„Geh und frag ein Baby." (Gelächter).

„Ein Baby denkt nicht ‚weiß' oder ‚weiß nicht' – es ist einfach nur."

„Ja, es ist einfach nur. Nur weiß nicht. Das Baby hält nicht an Fragen fest, aber du klebst an deinen Fragen. Weiß nicht ist klarer Geist, weiß nicht ist vor dem Denken, weiß nicht ist einfach so. Frag du mich jetzt, ‚was ist weiß nicht'."

„Was ist weiß nicht?"

Dae Soen Sa Nim nahm eine Tasse mit Wasser und trank. „Verstehst du das? Das ist weiß nicht."

„Aber warum weiß nicht sagen? Wenn du durstig bist, trinkst du einfach. Warum geht ein Zen-Mensch herum und denkt, ‚ich weiß nicht'?" (Gelächter)

Denkst du, so ist es nicht weiß nicht." (Gelächter) „Weiß nicht ist nicht denken, es ist nur weiß nicht. Sokrates pflegte durch Athen zu gehen und zu sagen, ‚du mußt dich selbst erkennen'. Einmal fragte ihn ein Student, ‚kennst *du* dich denn selbst?' Sokrates antwortete, ‚ich weiß nicht, aber ich verstehe dieses weiß nicht.' Ich weiß nicht, aber wenn ich durstig bin, trinke ich. Ich weiß nicht, aber wenn ich müde bin, ruhe ich mich aus. Nur das."

Der Schüler stöhnte: „Die ursprüngliche Frage lautet ‚was bin ich?' und deine Antwort ist: ‚Ich weiß nicht'. *Wer* weiß nicht? Du steckst immer noch in der Frage. Du befindest dich an einem Ende davon. Entweder ich weiß oder ich weiß nicht, so lauten die beiden gegensätzlichen Enden. Wie wäre es, wenn du das Ganze über Bord wirfst und einfach lebst?" (Gelächter).

Dae Soen Sa Nim lachte: „Du denkst und denkst und denkst. Also schlage ich dich dreißigmal!" (Gelächter) „Was bist du?"

Der Schüler schwieg.

Dae Soen Sa Nim erklärte: „Du weißt nicht. *Diesen* Geist. Bewahrst du diesen Geist und klebst nicht mehr an den Worten ‚weiß nicht', so wirst du bald alles von selbst verstehen."

35. Zen und Tantra

Eines Abends im Bostoner Dharmadhatu fragte ein Zen-Schüler Dae Soen Sa Nim nach dem Dharma-Vortrag: „Bei dem letzten Seminar über Zen und Tantra hat Chögyam Trungpa Rinpoche das Zen als schwarz-weiß dargestellt und Tantra als farbig. Was denkst du darüber?"

Dae Soen Sa Nim lächelte: „Was ist dir lieber?" (Gelächter der Zuhörer).

Der Schüler zuckte mit den Schultern.

„Welche Farbe hat dein Hemd?"

„Rot."

„Du hältst an der Farbe fest."

Der Schüler zögerte einen Moment, dann entgegnete er: „Möglicherweise hältst *du* an schwarz und weiß fest."

„Der Zug ist bereits abgefahren." Nach einer langen Stille fuhr Dae Soen Sa Nim fort: „Verstehst du das?" (Vereinzeltes Gelächter) „Okay, ich werde es dir erklären: Der Hund rennt hinter dem Knochen her." Es folgte nochmals eine lange, unruhige Stille. „Gut, ich werde es ausführlicher erklären." (Lautes Gelächter) „Solange du denkst, sind dein Geist und mein Geist verschieden. Hörst du auf zu denken, so werden dein Geist und mein Geist derselbe. Nun sage mir – ohne Denken, gibt es dann noch Farbe? Gibt es dann noch schwarz oder weiß? Dein nicht denkender Geist ist der leere Geist. Leerer Geist bedeutet, alle Wörter, die gesamte Sprache sind überflüssig. Gibt es dann noch Farbe?"

„Ich weiß nicht."

„Du weißt nicht? Ich schlage dich! Nun, verstehst du es jetzt?" (Gelächter) „Für den ursprünglichen Geist gibt es keine Farbe, kein schwarz-weiß, keine Worte, keinen Buddha, kein Zen, keinen tibetischen Buddhismus."

Der Schüler verbeugte sich: „Danke."

„Danke? Was bedeutet dieses ‚danke'?"

„Nur ‚danke'."

Dae Soen Sa Nim lachte: „Nur ‚danke' ist gut. Ich hoffe, daß du bald dein wahres Selbst verstehst."

Der Schüler sagte: „Ich habe gerade damit angefangen."

36. Die 10.000 Fragen sind eine Frage

Lieber Soen Sa Nim, 12. April 1974

ich habe einige Fragen an Dich:

Wie lehrst Du das Dharma? Was lehrst Du? Wenn Du es nicht verstehst, wie kannst Du dann erklären, was Zen ist. Lernt ein anderer denn etwas? Versteht ein anderer dann mehr?

Ich hoffe Du genießt das sonnige Kalifornien – fern vom kalten Regen in Providence. Übrigens haben wir jetzt das Geld für unser neues Haus.

Bis bald

Louise

Liebe Louise, 20. April 1974

wie geht es Dir? Danke für Deine wunderschöne Postkarte. Wie geht es Alban, Roger, Bobby, Stephen, George, Suzie und Nick?

Dein Brief enthält viele Fragen. Hast Du Fragen, so ist alles ein Anlaß für Fragen. Warum lebst du? Warum stirbst Du? Wie kannst Du atmen, riechen, schmecken? Warum geht die Sonne im Osten auf? Warum scheint der Mond nur nachts? Warum dreht sich die Erde um die Sonne? Und so weiter und so fort.

Aber 10.000 Fragen sind nur eine Frage, und diese lautet: „Was bin ich?"

Auf der Karte, die Du mir geschickt hast, hält jemand ein Schwert. Es ist das Diamantschwert eines Königs. Schneidest Du damit alles Denken ab, so verschwinden die 10.000 Fragen. Dann berichte mir: was bedeutet dieses Diamantschwert? Findest Du das heraus, so ist Dein Leben absolut frei, Deinem Handeln werden keine Hindernisse im Wege stehen. Solltest Du das Schwert nicht finden, so wird der Fragen-Dämon Dich töten, und Du wirst zur Hölle fahren. Also laß alles los!

Es ist besser, Du hältst den Mund geschlossen, bis das Frühjahr zu Ende ist.

Hier ist ein *Kong-An* für Dich: „Wenn die Glocke geschlagen wird, ziehst Du Dein *Kesha* an." Was bedeutet das?

Deine Augen, Deine Ohren, Deine Nase, Deine Zunge, Dein Körper und Dein Geist, sie alle täuschen Dich.

Dein wahres Selbst hat nichts mit den sechs Sinnen zu tun. Aber die sechs Sinne benutzen Dich, damit Du 10.000 Fragen stellst. Du mußt zu Deinem wahren Selbst zurückfinden. Dann wirst Du verstehen.

Der Schmetterling landet auf der Blume und trinkt ihren Nektar.

Hier ist ein Gedicht für Dich:

Was ist Buddha?
„Drei Pfund Flachs."
„Trockene Scheiße am Stock."
Ich verstehe diese Worte nicht.
Der Säugling saugt an seinen Zehen.

Bis bald

S.S.

37. Buddha ist Strohsandalen

Eines Morgens nach der Praxis frühstückten vier Zen-Schüler gemeinsam mit Dae Soen Sa Nim in einem New Yorker Cafe. Ein Schüler berichtete von seinem Erlebnis mit einigen Anhängern der Nichiren Sekte: „Ihr Mantra, *Nan yoho renge kyo*, schien mir eine sehr machtvolle Übung zu sein. Aber als ich sie fragte, was es bedeutet, wußten sie es nicht und meinten, dies sei auch unwichtig. Ist das richtig?"

Dae Soen Sa Nim antwortete: „Bei Übungen dieser Art ist genaues Verstehen unwichtig. Es tut nichts zur Sache, ob du weißt, daß dieses Mantra der Name des Lotus-Sutra ist, oder daß Kwanseum Bosal der Name des Bodhisattvas Avalokiteshvara ist."

Eine Schülerin fragte: „Ich habe gehört, daß bestimmte Mantren eine Macht in sich bergen – Sanskrit-Silben haben z.B. einen direkte Verbindung zur universellen Energie – macht es einen Unterschied, welches Mantra man benutzt?"

Dae Soen Sa Nim erklärte: „Drei Dinge sind wichtig: 1) der Grund, warum du das Mantra rezitierst. 2) ein ganz großes Vertrauen in die Wirkung des Mantras. 3) die fortwährende Übung."

„Somit kann man auch den ganzen Tag Coca-Cola aufsagen, und es wirkt?"

„Sagt dir jemand, die Worte Coca-Cola haben Kraft in sich, und du glaubst wirklich daran, dann wirkt Coca-Cola für dich. Dazu fällt mir eine wunderbare Geschichte ein: Vor dreihundert Jahren lebte in Korea der Mönch Sok Du, das heißt übersetzt ‚Felsenkopf'. Er war sehr einfältig. Die Sutren waren ihm viel zu schwierig, und so entschied er sich für Zen. Aber Zen üben war ihm ebenfalls zu schwierig, und so entschied er sich für die Arbeit in der Küche und auf den Feldern des Klosters. Zweimal monatlich hielt der Zen-Meister einen Dharma-Vortrag, der Sok Du ständig nur verwirrte. Eines Tages nach dem Dharma-Vortrag ging er zum Zen-Meister und beklagte sich, ‚Meister, ich habe es satt, immer nur dumm zu sein. Gibt es denn keinen Weg für mich, den ich verstehen kann?'

Der Zen-Meister antwortete, ‚du mußt mir eine gute Frage stellen.'

Sok Du kratzte sich am Kopf und dachte einige Minuten nach. Endlich hatte er es, ‚gut, du redest immer soviel von Buddha. Was ist Buddha?'

Der Meister antwortete, ‚*Juk shim shi bul*', das heißt: ‚Buddha ist Geist'. Doch Sok Du verstand: ‚*Jip shin shi bul*', das heißt: ‚Buddha ist Strohsandalen'.

‚Was für ein schwieriges *Kong-An*!' dachte Sok Du als er sich verbeugte und ging. ‚Wie kann Buddha jemals Strohsandalen sein? Wie kann ich das je verstehen?'

Die folgenden drei Jahre grübelte Sok Du über seiner großen Frage während der Arbeitsmeditation. Er bat den Meister nie um ein Erklärung, er bewahrte nur ununterbrochen die große Frage in seinem Geist. Drei Jahre später trug er einmal eine große Ladung Feuerholz den Hügel zum Kloster hinunter. Er stolperte über einen Stein, verlor das Gleichgewicht, des Holz flog herum, seine Strohsandalen wirbelten durch die Luft, landeten auf dem Boden und zerbrachen. Als er das sah, erlangte er Erleuchtung.

Sok Du war überglücklich und sehr aufgeregt und rannte zurück zu dem Zen-Meister. ‚Meister, Meister, nun verstehe ich, was Buddha ist!'

Der Meister sah ihn an, ‚Oh? Was ist denn Buddha?'

Sok Du zog eine Strohsandale aus und schlug sie dem Meister auf den Kopf.

Der Meister fragte, ‚ist das die Wahrheit?'

Sok Du entgegnete, ‚meine Schuhe sind beide gebrochen!'

Der Meister platzte fast vor Lachen, und Sok Du wurde rot vor Freude."

Nun lachten auch Dae Soen Sa Nim und seine Schüler. Dann kehrten sie zurück zu ihren Eiern mit Toast.

38. Drei Interviews

An einem Sonntag morgen kam ein Zen-Schüler in den Interview-Raum des Zen-Zentrums in Providence und verbeugte sich vor Dae Soen Sa Nim, der ihn fragte: „Was hast du mitgebracht?"

Der Schüler schrie: „KATZ!!!"

„Nein. Gib mir eine andere Antwort."

„KATZ!!!"

„Du schreist immer nur KATZ. Wieviel wiegt dein KATZ?"

„Nichts."

Dae Soen Sa Nim schlug ihn dreißigmal, und der Schüler ging.

Eine Schülerin kam herein und verbeugte sich.

Dae Soen Sa Nim sagte: „Vor langer Zeit kam ein Schüler zu Zen-Meister Un-mun und fragte, ‚was ist Buddha?', Un-mun antwortete, ‚trockene Scheiße am Stock'. Ist diese Antwort richtig oder falsch?"

„Falsch."

„Warum ist sie falsch? Wenn jemand zu dir käme und dich fragte, ‚was ist Buddha?', was würdest du antworten?"

„Trockene Scheiße am Stock."

„Oh, sehr gut. Nun noch eine Frage. Zen-Meister Dok Sahn sagte, ‚Buddha ist drei Pfund Flachs'. Unterscheidet sich diese Antwort von der ersten oder sind beide gleich?"

Die Schülerin schlug auf den Boden.

Dae Soen Sa Nim sagte: „Ich glaube dir nicht."

„Vögel fliegen im Himmel, Fische schwimmen im Wasser."

Dae Soen Sa Nim erwiderte: „Das heißt, den linken Fuß kratzen, wenn dein rechter Fuß juckt."

Die Schülerin verbeugte sich und ging.

Der nächste Schüler kam herein.

Dae Soen Sa Nim nahm die Glocke und läutete: „Hörst du diesen Klang in deinem Geist oder außerhalb davon?"

Der Schüler läutete die Glocke.

Dae Soen Sa Nim sagte: „Als Zen-Meister Un-mun vor langer Zeit einmal gefragt wurde, ‚was ist Buddha?', da antwortete er, ‚trockene Scheiße am Stock'. Zen-Meister Dok Sahn antwortete auf diese Frage, ‚drei Pfund Flachs'. Welche Antwort ist besser?"

Der Schüler antwortete: „Sie sind beide nicht gut."

„Warum?"

Der Schüler erklärte: „Trockene Scheiße am Stock ist einfach trockene Scheiße am Stock und drei Pfund Flachs sind einfach drei Pfund Flachs."

„Nicht schlecht. Nun habe ich noch eine Frage für dich. Es kommt jemand ins Zen-Zentrum in Providence, raucht eine Zigarette, streift seine Asche auf dem Buddha ab und bläst ihm den Rauch ins Gesicht. Wenn du der Zen-Meister bist, was kannst du tun?"

„Ich würde den Buddha reinigen."

„Gut, aber dieser Mensch hält an der Leerheit fest. Er glaubt, daß nur er heilig ist. Du weißt, daß sein Handeln achtlos ist. Wie kannst du ihn lehren?"

Der Schüler zögerte: „Ich weiß nicht. Ich bin kein Zen-Meister."

„Übst du nur hart genug, so wirst du bald Erleuchtung erlangen und ein Zen-Meister werden."

Der Schüler verbeugte sich und ging.

39. Wenn die Lichter ausgehen, was dann?

Eines Abends fragte ein Schüler Dae Soen Sa Nim nach dem Dharma-Vortrag in der Universität Yale: „Wenn Form gleichzeitig keine Form ist, und keine Form ist Form, so ist Buddha Denken und Denken ist Buddha?"

Dae Soen Sa Nim antwortete: „Ja."

Es entstand eine lange Pause. Einige Zuhörer begannen zu kichern.

Dae Soen Sa Nim sagte: „Du weißt schon, was Buddhismus ist, deshalb frage ich dich: Wer machte das Denken? Wer machte den Buddha?"

Nach längerem Zögern sagte der Schüler: „Ich bin schon voll im Denken."

„Woher kommt das Denken?"
„Vom Fragen."
„Vom Fragen? Gut, woher kommt dann das Fragen?"
„Es kommt vom Buddha-Geist?"
Dae Soen Sa Nim lachte: „Mach nicht Buddha, okay?" (Gelächter der Zuhörer) „Gut, du sagst Buddha; was ist denn Buddha?"
Der Schüler ging zum Lichtschalter und knipste das Licht an und aus und zuletzt wieder an.
Dae Soen Sa Nim freute sich: „Oho! Sehr gut! Aber ich habe noch eine weitere Frage an dich: Wenn die Lichter ausgehen, was dann? Wenn die Lichter angehen, was dann?"
„Das Licht ausschalten ist die Natur vor dem Denken."
Dae Soen Sa Nim lachte: „Ich schlage dich dreißigmal." (Gelächter) „Wenn die Lichter ausgehen, was dann? Wenn die Lichter angehen, was dann?"
„Ausgeschaltetes Licht ist die Buddha-Natur, angeschaltetes Licht ist Denken."
„Okay, noch eine Frage. Buddha sagte, ‚alles hat Buddha-Natur'. Aber als jemand Jo-ju fragte, ‚hat ein Hund Buddha-Natur?' da antwortete er, ‚Nein!'. Welche Antwort ist zutreffend?"
„Ich weiß nicht."
„Das mußt du verstehen, dann wirst du die Buddha-Natur erkennen. Du sagst Buddha, Buddha-Natur, das alles sind nur Namen. Was ist die wahre Buddha-Natur? Du mußt Jo-jus Antwort begreifen. Warum sagte er ‚Nein!'? Vorhin fragte ich dich, ‚wenn die Lichter ausgehen, was dann? Wenn die Lichter angehen, was dann? Wenn das Licht ausgeht, ist es dunkel, wenn das Licht angeht, ist es hell. Nur einfach so. Das ist ganz leicht." (Gelächter)

40. Den Geist prüfen

Eines Abends, nach dem Dharma-Vortrag im Zen-Zentrum in Cambridge, fragte eine Schülerin Dae Soen Sa Nim: „Wie prüft ein Zen-Meister den Geist seiner Schüler?"

Dae Soen Sa Nim antwortete: „Was bedeutet denn Geist?"

Nach einigem Überlegen antwortete sie: „Ich weiß nicht."

„Okay, ich habe eine Frage an dich. Eines Tages fragte jemand Zen-Meister Ma-jo, ‚was ist Buddha?' Ma-jo antwortete, ‚Geist ist Buddha, Buddha ist Geist'. Später stellte ein anderer ihm die gleiche Frage, und er antwortete, ‚weder Geist noch Buddha'. Welche Antwort ist zutreffend?"

Die Schülerin schlug auf den Boden.

„Ich glaube dir nicht."

Die Schülerin schwieg.

„Du verstehst zwar Eins, aber du verstehst nicht Zwei."

Die Schülerin schwieg noch immer.

„Die erste Antwort war gut, aber dann hast du angefangen zu denken, das war nicht gut. Auf den Boden schlagen ist eine gute Antwort, sie ist weder richtig noch falsch, sondern du schlägst einfach nur auf den Boden. Aber was bedeutet das, ‚weder Geist noch Buddha' oder ‚Geist ist Buddha, Buddha ist Geist'?"

„Ich kann es nicht sagen."

„Warum nicht? Beide Antworten von Ma-jo – ‚Geist ist Buddha, Buddha ist Geist' oder ‚weder Geist noch Buddha' – sind falsch. Es sind sehr schwache Antworten, sobald du nämlich ‚Geist' sagst, erschaffst du den ‚Nicht-Geist'. Sobald du ‚Buddha' sagst, erschaffst du ‚Nicht-Buddha'. Deshalb sagte Zen-Meister Jo-ju, ‚nur das Wort Buddha erwähnen, heißt sich Scheiße über den Kopf schütten'. Sowohl ‚Geist' als auch ‚Buddha' sind gegensätzliche Wörter. Sie sind nicht das Absolute. Somit sind beide Antworten von Ma-jo nicht zutreffend."

„Nein."

Dae Soen Sa Nim fragte: „Nein? Wieso nein?"

„Weil es die jeweils richtige Antwort für die Person ist, die die Frage gestellt hat."

„Der wahre Buddha kann nicht in Worten ausgedrückt werden. Wärest du ein Zen-Meister, und jemand würde dir die Frage stellen, ‚was ist Buddha?', wie wäre deine Antwort?"

Die Schülerin schwieg.

„Nur Schweigen? Dann könnte der Fragende es nicht verstehen. Stelle dir vor, dieser Mensch ist sehr gereizt und schlägt dich. Was wirst du tun? Wirst du weiterhin in Schweigen gehüllt dasitzen?"

„Ich würde zurückschlagen."

„Dann sagt er, ‚dein Kopf ist ein Drache, aber dein Schwanz ist eine Schlange'. Als du nur geschwiegen hast, war das eine sehr gute Antwort. Schlägst du aber zurück, so ist das weniger gut. Sein Schlag sollte nur deinen Geist prüfen. Deshalb sagt er jetzt, ‚dein Kopf – deine erste Antwort – ist ein Drache, aber dein Schwanz – deine zweite Antwort – ist nur eine Schlange'."

„Ein Drache ist ein Drache, eine Schlange ist eine Schlange."

„Dann sagt er dir, ‚der Hund rennt hinter dem Knochen her'."

„Dann verbeuge ich mich."

„Dann sagt er, ‚du mußt viel härter trainieren!'" (Gelächter) „So prüft ein Zen-Meister den Geist seiner Schüler." (Lautes Gelächter)

Die Schülerin lachte und verbeugte sich vor Dae Soen Sa Nim.

41. Was ist der Tod?

Eines Morgens, während einem Yong Maeng Jong Jin, ging ein Schüler in den Interview-Raum im Zen-Zentrum in Providence und verbeugte sich vor Dae Soen Sa Nim.

Dae Soen Sa Nim fragte ihn: „Hast du irgendwelche Fragen?"

„Ja, was ist der Tod?"

„Du bist bereits tot."

„Ich bin nur auf dem Weg zu sterben. Bis jetzt habe ich den Tod noch nicht wirklich erfahren. Ich verstehe nicht einmal, was das bedeuten könnte."

Dae Soen Sa Nim schlug ihn.

Der Schüler war irritiert und konnte nicht antworten.

Nach einer Weile sagte Dae Soen Sa Nim: „Wenn du Tod denkst, so erschaffst du den Tod. Denkst du Leben, so erschaffst du das Leben.

Ohne Denken gibt es weder Leben noch Tod. Gibt es im leeren Geist ein Du? Gibt es ein Ich?"

„Nein."

„Du sagst Nein. Du mußt dieses Nein verstehen. Dieses Nein bedeutet kein Selbst, kein anderer, keinen Körper, keinen Geist, keine Welt. Der leere Geist kennt weder Leben noch Tod. Das ist die wahre Leerheit. Die wahre Leerheit ist bereits vor dem Denken da. Vor dem Denken bedeutet, einfach genau so. Somit ist Leben einfach Leben und Tod ist Tod. Halte weder an den Namen noch an den Formen fest. Der Geist ist nur wie ein klarer Spiegel. In einem klaren Spiegel ist alles nichts, da gibt es nur den klaren Spiegel. Rot erscheint, und der Spiegel zeigt Rot; Gelb erscheint, und der Spiegel zeigt Gelb; kommt eine Frau, so zeigt er eine Frau; kommt ein Mann, so zeigt er einen Mann; kommt der Tod, so zeigt er den Tod; kommt das Leben, so zeigt er das Leben. Aber all das existiert nicht wirklich. Der Spiegel hält nichts in sich fest, hält also an nichts fest. Es gibt nur das Kommen und Gehen. Das liegt vor dem Denken: Alles ist, genauso wie es ist. Diesen Geist nennen wir den ursprünglich reinen Geist. Du mußt dein wahres Gesicht finden, dann brauchst du nicht mehr Leben und Tod erschaffen."

Der Schüler verbeugte sich, und das Interview wurde fortgesetzt.

Am nächsten Morgen kam derselbe Schüler zum Interview und verbeugte sich.

Dae Soen Sa Nim sagte: „Hast du irgendwelche Fragen?"

„Ja, was ist der Tod?"

„Du bist bereits tot."

„Vielen Dank. Nun habe ich es verstanden."

Dae Soen Sa Nim fragte: „Du hast das verstanden? Also, was ist der Tod?"

Der Schüler antwortete: „Du bist bereits tot."

Dae Soen Sa Nim lachte und verbeugte sich.

42. Erleuchtung wollen

Eines Abends, nach dem Dharma-Vortrag im Zen-Zentrum in Providence, sagte Dae Soen Sa Nim zu seinen Schülern: „Gebt alle Gedanken auf, die etwas erreichen wollen, dann beginnt ihr, den wahren Grund eurer Suche zu erkennen. Einige von euch wollen Erleuchtung erlangen und (so schnell wie möglich) ein Zen-Meister werden. Solange das eure Motivation ist, werdet ihr nicht das geringste erreichen. Schneidet einfach alle Gedanken und Vorstellungen ab und arbeitet hart genug an eurem *Kong-An*, dann werden sich all eure Fragen und Zweifel zu einer großen Masse formen. Diese Masse wird wachsen und wachsen, bis ihr euch weder um Essen noch Schlafen noch um irgend etwas sonst kümmert, außer darum, die Antwort auf die große Frage herauszufinden. Seid ihr erst in diesem Stadium, so steht die Erleuchtung vor der Tür.

Eine Schülerin fragte: „Ohne den Wunsch, erleuchtet zu werden, sehe ich keinen Grund, hierherzukommen und all das auf mich zu nehmen."

Dae Soen Sa Nim antwortete: „Zwischen Begehren und Bemühen ist ein großer Unterschied. Schon die Idee, du könntest irgend etwas mit Zen erreichen, ist selbstsüchtig. ‚Ich möchte Erleuchtung erlangen', heißt, ‚*ich* möchte Erleuchtung erlangen', aber dieses Bemühen ist nicht für mich selbst. Es ist nicht im geringsten ein persönlicher Wunsch, es geht über die Idee von einem Selbst hinaus. Es ist ein Wunsch ohne Begierde. Kommt Erleuchtung, ist es gut, kommt keine Erleuchtung, ist es auch gut. Tatsächlich, das *ist* Erleuchtung."

„Kannst du uns erklären, warum?"

„Ursprünglich gibt es gar keine Erleuchtung. Erlange ich Erleuchtung, so ist das nicht Erleuchtung. Wie es im Herz-Sutra steht, ‚es gibt kein Erreichen, weil es nichts zu erreichen gibt'. Erleuchtung ist nicht Erleuchtung, sondern das Wort dient nur zur Belehrung."

„Was lehrt es uns?"

Dae Soen Sa Nim antwortete: „Wenn du hungrig bist, iß. Wenn du müde bist, ruhe dich aus."

„Manchmal habe ich das Gefühl, meditieren ist selbstsüchtig. Ich merke wirklich nichts davon, wie ich anderen helfe, während ich Zen übe ...."

„Was bist du? Was ist dieses Selbst, das sich selbstsüchtig fühlt? Verstehst du es, dann weißt du auch, daß es keinen Unterschied gibt zwischen deinem Selbst und allen Wesen des Universums. Letztendlich sind sie alle ein und dasselbe. Du beziehst alle Wesen ein, egal was du tust. Kommst du aus egoistischen Gründen hierher, so tust du das für den Egoismus aller Wesen."

Ein anderer Schüler sagte: „Ich verstehe den Unterschied zwischen Begehren und Bemühen nicht. Mit der Idee, ‚ich möchte alle Wesen retten', besteht schon eine Trennung zwischen dem Ich und allen Wesen."

Dae Soen Sa Nim antwortete: „Bevor du diese Worte benutzt, mußt du verstehen, was das Ich ist."

„Okay, sage mir, was es ist?"

„Hast du schon Abendbrot gegessen?"

„Ja."

„Wie hat es geschmeckt?"

„Es hat wie Reis geschmeckt."

„Ich schlage dich dreißigmal."

„Autsch!"

Jetzt fragte die Schülerin noch einmal nach: „Was du zuvor gesagt hast, das ist sonnenklar. Aber ich glaube immer noch, daß ich selbstsüchtig bin, weil ich hierherkomme, obwohl meine Kinder möchten, daß ich bei ihnen zu Hause bleibe."

„Ich möchte dich etwas fragen: Könntest du das tun, was du dir von Herzen wünschst, was wäre dir das Liebste?"

„Erleuchtung erlangen."

„Und was würdest du tun, nachdem du erleuchtet bist?"

Die Schülerin zögerte lange, ehe sie sagte: „Ich weiß nicht."

Dae Soen Sa Nim erklärte: „Dein größter Wunsch ist es, Erleuchtung zu erlangen, und du hast nicht die geringste Idee, was du damit anfangen willst. Dieses Nicht-Wissen ist dein wahres Selbst. Solange du an deinem Wunsch hängst, Erleuchtung zu erlangen, erlangst du gar nichts. Aber deine Wünsche bringen dich hierher, um Zen zu üben. So komm und sitz. Das ist der erste Schritt."

43. Der wahre Weg für Frauen

Eines Abends fragte eine junge Frau Dae Soen Sa Nim nach seinem Dharma-Vortrag im Zen-Zentrum in Cambridge: „Was ist der wahre Weg für Frauen?"

Dae Soen Sa Nim antwortete: „Ich weiß nicht – ich bin keine Frau." (Gelächter der Zuhörer) Nach einer Pause fügte er hinzu: „Okay, ich frage dich. Was ist eine Frau?"

„Ich weiß nicht."

„*Dies* ist der wahre Weg. Nur der Weiß-Nicht-Geist. Für den Weiß-Nicht-Geist gibt es weder Mann noch Frau, weder jung noch alt, keine Menschen, keine Buddhas, kein Selbst, keine Welt, überhaupt nichts. Verstehst du diesen Weiß-Nicht-Geist, so verstehst du auch den wahren Weg. Okay?"

„Ich weiß nicht."

„Bewahre nur diesen Weiß-Nicht-Geist."

„Aber, wenn alles einfach so ist, dann ist ein Mann ein Mann und eine Frau ist eine Frau!"

„Ja."

„Der wahre Weg für den Mann und der wahre Weg für die Frau – sind sie gleich oder verschieden?" (Gelächter)

Dae Soen Sa Nim sagte: „Ah, das ist eine sehr große Frage!" (Gelächter) „Jetzt frage ich dich: Mann und Frau – sind sie gleich oder verschieden?"

„Ich habe dich zuerst gefragt!"

„Dann hast du bereits den wahren Weg für die Frauen erfahren." (Gelächter)

„Ich verstehe das nicht."

„Dann schlage ich dich." (Gelächter) „Verstehst du das jetzt?"

Die Frau verbeugte sich.

44. Kannst du deine Augen sehen?

Eines Abends nach dem Dharma-Vortrag im Bostoner Dharmadhatu fragte ein Schüler Dae Soen Sa Nim: „Was ist der Unterschied zwischen dem *Shikan Taza* (reines Sitzen) und der *Kong-An* Übung?"

Dae Soen Sa Nim antwortete: „Letzte Woche war ich in Los Angeles, dort haben mich viele Leute nach dem Unterschied zwischen Soto-Zen und Rinzai-Zen gefragt. Ich habe ihnen erkärt, daß es dasselbe ist. Nur die Äußerlichkeiten sind verschieden. Das Soto-Zen benutzt die bewußte Atmung, um das Denken abzuschneiden, während *Kong-An* Zen dafür die *Kong-Ans* benutzt. Nur die Methoden sind verschieden beide haben dasselbe Ziel, das Denken abzuschneiden und einen klaren Geist zu erlangen. Es sind also nur zwei Türen, die in denselben Raum führen. Halte ich am *Shikan Taza*, oder am *Kong-An* fest, sind sie verschieden. Halte ich an nichts fest, dann sind beide gleich."

„Aber manche Menschen sollen sich schon über Jahre mit *Kong-Ans* abgekämpft haben. Das beunruhigt mich. Das Fazit kann doch nur sein, daß sie auf dem Holzweg sind, oder sie brauchen so viel Zeit, um zu verstehen, daß sie gar nicht kämpfen sollten. Willst du sagen, es sollte keinen Kampf geben?"

Dae Soen Sa Nim antwortete: „Bewahrst du den Geist, der Erleuchtung will, dann ist es falsch, *Kong-Ans* zu benutzen. Bewahre nur die große Frage in dir. Die große Frage bedeutet, alles Denken hinter sich zu lassen und einen leeren Geist zu erlangen. Der Geist, der die große Frage bewahrt, *ist* Erleuchtung. Du bist bereits erleuchtet, aber du weißt es nicht. Nach langem und harten Training erkennst du plötzlich: Aha, *das* ist Erleuchtung! Es ist ja so leicht. Kannst du deine Augen sehen?"

„Nein."

„Hast du keine Augen? Du *hast* Augen. Kannst du deinen Geist greifen?"

„Nein."

„Hast du keinen Geist? Es ist dasselbe. Kannst du diese Tasse sehen? Kannst du meine Stimme hören?"

„Ja."

Dae Soen Sa Nim erklärte: „Genauso funktioniert dein Geist. Meine Augen können meine Augen nicht sehen. Der Versuch, meine Augen sehen zu wollen, ist der falsche Weg. Mein Geist kann meinen Geist nicht verstehen. Deshalb ist der Versuch, meinen Geist verstehen zu wollen, der falsche Weg. Schneidest du diesen Geist ab, dann wirst du bald Erleuchtung erlangen. Ich sehe diese Tasse, also habe ich Augen. Ich höre diesen Klang, also habe ich Ohren. Was bin ich? Ich frage das Ich. Es gibt also keine Gegensätze. Keine Gegensätze zu haben, das ist das Absolute. Alles Denken ist abgeschnitten, und es gibt nur noch weiß nicht, nur noch den leeren Geist. Das ist mein wahres Selbst. Es ist ganz leicht."

45. Aussergewöhnliche Medizin und grosse Geschäfte

Drei Schüler vom Zen-Zentrum in Providence tranken an einem Frühlingsnachmittag in Dae Soen Sa Nims Zimmer mit ihm gemeinsam Tee. Ein Schüler fragte Dae Soen Sa Nim: „Viele Leute sind auf Zen gestoßen infolge ihrer Erlebnisse mit bewußtseinserweiternden Drogen oder mit der ‚außergewöhnlichen Medizin', wie du sie zu bezeichnen pflegst. Ist es gut oder schlecht, diese Drogen zu nehmen?"

Dae Soen Sa Nim antwortete: „Die Frage, ob gut oder schlecht, ist unwichtig. Es ist weder gut noch schlecht. Das einzig wichtige ist, warum du diese außergewöhnliche Medizin nimmst. Verstehst du das?"

Ein anderer Schüler sagte: „Was meinst du denn mit gut oder schlecht?"

„Die Medizin nehmen, um etwas zu verstehen, ist gut. Aber sie wegen der guten Gefühle zu nehmen, die sie verursacht, das ist nicht so gut."

„Dann ist es sozusagen unmöglich, durch diese Medizin zu einem tiefen Verständnis zu gelangen?"

Dae Soen Sa Nim erklärte: „Es ist möglich. Die meisten Menschen halten an Namen und Formen fest. Sie nehmen diese Medizin und erleben für fünf bis zehn Stunden das gleiche wie den Tod. Der Körper und seine Begierden sind für sie kein Hindernis mehr. Es ist wie im Traum. Es gibt nur das frei handelnde Bewußtsein und das freie Spiel des Karma-Ichs. Sie erkennen dann die Leerheit des ganzen Lebens. Leben ist Tod, Tod ist Leben. Sie erkennen, wie unnötig Streit und Zwistigkeiten zwischen den Menschen sind; es sind nur Ergebnisse eines falschen Denkens. Sie wünschen sich weder reich noch erfolgreich zu sein. Reichtum und Armut,

Erfolg und Versagen – das ist alles dasselbe. Es ist so, als ob du tot bist."

Der erste Schüler sagte: „Du hast mich gerade davon überzeugt, diese außergewöhnliche Medizin zweimal täglich zu nehmen!"

Dae Soen Sa Nim entgegnete: „Sie hin und wieder zu nehmen, kann sehr hilfreich sein. Sie aber öfter zu nehmen, ist gefährlich. Man wird sehr leicht von dieser außergewöhnlichen Medizin abhängig. Du bist bereits Zen-Schüler und weißt schon, daß das Leben leer ist und wohin der wahre Weg führt. Ist dein Körper krank, so ist es ab und zu nötig, eine starke Medizin zu nehmen. Bist du aber gesund, so nimmst du keine. Ebenso kuriert diese außergewöhnliche Medizin zwar einige Krankheiten, aber sie schafft auf der anderen Seite neue Krankheiten. Nachdem du sie genommen hast, tauchen viele Abhängigkeiten auf. Du willst weder arbeiten noch Geld verdienen. Du möchtest nur ausspannen, im Garten sitzen, Musik hören oder dich vergnügen."

„Kein Geld verdienen? Oh, der Himmel möge es verhüten!"

„Das ist der Hang zum Leben im Natur-Stil und nicht sehr gut für einen Zen-Schüler. Viele nehmen die außergewöhnliche Medizin und verstehen dadurch sich selbst. Dieses Verständnis ist aber nur Denken. Es ist nicht erreicht. Das wahre Erreichen der Leerheit bedeutet, alles Denken ist abgeschnitten. Es gibt keine Vorlieben und keine Abneigungen. Das Leben im Natur-Stil ist gut. Das Leben im Plastik-Stil ist gut. Solange man an nichts festhält."

Der dritte Schüler sagte: „Dae Soen Sa Nim, viele verschiedene Menschen üben Zen. Ich übe Zen, Geschäftsleute üben Zen, Richter üben Zen. Ich habe einen Hang zum Leben im Natur-Stil; andere hängen am Leben im großen Geschäfts-Stil. Du schlägst ihnen nicht vor, ihr Geschäft aufzugeben und nur noch Zen zu üben. Mir schlägst du nicht vor, das Leben im Natur-Stil aufzugeben und nur noch Zen zu üben. Das ist doch nur das unterschiedliche Karma, oder?"

Dae Soen Sa Nim antwortete: „Du lebst im Natur-Stil; das ist gut. Das Leben im Geschäfts-Stil ist auch gut. Wichtig ist nur, *warum* ihr auf diese Weise lebt. Willst du nur für dich Geld verdienen oder willst du das Leben im Natur-Stil nur für dich – dann ist das nicht gut. Schneidest du aber deine Wünsche ab, so ist Geschäft nicht Geschäft, Leben im Natur-Stil ist nicht gleich Leben im Natur-Stil, dann ist es die Handlung eines Bodhisattvas. Du kannst dann deine Geschäfte oder dein Leben im Natur-Stil dazu nutzen, anderen den wahren Weg zu lehren."

„Kann man denn das Leben im Natur-Stil lehren?"

„Ja. Das Leben im Natur-Stil ist sehr gut, solange du nicht daran festhältst. Das Leben im Natur-Stil ist eine erstklassige Bodhisattva-Handlung."

„Warum?"

„Wahre Natur-Freaks haben keine Hindernisse. Habe ich kein Geld, so ist das okay. Habe ich weder ein Dach über dem Kopf noch ein Bett, so ist das okay. Ich kann überall schlafen, ich kann alles essen. Mein ganzes Leben ist Freiheit. Ich habe die Freiheit, alles zu tun oder zu lassen. Kein Hindernis haben bedeutet, an gar nichts festhalten. Also ist der Geist der Natur-Freaks sehr gut. Aber viele junge Leute hängen an ihrem Leben im Natur-Stil. Das ist nicht gut. Hängst du am Leben im Natur-Stil, wird es selbst zum Hindernis. Du solltest alles Denken und alle Wünsche, die etwas für dich erreichen wollen, abschneiden. So wirst du bald Erleuchtung erlangen. Der Geist der Natur-Freaks ist nur um eine Haaresbreite von der Erleuchtung entfernt. Trennt sich ein Natur-Freak von seiner Vorstellung, ein Natur-Freak zu sein, dann erkennt er bald: ‚Oh, *das* ist die Erleuchtung!‘ Einer meiner ersten Schüler in Amerika hatte sehr langes blondes Haar, das er zum Pferdeschwanz gebunden trug. Eines Tages sagte ich ihm, ich fände es gut, wenn er sein Haar abschneiden würde. ‚Nein, nein, ich mag meine Haare so, wie sie jetzt sind.‘ Ich erklärte ihm, ‚hängst du an deinen Haaren, so kannst du keine Erleuchtung erlangen.‘ ‚Ist das wahr?‘ ‚Ja, Erleuchtung ist die vollkommene Freiheit. Hältst du aber an deinen Haaren fest, sind diese dein Hindernis. Solange du ein Hindernis hast, kannst du nicht erleuchtet werden.‘ ‚Einverstanden, ich werde meine Haare abschneiden.‘ ‚Wundervoll. Nun brauchst du sie nicht mehr abzuschneiden.‘ Dadurch hat er gelernt: ein wahrer Natur-Freak lebt ohne jedes Festhalten. Später übte er übrigens sehr intensiv und verstand bald.“

Der erste Schüler sagte: „Für einen Geschäftsmann ist es doch unmöglich keine Hindernisse zu haben?“

Dae Soen Sa Nim entgegnete: „Nur, wenn er frei von eigenen Wünschen ist. Arbeitet er und verdient er Geld, um anderen Menschen zu helfen, so ist Zen Geschäft und Geschäft ist Zen. Es ist nicht zweierlei. Es ist in jedem Job dasselbe, aber die meisten Leute verstehen das nicht. Sie sind nur daran interessiert, eine Menge Geld zu verdienen oder erfolgreich zu sein. Das ist ‚das kleine Ich.‘ Verdient jemand Geld, um anderen zu helfen, dann ist dieses Geschäft ein gutes Geschäft. Das ist das Große Geschäft!“

46. Wunder

Lieber Soen Sa Nim, 26. Juli 1975

vom Zen-Zentrum in New Haven stellte mir jemand folgende Frage: „Wenn ein Zen-Meister die Fähigkeit hat, Wunder zu vollbringen, warum tut er es nicht? Er ist verpflichtet, ein großer Bodhisattva zu sein: bedeutet das nicht, in erster Linie körperliche und geistige Krankheiten zu heilen? Warum tut Soen Sa Nim nicht, was Jesus tat – Blinde sehend machen, und Geisteskranke durch Berühren heilen. Kann nicht ein auffälliges Wunder, wie z.B. über das Wasser zu gehen, viele Leute zum Zen bringen, so daß sie anfangen zu üben und vielleicht sogar sich selbst verstehen? Warum tut er dann keine Wunder, um alle Menschen zu retten?"

Wie kann ich solche Fragen beantworten?

Hochachtungsvoll

Mu Gak

Lieber Mu Gak, 3. August 1975

danke für Deinen Brief.

Viele Leute hätten gerne Wunder, und erleben sie Wunder, so hängen sie an ihnen. Aber Wunder sind nur eine Technik. Sie sind nicht der wahre Weg. Benützt ein Zen-Meister häufig Wunder, so lassen sich die Leute nur von der Technik blenden und lernen nichts vom wahren Weg. Gibt ein Arzt einem Kranken eine gute Medizin, die ihn heilt, aber zugleich eine andere Krankheit hervorruft, hältst Du den für einen guten Arzt? Wenn ein Zen-Meister über das Wasser ginge, würde das zweifellos eine große Anziehungskraft auf viele Menschen ausüben; aber die Leute, die deshalb kämen, fänden sicher bald die alltägliche Übung zu schwierig, zu langweilig oder zu alltäglich, und sie würden schnell wieder verschwinden.

Kennst Du die Geschichte vom Zen-Meister Huang Po? Er reiste mit einem Mönch zusammen und sie kamen an einen Fluß. Ohne das Tempo zu ändern ging der Mönch über das Wasser und winkte dann Huang Po, ihm zu folgen. Huang Po sagte, ‚hätte ich gewußt, daß das so einer ist, dem hätte ich seine Beine gebrochen, bevor wir das Wasser erreichten'.

Ein scharfäugiger Zen-Meister erkennt das Karma der Menschen. Buddha sagte, ,das Karma, das du selbst verursacht hast, kann nur ausgelöscht werden, wenn du es wirklich willst. Niemand kann dich dazu bringen, es zu wollen.' Er sagte auch, ,ich habe viele verschiedene Arten guter Medizin, aber ich kann sie nicht für dich einnehmen.' Buddha hat vielen Leuten Anleitungen gegeben, die blind oder behindert waren, aber die meisten wollen nur einfache Lösungen. Sie wollen, daß ein anderer für sie die Arbeit tut.

Lehrt eine Mutter ihr Kind, indem sie z.B. alles für ihr Kind tut, wird das Kind abhängig von ihr. Eine gute Mutter bringt ihr Kind dazu, selbständig zu handeln. So wird es stark und wächst unabhängig auf. Zur Zeit lebt ein Mann in Korea, der sich als Christus ausgibt, und viele Leute glauben an ihn. Sie trinken sein Waschwasser als Medizin, und in der Tat wurden viele Krankheiten auf wundersame Weise geheilt. Aber es ist ihr eigener Geist, der sie kuriert. Sie glauben so fest an ihn, daß er Wunder vollbringen kann. Würde niemand an ihn glauben, könnte er nicht das geringste Wunder tun. Das ist wie beim ersten Kuß: da fließt soviel magische Energie durch die Lippen, daß es einen umhaut. Genauso macht es dieser Mann: er berührt die Leute, und sie fühlen soviel Energie durch seine Finger fließen, daß sie geheilt werden. In Indien gibt es viele solcher Gurus.

Das ist keine gute Lehre. Es macht die Anhänger von ihrem Lehrer abhängig. Sie können nicht erkennen, daß ihr eigener Geist Wunder vollbringen kann, und es wird immer schwieriger für sie, etwas für sich selbst zu tun. Schlechtes Karma kann nicht durch die Magie allein ausgelöscht werden; sie ist nur eine Technik. Veränderte Jesus wirklich etwas, indem er Lazarus von den Toten erweckte? Lazarus hatte immer noch dasselbe Karma wie zuvor und war immer noch sterblich.

Einer der Anhänger Buddhas, Mong Nyon genannt, vollbrachte große Wunder. Während der Meditation sah er einmal, daß das Königreich Kapila bald durch einen Krieg zerstört würde. Er dachte, ,unternehme ich nichts, wird in einer Woche um elf Uhr vormittags unser ganzes Land ein einziger Trümmerhaufen sein'. Also ging er zu Buddha: „Herr, weißt du denn nicht, daß nächste Woche viele unserer Leute getötet werden?"

„Ja."

„Warum rettest du sie dann nicht?"

„Ich kann es nicht."

„Aber du hast doch übernatürliche Kräfte, du kannst Wunder tun. Wieso kannst du sie nicht retten?"

„Weil es unmöglich ist, verursachtes Karma verschwinden zu lassen."

Aber Mong Nyon glaubte ihm nicht. Er wurde sehr ärgerlich, weil er dachte, Buddha habe kein Mitgefühl. Also ließ er das ganze Königreich zusammenschrumpfen, bis es in eine Eßschüssel ging und brachte diese in den höchsten Himmel, in dem nur Friede und Heiterkeit herrschen. In der Mitte des Palastes des Do Sol-Himmels ließ er die Schüssel sieben Tage lang stehen. Als die vorhergesehene Zeit um war, atmete er auf: „Jetzt ist alles in bester Ordnung." Er holte die Schüssel wieder auf die Erde zurück, aber als er den Deckel abhob sah er, daß dieses Miniaturreich durch einen Miniaturkrieg verwüstet worden war.

Magie ist nur eine Technik. Wer kennt keinen Kartentrick, er wirkt wie Magie und ist doch nur ein Trick. Wir sehen nicht, was wirklich passiert ist. Genauso ist es mit der Magie. Sie manipuliert das Bewußtsein der Menschen, und das hat tatsächlich gewaltige Wirkung. Es gab einmal einen chinesischen General, der ein großer Magier war. Während eines Bürgerkrieges zauberte er eine gewaltige Götter-Armee und schickte sie durch die Luft. Das gegenüberstehende Heer wurde in Angst und Schrekken versetzt, und viele Soldaten wurden von der Götter-Armee getötet. Aber der General des feindlichen Heeres war ein sehr weiser Mann, der sofort verstand, was hier geschah. Er rief am nächsten Tag seine Soldaten vor einer riesigen Kristallkugel zusammen: „Ihr müßt alle gespannt auf diesen Kristall starren. Ist euer Geist leer und ohne jegliches Denken, dann seid ihr sicher. Wenn ihr euch aber umschaut oder zu denken anfangt, werdet ihr mit Sicherheit von der Götter-Armee getötet." Die Soldaten behielten alle einen klaren Geist und konnten nicht durch die Magie manipuliert werden. Kurz darauf erschien die Götter-Armee, erstarrte für einige Zeit in der Luft, aber alles was es zu sehen gab, war ein Haufen welker Blätter, der langsam zur Erde fiel.

Wer die Fähigkeit haben möchte, Wunder zu tun, kann es lernen. Aber das ist nicht der wahre Weg. Scharfäugige Zen-Meister gebrauchen selten Wunder oder Magie, weil es den Menschen nicht hilft, ihren wahren Weg zu finden. Der einzige Weg, Dein Karma auszulöschen, ist es, Dein Bewußtsein zu leeren. Dann gibt es keine Wunder mehr. Dann bleiben nur noch die rechte Ansicht und die rechte Übung. Das ist das wahre Wunder.

Hochachtungsvoll

S.S.

47. Eine Dharma-Rede

Diese Rede hielt Dae Soen Sa Nim am 9. Februar 1975 im Zen-Zentrum in San Francisco.

(Er schlägt mit dem Zen-Stock auf den Tisch) Verstehst du das? Wenn ja, so verstehst du Eins. Wenn nicht, so unterteilst du alles in zehntausend Klassen tausend verschiedener Ebenen.

(Er schlägt auf den Tisch) Versteht du das? Wenn ja, so verstehst du die zehntausend Klassen tausend verschiedener Ebenen. Wenn nicht, dann hältst du an Eins fest.

(Er schlägt wieder auf den Tisch) Verstehst du das? Öffnest du deinen Mund, um zu sagen, du verstehst es, so schlage ich dich dreißigmal. Wenn du sagst, du verstehst es nicht, so schlage ich dich auch dreißigmal.

Warum?

KATZ!!!

Die Frühlingsluft erfüllt das Universum, und Blumen sprießen überall.

Was immer du verkündest, du verbietest damit allen Buddhas und allen bedeutenden Lehrern den Mund. Wie kannst du dann hören, was sie sagen? Um sie überhaupt hören zu können, mußt du verstehen, was es heißt, Zen zu üben.

Hast du alles Denken abgeschnitten und ist dein Geist vollkommen klar, und kannst du sitzen ohne einzuschlafen oder in einen tranceähnlichen Zustand zu fallen, dann ist das wahre Zen-Meditation. Werden Innen und Außen eins, und nichts hindert dich mehr, das ist Zen.

Verstehst du die Zen-Übung, dann verstehst du dich selbst. In deinem Geist ist ein Diamant-Schwert. Willst du dich selbst erkennen, dann nimm es, durchtrenne damit gut und schlecht, lang und kurz, kommen und gehen, hoch und tief, Gott und Buddha. Durchtrenne alles.

Du mußt dich so vorwärts bewegen, als ob du auf einer dünnen Eisschicht wärest, vollkommen konzentriert auf jeden deiner Schritte. Machst du auch nur die kleinste falsche Bewegung, so wirst du sterben und wie ein Blitz zur Hölle fahren.

Durch das Königreich des Nicht-Denkens erreichst du das Land der wahren Leerheit. Die wahre Leerheit liegt vor dem Denken. Dieses Land ist frei von Worten und Sprache, und so gibt es dort keine Berge, keine Flüsse, keinen Osten, Westen, Süden, Norden, keinen Buddha, keinen Gott.

Bleibst du aber dort, so wirst du abhängig werden von der Leerheit, und nicht einmal Buddha kann dir helfen.

Hängst du mit beiden Händen an einem Felsvorsprung und läßt dort jeden Gedanken an Leben oder Tod los, dann bist du wahrhaft frei. Dann siehst du, wie der hölzerne Hund Stahl ißt und Feuer scheißt. Du schließt Freundschaft mit dem gehörnten Hasen und der Schildkröte mit dem Wattepanzer. Du lernst auf der Flöte ohne Löcher zu spielen. Woher kommt der Klang der Flöte?

Laß das alles hinter dir und erkenne, daß Vögel singen, Hügel grün sind und der Himmel blau ist. Sehen, hören, riechen, schmecken, fühlen – die Wahrheit ist einfach genau so. Das ist die Sprache des Buddha und aller bedeutenden Lehrer. Der Gesang der Vögel und das Rauschen der Flüsse sind Sutren, Himmel und Erde sind Buddhas Körper.

(Dae Soen Sa Nim hält den Zen-Stock hoch) Siehst du das?

(Er schlägt ihn auf den Tisch) Hörst du das?

Der Stock, der Klang und dein Geist – sind sie gleich oder verschieden?

Sagst du gleich, so ist das unzulässig, und der Stock schlägt dich. Sagst du verschieden, so ist das unzulässig, und der Stock schlägt dich. Sagst du beides, gleich und verschieden, so ist das auch unzulässig und der Stock wird dich sogar härter schlagen.

Warum?

KATZ!!!

Betrittst du nie die Höhle des Löwen, wirst du keine Löwen fangen.

48. Ein bisschen Denken, ein bisschen Üben

Eines Abends, nach dem Dharma-Vortrag im Bostoner Dharmadhatu, fragte ein Schüler Dae Soen Sa Nim: „Es heißt, durch Zen-Üben erreicht man einen Punkt, an dem entweder das Denken zum Stillstand kommt oder die Selbstkontrolle aufhört, während das Denken weitergeht. Stimmst du dem zu?"

Dae Soen Sa Nim antwortete: „Woher kommt das Denken?"

Der Schüler zeigte auf seine Stirn: „Es wird allgemein angenommen, daß es sich hier befindet."

„Und wohin geht es?"

„Ämmm ... Ich weiß nicht."

„Was ist Denken?"

„Etwas, das einfach passiert, eine Art Bewußtsein."

„Das Denken ist ein von den Menschen erschaffener Name", erklärte Dae Soen Sa Nim und zeigte auf ein weißes Stück Papier. „Der Name hierfür ist Papier, frage ich aber eine Katze, was das ist, so wird sie mir nicht, ‚ein Stück Papier' antworten. Fluß, Berg, Sonne, Mond, all das sind Namen. Für eine Katze ist die Sonne nicht die Sonne, für einen Hund ist der Mond nicht der Mond. Zeige auf den Mond und frage einen Hund, ‚was ist das?'" (Gelächter der Zuhörer) „Das Denken der Menschen erschafft alles. Das Denken existiert nur in deinem Geist. Geist ist aber kein Geist, und Denken ist deshalb kein Denken."

„Mir ist das schon klar, aber wie hältst du das Denken auf?"

„Okay, ich werde es dich lehren. Komm her." Der Schüler kam nach vorne und setzte sich Dae Soen Sa Nim gegenüber, der ihm eine Tasse Wasser gab: „Trink das." Der Schüler trank. „Ist es heiß oder kalt?"

Der Schüler überlegte einige Zeit, dann sagte er: „Es schmeckt gut."

„Das ist Denken. Als du das Wasser getrunken hast, hast du nicht gedacht, aber als du meine Frage hörtest, ob es heiß oder kalt ist, hast du gedacht, ‚welche Antwort ist gut?' Das ist Denken. Als du getrunken hast, hast du nur getrunken." Dae Soen Sa Nim hielt wieder das Papier hoch: „Was ist das?"

Der Schüler schwieg.

„Warum antwortest du nicht?"

„Nun gut, du willst, daß ich sage, es ist ein Stück Papier." (Gelächter)
Dae Soen Sa Nim sagte: „Sehr spät. Viel zu viel Denken." (Gelächter) „Komm näher." Der Schüler rückte näher. „Bück dich." Der Schüler bückte sich und Dae Soen Sa Nim schlug ihn auf den Rücken: „Was ist das?"

„Nun, es war ein Geräusch."

„Als ich dich schlug, war alles nur noch weiß nicht. Warum habe ich dich geschlagen?"

„Ämmm, um mich ein bißchen wachzurütteln?"

„Verstehst du, was mein Schlagen bedeutet?"

„Irgenwie war es nett."

„Du verstehst nett. Aber verstehst du auch, was *mein* Schlagen bedeutet?"

„Möglicherweise versuchst du, mich zu lehren."

Dae Soen Sa Nim sagte: „Einst stand Buddha auf dem Geierberg. Hier sprach er täglich zu vielen Menschen, und eines Tages saß er vor zwölfhundert Zuhörern. Alle warteten darauf, daß er anfange, aber er saß nur reglos da. Eine Minute verging, zwei Minuten, drei Minuten – nur Stille. Schließlich hielt Buddha eine Blume hoch. Niemand verstand das, außer Mahakasyapa. Er sah die Blume und lächelte. Buddha sagte, ‚ich übertrage dir mein Dharma.' Nun frage ich dich: Was bedeutet das Hochheben der Blume?"

„Nur die Blume hochheben. Als Zeichen seiner Handlung."

„Hättest du dies damals gesehen, als Buddha die Blume hochhob, was hättest du getan?"

„Ich hätte sie angenommen."

Dae Soen Sa Nim brüllte los: „Ah ha ha!" (Gelächter) „Du bist Buddha, okay?"

„Ich bin nicht Buddha." (Lauteres Gelächter)

„In dem Augenblick, indem du nach der Blume greifst, schlägt dich Buddha, was kannst du tun?"

„Ihn zurückschlagen."

„Dann sagt Buddha, ‚du verstehst Eins, aber du verstehst nicht Zwei.' Was kannst du antworten?"

„Ich verstehe nicht drei."

„Dann sagt Buddha, ‚ich dachte, du bist ein scharfäugiger Löwe, aber jetzt sehe ich, daß du ein blinder Hund bist'."

Der Schüler war still.

„Okay, ich werde es dir erklären. Buddhas Satz bedeutet, ‚dein Schlagen ist sehr gut. Ich bin Buddha, du bist Buddha.' Du hast ihn somit zurückgeschlagen. Buddha und du, ihr seid dasselbe. Das ist eine hochklassige Antwort, also prüft dich Buddha weiter. ‚Du verstehst Eins, aber du verstehst nicht Zwei.‘ Deine Antwort hierauf war nicht gut, deshalb sagt er, ‚ich dachte, du bist ein scharfäugiger Löwe, aber nun sehe ich, daß du ein blinder Hund bist‘.“

Der Schüler meinte: „Gut ...“, dann war er still. (Alle lachten)

Dae Soen Sa Nim sagte: „Du mußt dein geistiges Auge öffnen. Okay?“

„Danke.“

„Nichts zu danken.“

49. Kein-erreichen ist erreichen

Eines Abends, nach dem Dharma-Vortrag im Zen-Zentrum in Cambridge, fragte ein Schüler Dae Soen Sa Nim: „Im Herz-Sutra steht doch, ‚es gibt kein Erreichen, weil es nichts zu erreichen gibt.‘ Warum üben wir dann Zen?“

Dae Soen Sa Nim antwortete: „Verstehst du denn kein Erreichen?“

„Ich weiß nicht.“

„Kein Erreichen ist Erreichen. Du mußt einfach kein Erreichen erreichen. Also was bedeutet erreichen? Was gibt es zu erreichen?“

„Leerheit.“

„In der wahren Leerheit gibt es weder Namen noch Form. Da gibt es nichts zu erreichen. Sagst du, ‚ich habe die wahre Leerheit erreicht‘, dann bist du auf dem Holzweg.“

„Gibt es eine unwahre Leerheit?“

„Das Universum ist stets wahre Leerheit. Du lebst jetzt in einem Traum, wach auf! Dann wirst du die wahre Leerheit verstehen.“

„Wie kann ich aufwachen?“

„Ich schlage dich.“ (Gelächter der Zuhörer) „Es ist ganz einfach.“

„Was ist ein Traum?“

„*Das* ist ein Traum.“

„Sehe ich denn aus, als ob ich träume?“

„Ja. Was ist denn kein Traum? Sag mir einen Satz ohne Traum-Wörter.“ Nach einer Pause fügte Dae Soen Sa Nim hinzu: „Alles ist ein Traum.“

„Träumst du denn auch?“

„Ja.“ (Lautes Gelächter) „Du machst den Traum, und somit träume ich ihn. Es ist ein guter Traum, ein Zen-Traum. Ein Zen-Unterrichts-Traum.“ (Gelächter) „Aber wie kannst du aufwachen? Das ist sehr wichtig. Dein ganzes vergangenes Leben ist genauso – ein Traum. Ist es nicht so? Die Zukunft ist ebenfalls wie ein Traum. Sogar dieser gegenwärtige Moment ist wie ein Traum. Also sag mir – wie kannst du aufwachen?"

„Du bringst mich in eine unmögliche Situation, wie kann ich aufwachen, wenn ich doch schlafe?"

Dae Soen Sa Nim sagte: „Okay, ich frage dich jetzt – was ist gut?"

„Gut kommt vom Denken."

„Wer machte gut?"

„Ich."

„Woher kommt dieses Ich?"

„Das Ich kommt vom Ich."

„Du verstehst zwar das Wort ‚ich', aber du verstehst nicht das wahre Ich. Woher kommt dieses Ich?"

„Vom Denken."

„Denken ist auch ein Wort. Woher kommt das Denken?"

Der Schüler schwieg eine lange Zeit, dann sagte er ganz langsam: „Ich weiß es wirklich nicht."

Dae Soen Sa Nim rief: „Ja! Das ist der vollkommene Weiß-Nicht-Geist. Da gibt es weder Sprache noch Worte – da gibt es nur noch weiß nicht. Nur weiß nicht bedeutet, daß alles Denken abgeschnitten ist. Alles Denken abschneiden bedeutet wahre Leerheit. So fängst du an aufzuwachen."

Der Schüler verbeugte sich: „Danke. Ich habe jetzt noch eine Frage. Im Alltag werden wir oft nach unserer Meinung, nach unserem Urteil gefragt. ‚Magst du dies? Magst du jenes?' Soll ich solche Gespräche meiden?"

„Warum willst du sie meiden?"

„Weil sie mich in die Enge treiben und ich mich abgesondert fühle. Ich werde dann stärker mit meinem Ego konfrontiert."

Dae Soen Sa Nim erklärte: „Beim Gehen schwingen deine Arme mit, vor und zurück. Das ist eine gedankenfreie Handlung. In einem Gespräch verhält es sich ebenso. Du sollst nicht am Sprechen festhalten. Kein Festhalten am Denken ist kein Denken. Beobachtest du dein Denken, so verursacht das Karma. Hältst du an nichts mehr fest, dann verursachst du auch kein Karma. Heute hat mir meine Englischlehrerin vielleicht eine Hausaufgabe gegeben. Verdammt schwer!" (Gelächter) „Wie kann ich diese Hausaufgabe bloß lösen? Ich weiß nicht. Es gibt jetzt nur noch diese große Frage. Ich esse zwar, aber ich schmecke es nicht, ich habe nur diese große Frage in mir. Auf meiner Heimfahrt im Bus war nur meine Hausaufgabe da, und so vergaß ich, an der richtigen Haltestelle auszusteigen. Behältst du diesen Geist, dann ist sehen nicht sehen, hören ist nicht hören, arbeiten ist nicht arbeiten. Da ist kein Denken, das an irgend etwas festhalten könnte. Es gibt nur noch die große Frage. Dann ist miteinander sprechen eine an nichts festhaltende Handlung. Es ist gleich dem Nicht-Sprechen. Du benutzt deine Augen, aber es gibt keine Augen. Du benutzt deinen Mund, aber es gibt keinen Mund. Bewahrst du einen klaren Geist, so ist Rot einfach Rot, und Weiß ist Weiß. Aber du hältst nicht an Rot oder Weiß fest. Es ist nur Rot, nur Weiß. ‚Ich mag das' ist dann nur, ‚ich mag das'. ‚Ich mag das nicht' ist nur, ‚ich mag das nicht'. Dieser Geist ist wie der Geist eines Kindes. Und dann gibt es auch kein Erreichen, weil es nichts zu erreichen gibt. Das bedeutet, daß es vor dem Denken weder Worte noch Sprache gibt. Bewahrst du diesen Weiß-Nicht-Geist, dann gibt es kein Erreichen, weil es nichts zu erreichen gibt. Erreichen ist nur ein Name und kommt vom Denken. Erreichen und kein Erreichen sind Gegensätze. Vor dem Denken ist das Absolute. Da gibt es weder Worte noch Sprache, da ist nichts. Öffnest du deinen Mund, dann liegst du schon falsch. Was bedeutet dann Erreichen? Nur KATZ!!! Nur SCHLAGEN."

„Es fällt mir sehr schwer, während meiner Arbeit das *Kong-An* zu behalten. Was kann ich tun?"

Dae Soen Sa Nim antwortete: „Anfangs ist es immer sehr schwer. Es ist genauso wie mit dem Autofahren; lernst du es erst, und es geht jemand vor dir über die Straße, dann trittst du unverhältnismäßig hart auf die Bremse, das ist eine Handlung aus dem Denken. Nachdem du einige Fahrpraxis hast, trittst du ganz automatisch auf die Bremse, wenn du anhalten mußt. Das ist eine Reflexhandlung, eine Handlung ohne Denken. Zu Beginn der *Kong-An* Übung kämpfen dein Weiß-Nicht-Geist und deine Arbeit getrennt voneinander. Aber nach längerem Üben ist der Weiß-Nicht-Geist der Arbeits-Geist und der Arbeits-Geist ist der Weiß-Nicht-Geist. Bei unserem morgendlichen Singen gibt es nur das Singen. Denkst du dabei nach, so vergißt du die Worte, oder du machst einen Fehler. Mit dem Weiß-Nicht-Geist ist es sehr einfach sich zu erinnern. Du mußt dir nur die große Frage stellen, ‚was bin ich?'"

Der Schüler fragte: „Ich glaube, ich hatte mein *Kong-An* bereits verstanden und auch die Leerheit. Aber ich habe es wieder vergessen. Ich bin wieder in der Welt der Gegensätze. War das, was ich verstanden habe, die wahre Leerheit?"

„Verstehst du die Leerheit, dann ist das keine Leerheit. Es ist nur ein Wort. Hast du jemals *Kim tschi* gegessen, den koreanisch eingelegten Kohl? Es ist sehr scharf. Neuen Gästen sage ich immer, daß es sehr scharf ist, aber niemand weiß genau, was dieses ‚scharf' bedeutet, bis sie es selbst erfahren haben. Also gebe ich ihnen ein Stück *Kim tschi* Hahh! Ist das scharf!" (Gelächter) „Andere wiederum wissen, daß *Kim tschi* scharf ist, sie haben es nur nicht probiert. Probieren sie es eines Tages, so erkennen sie, was wahrhaft scharf bedeutet. Sie haben jetzt ‚scharf' erreicht. Scharf verstehen ist nicht dasselbe wie scharf erreichen. Viele junge Amerikaner verstehen, was es heißt, *einen* Geist zu haben. Das ist aber kein wahres Verstehen, das ist nur Denken. Leerheit verstehen und Leerheit erreichen ist ebenfalls ein Unterschied. Hast du einmal die Leerheit erreicht, so hast du sie für immer erreicht. Das vergißt du nicht mehr. Du sagst, du verstehst die Leerheit, also was ist Leerheit?"

„Das ist Leerheit."

„*Du* sagst es ist Leerheit, *ich* sage, es ist keine Leerheit. Du hast Hände, Stimme und Körper. In der Leerheit gibt es weder Hände noch Stimme noch Körper. Was ist die wahre Leerheit? Das ist ganz wichtig. In der wahren Leerheit gibt es keine Worte, öffnest du deinen Mund, so liegst du schon falsch. Also ... welche Farbe hat die Tür?"

Der Schüler schwieg.

„Welche Farbe ist das?"

„Du hast doch Augen."

Dae Soen Sa Nim entgegnete: „Augen? Das sind keine Augen, das sind Höhlen in meinem Gesicht." (Gelächter) „Ich frage dich nochmals – welche Farbe hat die Tür?"

Der Schüler schwieg.

Dae Soen Sa Nim sagte. „Sie ist braun."

„Hätte ich braun gesagt, so hättest du entgegnet, ich hielte an der Farbe fest!"

„Braun ist einfach nur braun." Dae Soen Sa Nim zeigte auf ein Glas Wasser: „Was ist das?"

„Wasser."

Dae Soen Sa Nim rief: „Natürlich! Wasser ist Wasser. Das ist ohne Denken. Als du ‚Wasser' sagtest, genau *der* Geist ist es. Dieser Geist ist ganz wichtig, er ist wie ein klarer Spiegel. Rot erscheint, und der Spiegel zeigt Rot. Gelb erscheint, und der Spiegel zeigt Gelb. Wasser erscheint, und der Spiegel zeigt das Wasser. Erscheint eine Tür, zeigt er eine Tür. Ohne Denken ist dein Geist genau wie ein Spiegel. Er ist nur einfach so. Wahre Leerheit bedeutet klarer Geist. Der ursprüngliche klare Geist kennt weder Name noch Form. Nichts entsteht oder vergeht. Alles ist genauso, wie es ist. Denkst du, so befindest du dich in einem Traum. Schneide all dein Denken ab und wach auf."

50. Die wahre Zen-Übung

Lieber Soen Sa Nim, 15. Dezember 1974

Maezumi Roshi bat mich, Dir zu schreiben und Dich zu fragen, ob es okay ist, wenn ich mit ihm Zen übe.

Ich war mit Susan zusammen auf einem dreitägigen *Sesshin* bei ihm. Er ist ein sehr bewußter Mann, voll bis zum Rand und leer wie der Himmel. Er benutzt übrigens Deine *Kong-Ans*. Mein Sitzen ist intensiver geworden. Bis bald

Byon Mon

Alles durchdringend
bleierne Atmung
ausdauerndes Sitzen
Kinder spielen
Wind weht
was noch
ahh . . .
Knie kaputt

Lieber Byon Mon, 20. Dezember 1974

danke für Deinen Brief. Es ist sehr gut, daß Du mit Maezumi Roshi übst. Ich mag ihn auch.

Bleibst Du weiterhin bei ihm, darfst Du nur nicht von seinen Worten abhängig werden und nicht an der Meditation im Sitzen festhalten. Wahres Sitzen bedeutet, alles Denken abzuschneiden und den Geist unbeweglich zu halten. Wahres Zen bedeutet, klar zu werden. Wunderbare Worte und intensives Sitzen, beides ist sehr wichtig, aber sich daran zu klammern, kann sehr gefährlich werden. Es macht Dich unfähig, die wahre Zen-Übung zu verstehen.

Einst besuchte Zen-Meister To An einen anderen Tempel. Er verzichtete auf die Kleidung eines Zen-Meisters und trug die einfache Robe eines Wandermönches. Er kam mit einem Mönch des Tempels ins Gespräch, der nicht erkannte, daß er einen Zen-Meister vor sich hatte. Schon bald redete der Mönch über seinen Meister: „Er verbeugt sich tausendmal am

Tag, ißt nur einmal täglich eine Mahlzeit, hat seit dreißig Jahren den Tempel nicht verlassen und sitzt nur. Er ist der größte Meister von ganz China."

To An entgegnete: „Gut, gut, das scheint ein außergewöhnlicher Mann zu sein. Ich kann nichts von all dem. Ich kann mich keine tausendmal am Tag verbeugen, und trotzdem ist mein Geist niemals faul. Ich kann nicht mit einer Mahlzeit am Tag auskommen, aber ich esse nie, um meine Wünsche zu befriedigen. Ich kann mich in keinem Tempel lange aufhalten, aber wohin ich auch gehe, ich habe keine Hindernissen. Ich kann nicht sehr lange auf dem Kissen sitzen, aber ich lasse niemals Denken aufkommen."

Der Mönch sagte: „Ich verstehe das nicht."

To An erwiderte: „Geh zu deinem Meister, und laß es dir erklären." Der Mönch verbeugte sich und verschwand im Tempel. Kurz darauf kam der Zen-Meister herausgerannt und warf sich dreimal vor To An nieder: „Du bist ein großer Zen-Meister, ich möchte bitte dein Schüler werden. Bisher gab es für mich nur hartes Training, aber seit ich deine wunderbaren Worte gehört habe, ist mein Geist klar."

To An lachte: „Nein, nein, ich kann nicht dein Lehrer werden, da du bereits ein großer Zen-Meister bist. Alles was du tun mußt, ist den Geist bewahren, den du gerade während des Niederwerfens hattest. Du bist jetzt ein freier Mann. Früher hast du nur für dich gegessen und gesessen und dich verbeugt. Nun tust du es für alle Wesen."

Bei diesen Worten fing der Zen-Meister vor Freude zu weinen an, verbeugte sich vor To An und sagte ganz schlicht: „Danke."

Du schreibst in Deinem Brief, Maezumi Roshi sei „voll bis zum Rand und leer wie der Himmel", was bedeutet das? Verstehst Du die wahre Leerheit, so verstehst Du auch diese Worte. Verstehst Du diese Worte, dann hast Du bereits Erleuchtung erlangt. Hast Du aber noch nicht Erleuchtung erlangt, kannst Du diese Worte nicht verstehen.

Dein Gedicht ist sehr lieb gemeint, aber ich mag keine Worte. Schicke mir bitte ein Gedicht, das vor den Worten liegt.

Hochachtungsvoll Dein

S.S.

51. Samadhi gegen Satori

Eines Abends, nach dem Dharma-Vortrag im Zen-Zentrum in Cambridge, fragte ein Zen-Schüler Dae Soen Sa Nim: „Ich glaube, *Samadhi* ist ein Stadium, das nur nach einer langen Zeit der Übung zu erreichen ist, während *Satori* eine momentane Erleuchtung ist. Wie unterscheiden sie sich?"

Dae Soen Sa Nim antwortete: „Im Denken sind *Samadhi* und Erleuchtung verschieden. Schneidest du dein Denken ab, dann sind sie dasselbe. Werden sie erklärt, dann sind sie verschieden. *Samadhi* ist Ein-Geist. Erleuchtung ist nur einfach so. Ein-Geist und einfach so – sind zwar verschieden, aber letztendlich sind sie ein und dasselbe. In der Mantra-Praxis z.B. übst du nur das Mantra. *Om mani padme hum*, *Om mani padme hum*. Alles Denken ist abgeschnitten. Sehe ich, gibt es nur das Mantra, höre ich, gibt es nur das Mantra. Das ist *Samadhi*. Fragt mich jemand, welche Farbe die Wand hat, so antworte ich, ‚*Om mani padme hum*'. Fragt mich jemand, ‚was ist das?' (er hält seine Hand hoch), so antworte ich, ‚*Om mani padme hum*'. Erleuchtung hingegen ist: ‚Welche Farbe hat die Wand?' ‚Weiß' ‚Was ist das?' ‚Eine Hand'. Somit ist *Samadhi* Ein-Geist, ein unbeweglicher Geist."

„Dann ist es doch dasselbe wie *Satori*?"

„Es ist nicht dasselbe. Natürlich ist es dasselbe – und nicht dasselbe."

„Ich verstehe."

„Dann frage ich dich: Zu Buddhas Zeiten saß einmal eine Frau im *Samadhi* – in einem so tiefen *Samadhi*, aus dem sie nicht mehr aufwachte. Sie saß, als ob sie tot sei. Der Bodhisattva Manjushri, ein Bodhisattva der zehnten, also der höchsten Klasse überhaupt, versuchte sie zu wecken, aber vergebens. Schließlich kam ein Bodhisattva der ersten Klasse, der ging dreimal um sie herum und schlug sie auf den Rücken, und sie erwachte sofort. Warum konnte dieser große Bodhisattva sie nicht aus ihrem *Samadhi* bringen, während der andere es konnte? Wenn du das verstehst, dann verstehst du auch die wahre Bedeutung von *Samadhi* und Erleuchtung. Verstehst du das?"

Der Schüler schwieg.

Dae Soen Sa Nim sagte: „Das mußt du verstehen. Es gibt noch einen *Kong-An* mit derselben Bedeutung. Ein bedeutender Lehrer sagte, ‚töte ich meine Eltern, so kann ich es Buddha beichten, töte ich aber alle Buddhas und bedeutenden Lehrern wem kann ich dann beichten?'"

„Mir selbst?"

Eine Schülerin rief aus dem Hintergrund: „Geh und trink Tee!"

Dae Soen Sa Nim fragte: „Wer hat das gesagt?"

Die Schülerin hob die Hand.

Dae Soen Sa Nim freute sich: „Oh, sehr gut! Wunderbar! Diese zwei *Kong-Ans* sind in Wirklichkeit nur ein *Kong-An*. Wenn du das verstehst, verstehst du *Samadhi* und Erleuchtung.

52. Lin-Chis Katz

Wurde Zen-Meister Dok Sahn eine Frage gestellt, so antwortete er immer mit Schlagen. Zen-Meister Ku-ji antwortete nur, indem er einen Finger hob. Zen-Meister Lin-chi schrie immer nur, „KATZ!!!" Und auf diese Weise wurden Dok Sahns Stock, Ku-jis Finger und Lin-chis KATZ berühmt.

Lin-chi rief stets KATZ!!! Manchmal schnitt dieses KATZ!!! alles Denken ab, manchmal prüfte es den Fortschritt des Zen-Schülers, manchmal öffnete es den Geist.

Einmal fragte jemand Lin-chi: „Was ist Buddhismus?"

Lin-chi schrie: „KATZ!!!" Der Fragende verbeugte sich und ging.

Ein andermal kam jemand und verbeugte sich. Sobald er sich wieder aufgerichtet hatte, rief er: „KATZ!!!" Lin-chi erwiderte nichts, aber als der Schüler sich umdrehte, um zu gehen, schrie Lin-chi: „KATZ!!!"

Bei einem anderen schrie Lin-chi: „KATZ!!!", während dieser sich verbeugte. Der Schüler hob den Kopf, sah Lin-chi an und schrie ebenfalls: „KATZ!!!" Ganz schnell schrie Lin-chi: „KATZ!!!" und ging weg.

Ein anderer fragte Lin-chi: „Was machst du gerade?"

Lin-chi schrie: „KATZ!!!"

Das sind die vier Arten, wie Lin-chi sein KATZ!!! einsetzte. Er benutzte es häufig und öffnete damit vielen Schülern den Geist.

Einmal fragte ihn einer: „Was ist Zen?" Lin-chi hielt seine Pferdehaarpeitsche hoch. Der Fragende rief: „KATZ!!!" Lin-chi schlug ihn.

Da fragte er nochmals: „Was ist Zen?"

Lin-chi hob wieder die Peitsche hoch.

Der Fragende rief erneut: „KATZ!!!"
Sofort schrie auch Lin-chi: „KATZ!!!"
Daraufhin war der Schüler verwirrt und wußte nichts mehr zu sagen. Lin-chi schlug ihn.
Einmal waren viele Leute im Zen-Raum versammelt. Lin-chi saß auf dem Podium und sagte: „In einer rosafarbenen Wand aus Fleisch lebt der Höchste Meister. Den ganzen Tag geht er durch die sechs Türen ein und aus. Versteht ihr das?"
Ein Mönch stand auf und fragte: „Was ist der Höchste Meister?"
Lin-chi stand auf, stürzte die Treppen vom Podium herunter, schnappte sich den Mönch und schrie: „Sag's mir! Sag's mir!"
Der Mönch zögerte. Lin-chi schleudert ihn zur Seite und sagte: „Dieser Höchste Meister ist ein Haufen Scheiße."

53. Nirvana und Anuttara Samyak Sambodhi

Eines Morgens kam ein Schüler in den Interview Raum im Zen-Zentrum in Providence und verbeugte sich vor Dae Soen Sa Nim.
Dae Soen Sa Nim fragte ihn: „Was ist das Nirvana?"
Der Schüler schlug auf den Boden.
„Das Herz-Sutra spricht zuerst vom Nirvana und dann vom Anuttara Samyak Sambodhi. Was bedeutet das?"
Der Schüler schlug wieder auf den Boden.
„Dann sind also beide gleich?"
Wieder schlug der Schüler auf den Boden.
„Du schlägst nur auf den Boden. Du klammerst dich an diese Antwort. Gib mir eine andere."
Der Schüler schlug wieder auf den Boden.
„Du unterscheidest nicht zwischen Rot und Weiß. Du hast zwar Augen, aber Du bist blind. Ein zweites Vergehen ist unzulässig."
Nachdem der Schüler sich verbeugt hatte, kam ein anderer Schüler herein. Dae Soen Sa Nim fragte: „Was ist Nirvana?"
Der Schüler schlug auf den Boden.
„Was ist Anuttara Samyak Sambodhi?"
„Wenn die Sonne aufgeht, erstrahlt die ganze Welt."
„So sind die beiden also verschieden?"

Der Schüler schlug auf den Boden.
„Ist das die Wahrheit?"
„Nein."
„Also, was ist die Wahrheit?"
„Das Sonnenlicht fällt auf den Boden, und die Katze schläft."
Dae Soen Sa Nim sagte: „Ich werde dich in fünfhundert Jahren wiedersehen."
Der Schüler verbeugte sich und ging.

54. Zen und die Künste

Einmal kam ein Schüler ins Zen-Zentrum in Providence zum Tee und fragte Dae Soen Sa Nim, wie Zen und die Künste miteinander in Beziehung stehen.

Dae Soen Sa Nim sagte: „Zen bedeutet, Leben und Tod zu verstehen. Warum lebst du?"

„Ich weiß nicht."

„Warum mußt du sterben?"

Der Schüler zuckte mit den Schultern.

Dae Soen Sa Nim erklärte: „Die Menschen leben und sterben auf dieser Erde, ohne zu verstehen, was Leben und Tod ist. Als du geboren wurdest, da wurdest du nur geboren. Als du aus dem Bauch deiner Mutter gekommen bist, sagtest du nicht, ‚jetzt komme ich in die Welt. Hilf mir.' Du bist einfach nur gekommen, ohne es zu wollen und ohne zu wissen warum. Mit dem Tod ist es ebenso. Wenn du stirbst, stirbst du nur. Du hast keine freie Wahl.

Zen ist die Große Arbeit an Leben und Tod. Descartes sagte, ‚ich denke, also bin ich.' Ich denke, also gibt es Leben und Tod, ich denke nicht, also gibt es weder Leben noch Tod. Somit erschafft unser Denken Leben und Tod. Es gibt sie, weil wir uns ihre Existenz ausdenken, und sie hören auf zu existieren, wenn wir aufhören zu denken.

Solange du denkst, ist dein Geist und mein Geist und der Geist aller Menschen verschieden. Denkst du nicht, so ist dein Geist und mein Geist und der Geist aller Menschen derselbe ..."

Der Schüler unterbrach ihn: „Sie sind weder verschieden noch dasselbe. Diese Worte kommen auch nur vom Denken."

Dae Soen Sa Nim entgegnete: „Ja. Schneidest du alles Denken ab, so befindet sich dein Geist vor dem Denken. Bewahrst du deinen Geist in dem Zustand, der vor dem Denken liegt, und ich bewahre meinen Geist vor dem Denken, so haben wir einen Geist. Okay?"

„Schneiden wir alles Denken ab, dann gibt es *keinen* Geist."

Dae Soen Sa Nim lachte: „Sehr gut. Es gibt keinen Geist, aber sein *Name* ist Ein-Geist. Vor dem Denken gibt es weder Worte noch Sprache, weder Leben noch Tod. Was ist dann dein wahres Selbst?"

Der Schüler schwieg.

„Zen bedeutet, dein wahres Selbst zu erkennen. Du mußt dich fragen, ‚was bin ich?'. Bewahre dann diese große Frage und durchtrenne damit dein Denken. Sobald du diese große Frage verstehst, verstehst du auch dein wahres Selbst.

Sokrates pflegte durch Athen zu gehen und all seinen Schülern zu sagen, ‚ihr müßt euch selbst erkennen'. Einmal fragte ihn einer, ‚kennst *du* dich denn selbst?'. Sokrates antwortete, ‚ich weiß nicht, aber ich verstehe dieses Nicht-Wissen.' Zen ist genauso. Es ist Nicht-Wissen, Nicht-Denken. ‚Was bin ich?' das ist dein wahres Selbst.

Verstehst du dein wahres Selbst, so ist es sehr einfach zu malen, Gedichte zu schreiben, eine Kalligraphie, eine Teezeremonie oder Karate zu machen. Du malst und schreibst mühelos. Warum? Ob du schreibst oder malst oder irgendetwas tust, du gehst vollkommen auf in deinem Tun. Du malst *nur*, du schreibst *nur*. Es schiebt sich kein Denken zwischen dich und dein Tun. Du handelst nur, ohne zu denken. Das ist Freiheit.

Denkst du, so wandert dein Geist umher und weg von dem, was du gerade tust, der Fluß deines Malens oder Schreibens wird blockiert; deine Teezeremonie wird steif und schwerfällig. Ohne Denken bist du eins mit jeder deiner Handlung. Du bist der Tee, den du trinkst, du bist der Pinsel, mit dem du malst. Nicht-Denken liegt vor dem Denken. Du bist das ganze Universum, und das ganze Universum ist du. Das ist der Zen-Geist, der absolute Geist. Er ist jenseits von Raum und Zeit, jenseits der Gegensätze: Ich und andere, gut und böse, Leben und Tod. Die Wahrheit ist einfach genau so. Malt ein Zen-Übender, so ist das ganze Universum in der Spitze seines Pinsels anwesend.

In Japan lebte einst ein großer Poet namens Basho; er war ein sehr aufgeweckter junger Mann, und ein ernsthafter Buddhist, der viele Sutren studiert hatte. Er dachte, er verstehe jetzt genug vom Buddhismus und unternahm eines Tages eine Reise zu Zen-Meister Takuan. Sie unterhielten sich lange Zeit. Auf jede Frage des Zen-Meisters, antwortete Basho ausführlich aus den tiefgründigsten und schwierigsten Sutren. Schließlich sagte ihm der Meister, ‚du bist ein sehr großer Buddhist und ohne

Zweifel ein großer Mann, du verstehst alles. Während unseres ganzen Gesprächs hast du allerdings nur Worte von Buddha und bedeutenden Lehrern zitiert. Ich möchte aber nicht die Worte anderer aus deinem Mund hören. Ich möchte deine eigenen Worte hören, Worte von deinem wahren Selbst. Schnell, sofort – sag mir einen Satz von dir.'

Basho war sprachlos. Sein Geist arbeitete mit Höchstgeschwindigkeit. ‚Was kann ich sagen? Meine eigenen Worte – welche können das sein?' Eine Minute verstrich, dann zwei und schließlich zehn. Nun sagte der Meister, ‚ich dachte du verstehst den Buddhismus, warum kannst du mir nicht antworten?' Bashos Gesicht wurde rot, sein Geist stockte total, er war weder nach links noch nach rechts, weder vorwärts noch rückwärts zu bewegen. Er stand vor einer undurchdringlichen Wand. Schließlich gab es nur noch grenzenlose Leerheit.

Plötzlich durchschnitt ein Geräusch aus dem Klostergarten die Stille. Basho wandte sich zum Meister,

‚Stiller Weiher –
ein Frosch springt hinein –
Platsch.'

Der Meister lachte laut auf, ‚na also! *das* sind die Worte deines wahren Selbst'. Basho lachte auch. Er hatte Erleuchtung erlangt.

Später ging Basho nach Matsushima, einem der schönsten Plätze Japans. Dort fand ein Wettbewerb der Poeten statt. Alle Poeten des Landes waren anwesend, und jeder schrieb Lobeshymnen über die Lieblichkeit dieses Landstrichs und den schneebedeckten, majestätischen Gipfel des Fudschi Berges. Die schillernde, spiegelnde Oberfläche des Sees, die Segelboote, die wie weiße Vögel übers Wasser glitten, usw., usw. Basho schrieb nur drei Zeilen:

Matsushima –
ah Matsushima,
Matsushima!

Sein Gedicht hat den Wettbewerb gewonnen.

Es ist ein wahres Zen-Gedicht, frei von poetischer Sprache oder Bildern. Es ist frei vom Denken. Ich bin Matsushima, Matsushima ist ich.

Im Zen gibt es weder ein Innen noch ein Außen. Es gibt nur den einen Geist, und der ist einfach genau so. Das ist die Lebendigkeit aller Künste, und es ist der Inhalt des Zen.

55. Plastikblumen, Plastikgeist

An einem Sonntag, während Dae Soen Sa Nim im Internationalen Zen-Zentrum in New York war, gab es eine große Zeremonie. Viele koreanische Frauen kamen mit Einkaufstaschen voller Eßwaren und Geschenke. Eine Frau brachte einen riesigen Plastikblumenstrauß, den sie strahlend einem amerikanischen Schüler von Dae Soen Sa Nim überreichte. Er versteckte die Plastikblumen so schnell er konnte unter einem Berg Mäntel. Aber bald darauf hatte eine andere Frau sie endeckt, stellte sie in eine Vase und brachte sie mit großer Freude in den Dharma-Raum auf den Altar.

Der Schüler ging aufgebracht zu Dae Soen Sa Nim: „Die Plastikblumen sind entsetzlich, kann ich sie vom Altar herunternehmen und wegtun?"

Dae Soen Sa Nim antwortete: „Dein Geist ist es, der aus Plastik ist. Das ganze Universum ist aus Plastik."

„Was meinst du damit?"

„Buddha sagte, ‚ist ein Geist rein, so ist das ganze Universum rein. Ist ein Geist verdorben, so ist das ganze Universum verdorben.' Täglich treffen wir Menschen, die unglücklich sind; ihr Geist ist traurig, somit ist alles, was sie sehen, hören, riechen, schmecken und fühlen, auch traurig. Das ganze Universum ist traurig. Ist der Geist glücklich, ist das ganze Universum glücklich. Wünschst du dir etwas, so hältst du daran fest; lehnst du etwas ab, hältst du genauso daran fest. Dieses Festhalten bedeutet in jedem Fall ein Hindernis in deinem Geist. Deshalb ist ‚ich mag kein Plastik' gleich ‚ich mag Plastik,' – es ist in jedem Fall ein Festhalten. Du magst keine Plastikblumen, dadurch ist dein Geist zu Plastik geworden und das ganze Universum auch. Laß alles los, dann wirst du frei sein von allen Hindernissen. Es kümmert dich nicht mehr, ob die Blumen echt oder aus Plastik sind, ob sie sich auf dem Altar oder im Mülleimer befinden. Das ist die wahre Freiheit. Eine Plastikblume ist nichts weiter als eine Plastikblume. Eine echte Blume ist einfach nur eine echte Blume. Du sollst weder an Namen noch an Formen festhalten."

„Aber wir versuchen doch hier ein wunderschönes Zen-Zentrum für alle Menschen zu machen, wie kann mich das dann kalt lassen? Diese Blumen sprengen den ganzen Raum."

Dae Soen Sa Nim erwiderte: „Gibt dem Buddha jemand echte Blumen, dann freut er sich. Liebt jemand Plastikblumen und gibt sie dem Buddha, dann freut er sich auch. Buddha hält weder an Namen noch an Form fest, es kümmert ihn nicht, ob die Blumen echt sind oder aus Plastik, er kümmert sich nur um den Geist der Menschen. Diese Frauen, die Plastikblumen darbringen, haben einen sehr klaren Geist, und ihre Handlung ist eine Bodhisattva Handlung. Dein Geist lehnt Plastikblumen ab, somit hast du bereits das Universum in gut und schlecht, schön und häßlich unterteilt. Deine Handlung ist also keine Bodhisattva Handlung. Bewahre nur Buddhas Geist, dann wirst du frei sein und ohne Hindernisse. Echte Blumen sind gut, Plastikblumen sind gut. Ein solcher Geist ist wie das große Meer in das alles Wasser hineinfließt – der Hudson River, der Charles River, der Gelbe Fluß, chinesisches Wasser, amerikanisches Wasser, sauberes Wasser, schmutziges Wasser, Salzwasser, klares Wasser. Das Meer sagt nicht, ‚du führst schmutziges Wasser, du darfst nicht in mich hineinfließen'. Er akzeptiert jedes Wasser und mischt sie alle, und alles wird zum Meer. Bewahre nur Buddhas Geist, und dein Geist wird wie das große Meer. Das ist das große Meer der Erleuchtung."

Der Schüler verbeugte sich tief.

56. Die wahre Leerheit

Eines Abends, nach dem Dharma-Vortrag im Zen-Zentrum in Providence, fragte ein Schüler Dae Soen Sa Nim: „Was ist die wahre Leerheit?"

Dae Soen Sa Nim antwortete: „Fragst du, weil du es nicht weißt?"

„Ich weiß nicht."

Dae Soen Sa Nim schlug ihn.

„Ich verstehe nicht, warum du mich schlägst."

Dae Soen Sa Nim antwortete: „Die Felsen im Strom und die Ziegel auf dem Dach verstehen die wahre Leerheit. Aber du hast sie immer noch nicht verstanden."

Der Schüler fragte: „Was meinst du damit?"

Dae Soen Sa Nim sagte: „Laß alles los!"

57. Du musst aufwachen!

An einem Dienstag, nach dem Dharma-Vortrag im Zen-Zentrum in Cambridge, sagte eine Schülerin zu Dae Soen Sa Nim: „Als wir letzten Sonntag nach Providence fuhren, bist du im Auto eingeschlafen. Wohin bist du da gegangen?"

Dae Soen Sa Nim sagte: „Ich werde dich dreißigmal schlagen."

„Oh, vielen Dank."

„Diese Frage ist nicht schwer. Denkst du, so kannst du sie nicht verstehen. Schneidest du alles Denken ab, dann verstehst du sie. Deshalb schlage ich dich dreißigmal. Wo ist ‚wohingegangen' jetzt? Nirgends. Sag's mir."

„Ich wollte eigentlich wissen, ob du geträumt hast. Willst du damit sagen, du hast nicht geträumt?"

„Träumst du denn?"

„Ja."

„Träumst du jetzt auch?"

„Nein."

„Nein?!" (Gelächter)

„Nein."

„Du bist wach?"

„Jetzt atme ich nur."

„Du atmest in einem Traum."

„Nein."

„Nein? Dann sage mir einen einzigen wachen Satz."

„Der Bambusvorhang hinter dir ist gelb."

„Nein, er ist dunkel."

„Das ist nur, weil er hinter dir hängt. Drehe dich um, und du wirst sehen – er ist gelb."

„Dein Kopf ist ein Drache, aber dein Schwanz ist eine Schlange."

„Ich sagte, der Bambusvorhang ist gelb. Aber wenn du sagst, ‚das ist nicht gut', dann ..."

„Ich sagte nicht, ‚das ist nicht gut', du klebst an meinen Worten."

Die Schülerin seufzte.

Dae Soen Sa Nim erklärte: „Hüte dich davor an meinen Worten festzuhalten. Gebe ich eine falsche Antwort, dann solltest du mich schlagen und mir sagen, ‚du mußt aufwachen!' Okay?"

Die Schülerin verbeugte sich.

58. Mehr Asche auf den Buddha

Lieber Ven. Satam, 15. Dezember 1974

Verehrung den ‚Drei Juwelen' (Buddha, Dharma, Sangha).

Vielen Dank für Deinen Brief. Ich lege meine Handflächen zusammen und bitte, Du mögest Dich mehr bemühen und recht bald Erleuchtung erlangen.

Nun zu den *Kong-Ans*.

Betrachten wir zuerst den Mann mit der Zigarette: Das Problem ist, er sagt nicht, Buddha ist Asche oder Buddha ist nicht Asche. Er läßt einfach die Asche auf die Statue herunterfallen. Fragst Du ihn, wie Du in Deinem Brief schreibst, ob das vom Sein oder von der Leerheit kommt, so wird er Dich einfach schlagen, und zurückfragen: „Kommt dieser Schlag von der Leerheit oder vom Sein?" Öffnest Du den Mund, um etwas zu erwidern, so wird er Dich wieder schlagen. Was kannst Du tun?

Zwar wissen wir, Buddha-Statue ist Buddha-Statue und Asche ist Asche; trotzdem bleibt das Problem, daß Buddha sagte, der Buddha-Körper durchdringe alle Dharma-Bereiche, und alles im Universum habe Buddha-Natur. Wohin die Asche fallen lassen, wenn nicht auf den Buddha-Körper? Das ist die Krankheit dieses Menschen. Wie kannst Du diese Krankheit heilen?

Er ist außerdem überzeugt, daß Du jedesmal einen Fehler begehst, wenn Du den Mund öffnest. Die Buddha-Natur ist ohne Worte; die Wahrheit ist ohne Bestreben; der wahre Zustand ist dort, wo der Weg abgeschnitten und der Geist ausgelöscht ist. Er wird Dich also schlagen, egal was Du sagst. Was kannst Du tun?

Das zweite *Kong-An* lautet: „Die Maus ißt Katzenfutter, aber die Schüssel ist zerbrochen. Was bedeutet das?" Deine Antwort lautet: „Bist Du hungrig, so nimm ein gutes Mahl zu Dir, und mach dann eine schöne Pause." Dein Bein juckt, aber Du kratzt meines. Glaubst Du wirklich, den

Juckreiz auf diese Weise loszuwerden? Du versuchst, den Mond mit einem Stock zu schlagen. Deine Antwort ist 18.000 Meilen von der zutreffenden Antwort entfernt.

Lautete die Frage, „was ist Buddha-Natur?“ oder „was ist Geist?“ oder „was ist Dharma?“, dann wäre Deine Antwort hundertprozentig richtig. Aber meine Frage lautet: „Die Maus ißt Katzenfutter, aber die Schüssel ist zerbrochen. Was bedeutet das?“ Es gibt keine besondere Bedeutung außerhalb der Worte. Klebe also nicht an den Worten. Halte nicht an Deinem Denken fest und verfalle auch nicht der Leerheit. Verstehe einfach die klare Bedeutung dieser Worte: Maus, Katzenfutter, Schüssel, zerbrochen.

Hast Du eine Glocke vor Dir stehen, und ich frage Dich: „Was ist das?“, würdest Du dann antworten: „Bist Du hungrig, so nimm ein gutes Mahl zu Dir, und mach dann eine schöne Pause“? Diese Antwort ist nicht zutreffend. Die Glocke ist zum Läuten, die Uhr sagt die Zeit, der Füller ist zum Schreiben, das Buch ist zum Lesen. Jedes hat seine eigene Bestimmung. Handeln wir im Einklang mit dieser Bestimmung, so ist das die große Wahrheit, wie sie ist, die absolute Wahrheit jenseits von Worten. Das ist das Reich des Großen Ich. Die Frage hat also vier Teile: Maus, Katzenfutter, Schüssel und zerbrochen. Kombiniere diese vier Teile, und Du hast die klare Bedeutung, die hinter dieser Zusammensetzung liegt. Versuche bitte, diese Bedeutung zu erkennen.

Hier ist ein Gedicht für Dich:

> Der Bonbonverkäufer läutet die Glocke,
> das Kind ruft seine Mutter.
> Geld wird zum Bonbon, Bonbon zum Geld.
> Das Geld wandert in die Tasche des Verkäufers,
> das Bonbon wandert in den Kindermund
> und schmeckt süß.

Lieber Ven. Satam, was sagst Du dazu? Klettere ein Stück vorwärts zur Spitze des hundert Fuß hohen Mastes. Bemühe Dich endlich.

Hier ist ein weiteres Gedicht:

> Ich verfolgte die Spur eines Ochsen,
> der schon lange vergessen ist.
> Ich habe das Ochsengeschirr genommen,
> und hoffe, Du wirst den Ochsen reiten
> und dabei auf der Flöte ohne Löcher spielen,
> und in Deine Heimatstadt einkehren,
> wo die Blumen im Frühling blühen.

Ich hoffe aufrichtig, daß Du immer und überall „was bin ich?" bewahrst und bald Erleuchtung erlangst.

S.S.

P.S. Bitte sage Dae Haeng, er soll fleißig üben. Ich hoffe, Du kümmerst Dich um ihn. Wenn es möglich ist, so übersetze diesen Brief bitte ins Englische und sende ihn an mich zurück.

Lieber Soen Sa Nim, 4. Januar 1975

vielen Dank für Deinen Brief. Dae Haeng tippt gerade die Übersetzung und ich werde versuchen, sie morgen abzuschicken.

Nachdem ich Deine freundlichen Anweisungen gelesen hatte, ist mir folgendes zu den *Kong-Ans* eingefallen:

1. Schlägt mich der Mann und fragt: „Ist dieser Schlag leer oder wirklich?", so antworte ich: „Au ... Au ... Au." Dann werde ich ihn zurückschlagen und fragen, ob mein Schlag leer oder wirklich war. Natürlich gehe ich davon aus, daß er mich wieder schlagen wird. Das ist ja seine Krankheit. Er weiß nur, Form ist Leerheit, aber er weiß nicht, daß Leerheit Form ist. Deshalb ...

2. Meine Antwort lautet: „Die Maus ißt Katzenfutter, aber die Katzenschüssel ist zerbrochen."

Ich erwarte Deine freundlichen Anweisungen.

Nach dem Regen ist der Himmel blauer und die Sonnenstrahlen leuchten.

Danke.

Hochachtungsvoll Dein

Satam

Lieber Ven. Satam, 10. Januar 1975

Zufluchtnahme zu den ‚Drei Kostbarkeiten' –

Danke für Deinen Brief und die Übersetzung. Ich glaube, Du hast hart geübt und große Fortschritte gemacht.

Nun zu den *Kong-Ans*:

1. Hiermit beginnend, werde ich Dich dreißigmal schlagen. Das Problem liegt darin, wie Du seinen Geist unterbrechen und zurückbringen kannst in den Bereich der Realität, wie sie ist. Es ist in Ordnung, ihn zu schlagen oder ihn zu fragen, aber wenn Du die gleichen Worte benutzt wie er, wie unterscheidest Du Dich dann von ihm? Du schreibst in Deinem Brief, er verstehe, „Form ist Leerheit", aber nicht „Leerheit ist Form." Aber diese beiden Aussagen sind ein und dieselbe. Sie stehen für einen Bereich, den er bereits überschritten hat. Er glaubt, er hätte bereits den Bereich von „weder Form noch Leerheit" erreicht und ist so vollkommen davon überzeugt, daß er einfach keinem zuhört. Eine Feststellung wie:

„Leerheit ist Form“, sagt ihm gar nichts. Würdest Du, „Form ist Form, Leerheit ist Leerheit“ sagen, wäre es besser.

Du mußt das „was ist das?“ so bald wie möglich verwirklichen. Deshalb schlage ich Dich dreißigmal.

2. Du hältst noch immer an diesem *Kong-An* fest. Nachäffen ist keine zutreffende Antwort. Die wahre Bedeutung liegt nicht in den Worten, aber in dem, was die Zusammenstellung der folgenden vier Ausdrücke bedeutet: „Maus, Katzenfutter, Schüssel, zerbrochen.“ Versuche bitte, die Bedeutung hinter den Worten zu erfassen.

Während ein Mann ißt,
macht ihn ein Affe nach.
Eicheln fallen vom Baum und rollen den Hang hinab.
Eichhörnchen rennen hinterher.

Sei kein Affe und renne nicht hinter Eicheln her.

Du schreibst in Deinem Brief: „Nach dem Regen ist der Himmel blauer und die Sonnenstrahlen leuchten.“ Das ist ein sehr guter Satz, aber er enthält eine Fallgrube. Versuche bitte, diese Fallgrube zu finden.

Ich hoffe, Du setzt Deine harte Übung fort, erlangst möglichst bald Erleuchtung und rettest alle empfindungsfähigen Wesen.

Hochachtungsvoll Dein

S.S.

59. Die Geschichte Su Tung-p'os

Su Tung-p'o war einer der größten Poeten der Sung Dynastie. Er war nicht nur als Poet berühmt, sondern ebenso als Erzähler, Maler und Kalligraphienschreiber. Schon sehr jung, zeigte er im buddhistischen und konfuzianistischen Unterricht große Gelehrsamkeit. Es heißt, er hätte den vollständigen buddhistischen Kanon – insgesamt 84.000 Bände – auswendig gewußt.

Im Alter von 20 Jahren absolvierte er das höchste Examen für den Staatsdienst und wurde zum Aufsichtsbeamten über vier Provinzen ernannt. Er war der offizielle Stellvertreter des Herrschers. Seine Aufgabe war es, alle Regierungsunternehmungen in diesen Bezirken zu überprüfen. Er nutzte diese beruflichen Reisen, um viele buddhistische Klöster zu besuchen und dort zu seinem eigenen Vergnügen Mönche und Meister zu testen. „Du kennst also das Avatamsaka-Sutra, hm?“ „Ja.“ „Gut, dann sage mir, welcher Grundsatz in den letzten fünf Zeilen des Kapitels dreiundvierzig erläutert wird?“ Selbst die geschultesten Meister konnten sich nicht an alle Texte erinnern und somit seine Fragen nicht beantworten. Schließlich war er von dem, was er als Faulheit und Untauglichkeit aller Mönche bezeichnete, dermaßen angeödet, daß er das Interesse verlor, sie zu besuchen. Eines Tages jedoch wurde Su Tung-p'o berichtet, im Tempel des Jadefrühlings sei ein sehr gelehrter Zen-Meister, der mit Sicherheit fähig wäre, alle seine Fragen zu beantworten. So bestieg Su Tung-p'o sein Pferd und ritt los, um sich selbst davon zu überzeugen.

Gewöhnlich wartete man vor der Klosterpforte auf den Wächter, um angemeldet zu werden. Aber Su Tung-p'o öffnete sich selbst die Pforte, ritt hinein und begab sich direkt in die Hauptvortragshalle, setzte sich mit dem Rücken zu Buddha und wartete auf den nächsten, der vorbeikäme.

Kurz darauf kam der Zen-Meister herein. Er verbeugte sich respektvoll vor Su Tung-p'o: „Willkommen Herr, es ist eine große Ehre, einen so hohen Beamten wie euch in unserer bescheidenen Hütte begrüßen zu dürfen. Wie ist euer Name, wenn ich fragen darf?“

„Mein Name ist Ch'eng.“ (Ch'eng heißt Waage)

„Herr Waage? Was für ein merkwürdiger Name!“

„So werde ich genannt, weil ich alle bedeutenden Meister des Landes aufwiegen kann.“

In diesem Moment stieß der Meister einen ohrenbetäubenden Schrei aus. Dann sagte er mit dem Hauch eines Lächelns: „Wieviel wiegt *das*?“

Als Antwort darauf halfen ihm keine Sutren. Su Tung-p'o war sprachlos. Seine Arroganz bröckelte ab, und er verbeugte sich respektvoll vor dem Meister. Von diesem Augenblick an verschrieb er sich dem Buddhismus.

Schließlich wurde Su Tung-p'o eine andere Provinz zugeteilt. Dort lernte er Zen-Meister Fo Yin kennen. Die Beiden verstanden sich großartig, und die Leute sagten, sie seien wie Brüder. Eines Tages kam Su Tung-p'o in seiner offiziellen Amtsrobe bei ihm vorbei. Sie war aus blauer und grüner Seide, mit Goldfäden genäht und zusammengefaßt mit der großen Jadeschärpe seines Amtes. Es war eine sehr prachtvolle Robe.

Als er hereinkam, begrüßte ihn Fo Yin: „Vergeben sie mir, hoher Herr, daß ich so unangebracht in diesem ärmlichen Raum sitze. Ich fürchte, alles was ich ihnen anbieten kann, ist ein Kissen auf dem nackten Fußboden.“

„Oh, das macht nichts, ich werde mich einfach auf dich setzen.“

„Ich mache ihnen ein Angebot: Ich werde ihnen eine Frage stellen. Geben sie mir eine gute Antwort, so können sie mich als Stuhl benutzen, wenn nicht, müssen sie mir ihre Schärpe geben."

„In Ordnung."

„Im Herz-Sutra steht, ‚Form ist Leerheit, und Leerheit ist Form'. Benutzen sie mich jetzt als Stuhl, so klammern sie sich an die Form, ohne Verständnis für die zugrundeliegende Leerheit. Existiert aber alles gar nicht wirklich, auf was wollen sie sich dann setzen?"

Su Tung-p'o war überfragt.

„Sie sehen, sie klammern sich auch jetzt noch daran. Legen sie alles unterscheidende Denken ab, dann werden sie es verstehen."

Su Tung-p'o übergab seine Jadeschärpe. Von nun an übte er mit leidenschaftlichem Eifer, meditierte stets, las viele Bücher über Zen und besuchte den Meister, wann immer es ihm möglich war.

Im Tempel des Aufsteigenden Drachen lebte der berühmte Zen-Meister Chang Tsung. Su Tung-p'o suchte ihn mit folgender Bitte auf: „Bitte lehre mich das buddhistische Dharma zu verstehen und öffne meine verblendeten Augen."

Der Zen-Meister, von dem er annahm, er sei das Mitgefühl selbst, schrie ihn an: „Wie kannst du dich überhaupt unterstehen, hierher zu kommen und nach den toten Worten der Menschen zu suchen! Warum machst du nicht deine Ohren auf und hörst auf die lebenden Worte der Natur? Ich weigere mich, mit jemandem zu reden, der soviel über Zen weiß. Verschwinde!"

Su Tung-p'o wankte aus dem Raum. Was meinte der Zen-Meister? Welche Lehre war das, die die Natur lehrt und die Menschen nicht lehren können?

Völlig eingenommen von dieser Frage bestieg er sein Pferd und ritt davon. Er hatte jeglichen Orientierungssinn verloren und überließ es dem Pferd, den Weg nach Hause zu finden. Es führte ihn auf einen Pfad durch die Berge, und plötzlich kamen sie an einen Wasserfall. Das Geräusch betäubte Su Tung-p'os Ohren. Er verstand. Das war es also, was der Meister meinte! Die ganze Welt – und nicht nur diese Welt, alle vorstellbaren Welten, die entferntesten Sterne, das ganze Universum – war eins mit ihm. Er stieg vom Pferd und warf sich in Richtung des Klosters nieder.

Am Abend schrieb Su Tung-p'o folgendes Gedicht:

> Der brüllende Wasserfall
> ist des Buddhas goldener Mund.
> Die Berge in der Ferne
> sind sein reiner, strahlender Körper.
> Wie viele tausend Gedichte
> durchströmten mich diese Nacht!
> Und morgen bin ich nicht fähig,
> auch nur ein Wort zu wiederholen.

60. Was die Natur dir sagt

An einem Sonntag abend im Zen-Zentrum in Providence erzählte Dae Soen Sa Nim die Geschichte von Sung Tung-p'os Erleuchtung. Anschließend fragte er seine Schüler:

„Was lernen wir aus dieser Geschichte? Daß Zen uns lehrt, alle unterscheidenden Gedanken abzuschneiden und zu erkennen – die Wahrheit des Universums ist letztendlich unser eigenes wahres Selbst. Alle von euch sollten darüber tief meditieren. Was ist das, das wir das Selbst nennen? Versteht ihr erst, was es ist, so werdet ihr zurückkehren zu einer selbstverständlichen Einheit mit der Natur. Ihr werdet erkennen, die Natur ist ihr, und ihr seid die Natur. Die Natur ist Buddha, der uns in jedem Augenblick durch sie predigt. Ich hoffe, ihr alle seid fähig zu hören, was die Natur euch zu sagen hat."

Einer der Schüler deutete auf einen Stein im Dharma-Raum: „Was sagt dir dieser Stein jetzt?"

Dae Soen Sa Nim antwortete: „Warum denkst du, er sagt etwas?"

„Weil ich etwas hören kann, aber ich kann nicht sicher sagen, was es ist."

„Warum fragst du nicht einfach den Stein?"

„Das habe ich bereits getan, aber ich verstehe seine Sprache nicht."

„Das liegt daran, daß dein Geist genauso ist wie dieser Stein." (Gelächter der Zuhörer)

Nun folgte eine Minute Stille.

Dae Soen Sa Nim sagte: „Gibt es noch irgendwelche Fragen?"

Weitere Stille.

Dann fragte ein Schüler: „Kannst du antworten, wenn gar keine Fragen kommen?"

„Kommen keine weiteren Fragen mehr, so seid ihr alle Buddhas, und es ist unnötig, Buddhas zu belehren."

Ein anderer Schüler sagte: „Aber wir wissen nicht, daß wir Buddhas sind."

„Das ist wahr, ihr wißt es nicht. Fische schwimmen im Wasser, sie wissen aber nicht, daß sie im Wasser sind. Jeden Augenblick atmest du die Luft ein, aber du tust es unbewußt. Du würdest dir dann der Luft bewußt, wenn keine mehr da wäre. Auf die gleiche Weise hören wir dauernd Autogeräusche, Wasser fließen, Regen prasseln. Diese Klänge sind Predigten, sie sind Buddhas Stimme, die uns predigt. Wir hören viele Predigten, den ganzen Tag über, aber wir sind ihnen gegenüber taub. Wären wir wahrhaft lebendig, dann würden wir doch sagen – wann immer wir hören, riechen, schmecken, sehen, fühlen – ‚ah, das ist eine gute Predigt'. Wir würden erkennen, daß es keine Schrift gibt, die so perfekt lehrt, wie es die Erfahrungen mit der Natur tut."

Ein Schüler fragte: „Warum erkennen einige etwas und andere wieder nicht?"

Dae Soen Sa Nim antwortete: „In der Vergangenheit habt ihr die Saat ausgesät, nun folgt daraus die Begegnung mit dem Buddhismus. Nicht nur das – einige kommen nur einmal hierher, andere bleiben und üben sehr ernsthaft. Übst du sehr ernsthaft Zen, so verminderst du dein Karma, das dich in Unwissenheit gefangenhält. Im Japanischen bedeutet ‚ernsthaft': ‚Das Herz erwärmen'. Erwärmst du dein Herz, so wird dein Karma, das wie ein Eisblock ist, so lange geschmolzen, bis es flüssig ist. Heizt du es noch weiter auf, so verdampft diese Flüssigkeit in die Atmosphäre. Die Übenden schmelzen schließlich ihre Hindernisse und Begierden weg. Warum üben einige? Weil es ihr Karma ist zu üben, genauso wie es das Karma anderer ist, nicht zu üben. Die unterscheidenden Gedanken der Menschen bauen eine große Gedankenmasse im Geist auf, und das ist es dann, was wir fälschlicherweise als unser wahres Selbst ansehen. In Wirklichkeit ist das eine geistige Konstruktion, die auf Unwissenheit gegründet ist. Der Zweck der Zen-Meditation ist es, diese Gedankenmasse aufzulösen. Zuletzt bleibt das wahre Selbst übrig. Dann kommst du in die Welt ohne ein Selbst. Hältst du dich auch hier nicht auf, denkst nicht über dieses Reich nach oder klammerst dich daran, so wirst du deine Übung fortsetzen, bis du eins mit dem Absoluten bist."

Der erste Schüler wollte jetzt wissen: „Was meinst du mit dem Absoluten?"

„Woher kommt diese Frage?"

Der Schüler schwieg.

Dae Soen Sa Nim sagte: „*Das* ist das Absolute."

„Ich verstehe das nicht."

„Egal wieviel ich darüber reden werde, du wirst es nicht verstehen. Das Absolute ist genau das, was du nicht verstehen *kannst*. Könntest du es verstehen, dann wäre es nicht das Absolute."

„Warum sprichst du dann darüber?"

„Ich rede darüber, damit ihr Fragen stellt. Auf diese Weise lehre ich, und ihr lernt."

61. Es

Lieber Soen Sa Nim, 18. Mai 1975

Heute ist der vierte Tag meines Retreats. Als ich gestern Deinen Brief bekam, ging es mir gerade nicht gut. Es ist sehr schwer, ohne die täglichen Belehrungen soviel zu sitzen. Ich erkenne jetzt erst, was sie für mich bedeuten. Sie halten mich aufrecht.

Es ist alleine viel anstrengender, weil mein Großes Ich mir die Richtung geben und ständig das kleine Ich überwinden muß. Es ist eben kein Lehrer da.

Dieser Knoten in meiner Mitte ist gleichzeitig die durchtrennende Klinge und birgt in sich seine eigene Auflösung. Geht der Knoten auf, so fließt mein Atem wie die Wellen. Dann gibt es keinen Knoten mehr, keine Klinge, nichts mehr zu entknoten oder zu beenden.

Meine einzige Frage ist – was bin ich? Alles was ich tun kann, ist weiter sitzen.

Nun eine Frage: Wenn ich es nie hatte, wie kann ich es verlieren?

Carol

P.S. Ich ging gestern am Meer spazieren, und mir wurde klar, warum Du mich Hae Mi – Reinheit des Meeres – genannt hast. Ich mache mir Gedanken über etwas, das noch gar nicht da ist.

Also muß ich es finden.

9.30 Uhr am 7. Tag

Ich schlage ein Ei
am Schüsselrand auf
ich stelle fest
die Schüssel hat keinen Rand
das Ei hat keine Schale
keine Schüssel
kein Ei

Nur Liebe

Hae Mi

22. Mai 1975

Keine Wand, keine Pflanze, keine Luft, kein Himmel
sich an die Form klammern
sich an die Leerheit klammern
das bremst die Liebe.
Wir erschaffen die Erde
um uns die Liebe zu lehren
wir sind hier auf der Erde
um die Liebe zu üben.
Hae Mi

Liebe Carol, 27. Mai 1975

danke für Deine drei Briefe.

Ich war im Internationalen Zen-Zentrum in New York, deshalb bekam ich Deine Briefe erst heute, als ich nach Providence zurückkehrte. Entschuldige, daß ich erst so spät antworte.

In Deinem ersten Brief schreibst Du über „kein Lehrer". Mache Dir keine Sorgen darüber. Wie ich Dir schon gesagt habe, willst Du Dein Großes Ich finden und Erleuchtung erlangen, dann laß nur Deine Situationen, Deine Bedingungen und Deine Meinungen verschwinden. Das Große Ich ist Dein wahrer Lehrer. Eine Lehre, die nur auf Sprache beruht, ist keine gute Lehre. Wenn Du denkst, wird auch ein guter Lehrer Dir nicht helfen können. Schneidest Du aber Dein Denken ab, dann sind alle – der bellende Hund, der Wind, die Bäume, die Berge, die Blitze, das Rauschen des Wassers – Deine Lehrer. Du mußt den vollkommenen Weiß-Nicht-Geist behalten. Das ist dringend notwendig.

Du schreibst: „Dieser Knoten in meiner Mitte ist gleichzeitig die durchtrennende Klinge und birgt in sich seine eigene Auflösung. Geht der Knoten auf, so fließt mein Atem wie die Wellen. Dann gibt es keinen Knoten mehr, keine Klinge, nichts mehr zu entknoten oder zu beenden." Diese Worte sind weder gut noch schlecht, aber Du sollst Deinen Geist nicht kontrollieren. Dieser Abschnitt handelt nur von Deinen Bedingungen. Ich habe Dir bereits gesagt, Du sollst Deine Bedingungen über Bord werfen.

Behauptest Du, Du hast nichts verloren, so hast Du es bereits verloren. Willst Du es finden, so wirst Du nicht fähig sein, es zu finden.

Alle Leute benutzen es zu jeder Zeit.
Aber niemand versteht es, da es weder Namen
noch Formen hat.
Es durchbricht Vergangenheit, Gegenwart und Zukunft,
und es füllt den Raum aus.

Alles ist darin enthalten.
Es ist sichtbar in allem.
Willst Du es aber finden,
so entfernt es sich weiter und weiter,
und verlierst Du es, ist es bereits vor Dir aufgetaucht.
Es ist heller als Sonnenlicht
und dunkler als eine sternenlose Nacht.
Manchmal ist es größer als das Universum,
manchmal kleiner als eine Nadelspitze.
Es beherrscht alles;
es ist der König der zehntausend Dharmas.
Es ist mächtig und erschreckend.
Die Menschen nennen es „Geist", „Gott", „Buddha",
„Natur", „Energie".
Aber es hat keinen Anfang und kein Ende,
es ist weder Form noch Leerheit.
Willst Du es haben,
so mußt Du mit dem Schiff fahren, das keinen Rumpf hat;
Du wirst auf der Flöte spielen, die keine Löcher hat;
Du wirst das Meer von Leben und Tod durchqueren.
Dann wirst Du in der Stadt „einfach so" ankommen.
In dieser Stadt mußt Du Dein wahres Zuhause –
„einfach genau so" – finden.
Öffnest Du dann die Tür, so hast Du es.
Es ist nur „es ist".

In Deinem zweiten Brief schreibst Du, „kein Rand, keine Schale, keine Schüssel, kein Ei." Wie kann dann Liebe auftauchen? Woher kommt diese Liebe?

In Deinem dritten Brief schreibst Du, „keine Wand, keine Pflanze, keine Luft, kein Himmel". Warum schreibst Du dann, wir erschaffen die Welt? Wozu ist die Liebe notwendig? Du schreibst, „keine Wand, keine Pflanze, usw.", und dann schreibst Du, „wir sind hier ...", das ist ein Widerspruch. Laß alles los. Vergiß „keine ..., keine ..., keine ..., kein ..." und vergiß „Liebe, Liebe, Liebe", vergiß „wir sind hier. . .". Dann wirst Du die wahre Welt, das wahre Wir und die wahre Liebe verstehen.

Zuerst mußt Du es finden. Hast Du es gefunden, dann lebst Du in Freiheit und ohne Hindernisse. Manchmal nennt man es du, manchmal ich, manchmal wir, manchmal Erde, manchmal Liebe, manchmal Schlagen, manchmal Baum ohne Wurzeln und Tal ohne Echo, manchmal drei Pfund Flachs, manchmal trockene Scheiße am Stock, manchmal

„einfach so“ und manchmal „einfach genau so.“

Was ist es?

Ich sehe Dich bald

S.S.

62. Kleine Liebe und grosse Liebe

Eines Abends, nach dem Dharma-Vortrag im Zen-Zentrum in Cambridge, sagte eine Schülerin zu Dae Soen Sa Nim: „Du redest stets über das Denken. Mich interessiert, wie der Weg des Herzens mit deiner Lehre verbunden ist. Der christliche Weg sagt, ohne die Liebe ist alles, was du erreichst, wertlos.“

Dae Soen Sa Nim antwortete: „Es gibt zwei Arten von Liebe. Die erste ist die kleine Liebe, die Liebe der Wünsche, die Liebe der Gegensätze und die Liebe der Begierden. Die zweite Liebe ist die große Liebe, das ist die absolute Liebe, das ist die Freiheit. Wünschst du dir etwas und möchtest du etwas haben, so ist deine Liebe keine wahre Liebe. Deine Liebe hängt dann von vielen Bedingungen ab; verändern sich diese, dann leidest du. Nimm an, ich liebe eine Frau sehr, und sie liebt mich, ich muß fort nach Los Angeles, und bis zu meiner Rückkehr hat sie einen anderen Freund. Meine Liebe verwandelt sich in Wut und Haß. Kleine Liebe führt stets Leiden mit sich. Große Liebe kennt kein Leiden. Es ist *nur* Liebe, absolute Liebe, sie kennt weder Glück noch Leid. Das ist die Liebe des Bodhisattvas.“

„Ich hatte eher den Eindruck, Zen-Meister kümmern sich nicht besonders um Liebe.“

„Wie könnte ich ohne Liebe lehren? Lehren ist Liebe. Meine Schüler zu schlagen, das ist wahre Liebe.“

„Warum?“

„Wahre Lehre bedeutet wahre Liebe. Ein wahrer Lehrer wird manchmal ärgerlich und schlägt auch hin und wieder oder tut manchmal etwas Schlimmes. Warum? Weil er seine Schüler sehr liebt. Genauso geht es einer Mutter, die ihr Kind sehr liebt, das aber ihren guten Worten nicht zuhört. So ist es notwendig, daß die Mutter manchmal ärgerlich wird oder ihr Kind schlägt. Sie handelt so aus Liebe. Sie hat keine Wünsche für sich, alles geschieht um des Kindes willen, um ihm den wahren Weg zu zeigen. Mit großer Liebe. Ich habe keine Wünsche für mich, meine Liebe ist nur für die anderen. Liebe ich dich, aber du liebst mich nicht, ist das okay. Ich werde dir weiterhin dieselbe Liebe geben, als ob ich wiedergeliebt würde. Liebe ich Gott und bekomme ich trotzdem schlechtes Karma, ist das in Ordnung; ich werde mich nicht über Gott ärgern, sondern ihn genauso lieben wie zuvor. Das Große Ich ist die wahre Liebe. Sie ist ausschließlich für *alle* Menschen."

„Liebst du denn alle Menschen?"

„Selbstverständlich! Alle Menschen und alle Dinge. Nun gut, ich werde dir eine Geschichte erzählen. Einst war in China ein Mönch zum Betteln unterwegs gewesen, und auf seinem Rückweg zum Tempel lauerten ihm einige Räuber auf, stahlen ihm all das Geld, seine Kleider und das Essen, legten ihn auf den Rücken und banden seine Hände und Füße auf dem Boden mit geflochtenen Halmen des langen Grases fest, das dort wuchs. So lag er stundenlang nackt da. Schließlich kam der Kaiser vorbei, der mit seinem Gefolge auf dem Weg zum Tempel war. Schockiert über diesen nackten Mann, der neben der Straße lag, ging er zu ihm, um zu fragen, was passiert sei. Der Mönch berichtete, und anschließend fragte ihn der Kaiser, ‚warum bist du nicht einfach aufgestanden?'. Der Mönch antwortete, ‚bitte binde das Gras auf.' Der Kaiser wollte es mit den Wurzeln ausreißen. ‚Halt!', rief der Mönch, ‚es ist unnötig, es auszureißen, bitte binde es auf.' Nun wurde dem Kaiser bewußt, daß er einen großen Mönch vor sich hatte, der sogar das Gras auf den Feldern in seine Liebe mit einschließt. Also nahm er ihn mit zum Tempel und wurde sein Schüler.

Somit sehen wir, daß die große Liebe nichts tötet. Die meisten Christen glauben, es sei schlecht, Menschen zu töten, aber Tiere zu töten, sei in Ordnung. ‚Fischen – ach, das ist doch sehr interessant.' Sogar das Gras zu töten ist nicht gut, geschweige denn Fische oder andere Tiere oder Menschen. Doch manchmal bedeutet sogar töten große Liebe. Will jemand alle Menschen umbringen, und du tötest diesen Menschen, dann rettest du dadurch alle Menschen. Die buddhistische Liebe ist also sehr umfassend. Das mußt du verstehen."

Die Schülerin verbeugte sich tief.

63. Hat die Katze Buddha-Natur?

Eines Abends, nach dem Dharma-Vortrag deutete ein Schüler auf Katz, die Katze des Zen-Zentrums in Cambridge und sagte zu Dae Soen Sa Nim: „Du hast vorhin gesagt, diese Katze sagt nicht, daß sie eine Katze ist, sie hat den Weiß-Nicht-Geist. Ist diese Katze erleuchtet? Ist sie es, wieso lehrt dann der Buddhismus, daß nur Menschen Erleuchtung erlangen können?"

Dae Soen Sa Nim antwortete: „Was ist Erleuchtung?"

„Ich weiß nicht."

„Erleuchtung ist keine Erleuchtung. Sagt jemand, ‚ich habe Erleuchtung erreicht', dann unterliegt er einem Irrtum. Viele Schüler denken, ‚ich möchte Erleuchtung! Ich möchte Erleuchtung!'. Solange sie so denken, erreichen sie niemals Erleuchtung."

Der Schüler sagte: „Die Katze denkt aber nicht über Erleuchtung oder keine Erleuchtung nach."

„Die Katze ist einfach eine Katze. Ich frage dich: Hat die Katze Buddha-Natur? Hat sie Buddha-Natur, so kann sie Erleuchtung erlangen, hat sie keine Buddha-Natur, dann auch keine Erleuchtung."

„Hmmmm ... ich weiß nicht."

Dae Soen Sa Nim lachte: „Wunderbar, weiß nicht ist gut. Sehr gut."

64. Aus den Tiefen

Lieber Soen Sa Nim, 13. Juni 1975
entschuldige bitte, daß ich mich nicht gemeldet habe, aber es gibt nichts zu berichten. Ich habe nicht ernsthaft genug geübt, um Deine *Kong-Ans* zu beantworten. Ich fühle mich furchtbar. Mein Leben erscheint mir sinnlos. Die ganze Zeit über fühle ich unbeschreibliche Angst. Ich versuche ja, allein zu üben, aber irgendwie bin ich zu schwach, um Fortschritte zu machen. Ich habe nicht das geringste Vertrauen in meine Buddha-Natur. Eigentlich sollte ich diesen Brief gar nicht erst schreiben, denn ein Zen-Meister sollte sich nicht mit kranken Narren abgeben müssen. Meister Hearn riet mir, Kontakt mir Dir aufzunehmen während seiner Abwesenheit, da Du ein großer Zen-Meister bist. Ich fürchte, daß ich weder ein richtiger Mann bin noch ein richtiger Zen-Schüler, aber alles, was Du mir sagst, könnte mir helfen. Seit der Abwesenheit meines Meisters habe ich mit keinem anderen Meister Kontakt aufgenommen (außer mit den Briefen an Dich), denn ich glaube, man sollte nicht von einem Meister zum nächsten springen.

In mir ist kein Gedicht mehr, sondern nur Zweifel und Qualen.

Mit Gassho
Steve

Lieber Steve, 17. Juni 1975
danke für Deinen Brief. Du hast mir dieses Jahr sehr oft geschrieben, diese Briefe sind weder gut noch schlecht. Aber der Brief, den Du mir gerade geschickt hast, ist ganz wunderbar. Es ist ein wahrer Zen-Brief. Denken ist nur Denken. Leiden ist nur Leiden. Fängst Du an zu denken, „ich möchte, daß mein Geist klar wird", dann ist das nur schlechtes Denken. Leidest Du, sollst Du nur leiden. Erkenne also die wahre Bedeutung Deines Briefes. Mir erzählte er die Wahrheit. Du möchtest erleuchtet werden. Ohne Denken ist Erleuchtung nicht möglich. Denken *ist* Erleuchtung! Ein bedeutender Lehrer sagte einmal: „Der Geist wechselt ununterbrochen. Dieser wechselnde Geist selbst ist die ganze Wahrheit. Hältst Du nicht an Deinem wechselnden Geist fest, wirst Du Deine wahre

Natur erlangen und verstehen, daß es weder gut noch schlecht gibt."

Du sagst, Du fühlst Dich sehr schlecht. *Machst* Du schlecht, so ist das schlecht. Machst Du nicht schlecht, so ist auch nichts schlecht. Mache weder gut noch schlecht, dann ist alles in Ordnung. Du sagst, „ich bin weder ein richtiger Mann noch ein richtiger Zen-Schüler ...". Verstehst Du aber gut und schlecht, so sind gut und schlecht bereits verschwunden. Lies bitte das Herz-Sutra noch einmal. Das klärt Deinen Geist. Was ist gut? Was ist schlecht? Du möchtest ein guter Zen-Schüler und ein guter Mann sein. Das ist Denken. Laß es los! Laß alles los! Ist Dein Geist nicht klar, so bitte einen Baum oder den Himmel, Dir zu helfen. Der Baum oder der Himmel werden Dir dann eine gute Antwort geben.

Du kontrollierst ständig Deinen Geist, das ist sehr schlecht. Kontrolliere Deinen Geist nicht! Du sagst, Du hast kein Vertrauen in Deine Buddha-Natur. Ich habe auch kein Vertauen in meine Buddha-Natur. Und ich habe kein Vertrauen in Buddha, Gott oder sonst irgend etwas. Hast Du kein Vertrauen, so mußt Du *total* kein Vertrauen haben. Du darfst an überhaupt nichts glauben. Dann wird Dein Geist zur wahren Leerheit, aber diese Leerheit ist nur ein Name. Diese wahre Leerheit liegt vor dem Denken. Vor dem Denken ist alles einfach so. Es ist sehr gut, daß Du kein Vertrauen in Deine Buddha-Natur hast. Siehst Du aber Rot, ist es Rot; siehst Du Weiß, ist es nur Weiß. Du mußt Vertrauen und Nicht-Vertrauen loslassen. Alles ist nur, wie es ist.

Ich denke, es würde Dir gut tun, andere Zen-Meister kennenzulernen. Bist Du Dir sicher, daß Du Deinen Meister gefunden hast, kannst Du problemlos zehntausend andere Meister treffen. Es wäre auch gut für Dich, von Zeit zu Zeit andere Meditationszentren zu besuchen. Mache Dir keine Gedanken darüber, wie sie dort üben. Bist Du frei, dann kannst Du hingehen und nur für Dich üben, wenn das nötig ist. Bewahre stets Dein Großes Ich.

Hiermit sende ich Dir die Kopien einiger Briefe, die ich einem Schüler in New Haven geschrieben habe. Ich hoffe, sie sind Dir hilfreich.

Mache Dir keine Sorgen über Deine Übung, ob Du Fortschritte machst oder nicht, ob Du deprimiert bist oder nicht. Das alles ist nicht wichtig. Es ist wie die Wolken, die vor dem Mond vorbeiziehen. Klammere Dich an nichts, was in Deinem Geist auftaucht, dann erreichst Du freies Denken. Dieses unabhängige Denken ist einfach genau so.

Ich hoffe, Du wirst bald Erleuchtung erlangen und alle Wesen vom Leiden erretten.

Hochachtungsvoll

S.S.

65. Komisch

4. Februar 1974

Liebe Suzie und Louise, lieber George, Roger und Alban,

vielen Dank für Eure Postkarte. Habt Ihr alle eine schöne Zeit? Eßt Ihr viel? Übt Ihr viel?

Ihr schreibt: „Hoffentlich hast Du eine schöne Zeit." Danke für Eure Unterstützung. Wir *haben* eine schöne Zeit. Viel Essen, viel Reden, viele Besuche.

Diese Welt ist recht komisch. In der wahren Natur erscheint nichts und verschwindet auch nichts. Trotzdem behaupten die Menschen, alles habe Leben und Tod. Das ist komisch. Nichts ist rein oder unrein. Trotzdem denken die Menschen, einiges sei gut, anderes sei schlecht; einiges sei schmutzig, anderes sei sauber. Nichts vergrößert oder verkleinert sich. Trotzdem machen die Menschen Kreise und Vierecke und denken, einiges ist kurz und anderes lang. Das ist komisch. Die Menschen halten am guten und schlechten Karma fest. Sie erleben Glück und Leid, sie haben eine Vergangenheit, Gegenwart und Zukunft; ein Kommen, Gehen und Bleiben; den Osten, Westen, Süden und Norden. Das ist komisch.

Ein bedeutender Lehrer sagte einmal: „Ursprünglich ist alles leer." Dennoch wollt Ihr Erleuchtung erlangen. Das ist komisch.

Werft es weg! Werft es weg! Das ist komisch. Gibt es überhaupt etwas zu werfen?

Gate, gate, paragate, parasamgate, bodhi swaha!

Ein hungriges Kind schreit nach seiner Mutter. Ein Hund schnüffelt herum auf der Suche nach etwas Eßbarem. Während die Sonne hinter den westlichen Bergen untergeht, wächst der Schatten der Pinie länger und länger, bis er eine weit entfernte Mauer berührt.

Bis bald

S.S.

66. Die Geschichte Kyong Hos

Vor fünfundsiebzig Jahren, als Kyong Ho, der Urgroßlehrer von Dae Soen Sa Nim, ein junger Mann war, war der Buddhismus in Korea sehr zurückgegangen. Nachdem Kyong Ho Erleuchtung erlangt hatte, wurde er der Lehrer vieler großer Zen-Mönche. Heute ist er als einer der Patriarchen des koreanischen Zen bekannt.

Als er neun Jahre alt war, starb sein Vater. Da seine Mutter zu arm war, um ihn aufzuziehen, schickte sie ihn in ein Kloster, und er wurde Mönch. Mit vierzehn Jahren begann er, die Sutren zu studieren. Er war ein brillanter Schüler, der schon verstand, bevor man es ihm erklärte. In wenigen Jahren hatte er alles von den Sutren-Meistern gelernt und zog weiter in den großen Sutren-Tempel Dong Gak Sa. Er erreichte dort den höchsten Grad. Zu der Zeit war er dreiundzwanzig Jahre alt und beherrschte alle bedeutenden Sutren. Bald versammelten sich viele Mönche um ihn, und er wurde ein berühmter Sutren-Meister.

Eines Tages beschloß Kyong Ho, seinen ersten Lehrer aufzusuchen. Nach einigen Tageswanderungen kam er in ein kleines Dorf. Die Straßen waren menschenleer. Er begriff sofort, daß irgend etwas nicht stimmte und ahnte eine furchtbare Katastrophe. Er öffnete eine Haustür und erblickte fünf Leichen in verschiedenen Verwesungsstadien. Er öffnete die nächste Haustür, und hier lagen noch mehr faulende Körper herum. Als er benommen und panisch durch die Hauptstraße lief, stieß er auf ein Schild: „Vorsicht Cholera. Ist dir dein Leben etwas wert, dann verschwinde."

Dieser Satz traf Kyong Ho wie ein Hammerschlag, und sein Geist wurde klar. ‚Ich glaubte, ein großer Sutren-Meister zu sein und alle Lehren Buddhas zu verstehen. Wovor habe ich Angst? Ich weiß doch, alles ist vergänglich, Leben und Tod sind zwei Aspekte der einen Wirklichkeit. Trotzdem hänge ich sehr an meinem Körper. Leben ist also ein Hindernis, und Tod ist ein Hindernis. Was kann ich tun?'

Auf dem Heimweg dachte Kyong Ho angestrengt über diese Frage nach. Schließlich versammelte er all seine Schüler um sich und sagte: „Ihr seid alle hierhergekommen, um die Sutren zu lernen, und ich habe euch gelehrt. Aber jetzt weiß ich, das alles sind nur Buddhas Worte. Es ist nicht

Buddhas Geist. Egal wieviele Sutren ich beherrsche, so habe ich doch nicht das wahre Verständnis erlangt. Ich kann euch nicht weiter lehren. Wollt ihr eure Studien fortsetzen, so gibt es viele qualifizierte Sutren-Meister, die euch mit Freuden lehren. Ich habe aber beschlossen, mein wahres Selbst zu verstehen und werde solange nicht lehren, bis ich Erleuchtung erlangt habe."

Alle Schüler gingen fort außer einem. Kyong Ho schloß sich in seinem Zimmer ein und der Schüler brachte ihm einmal täglich zu essen, indem er den Teller vor die Tür stellte. Den ganzen Tag übte Kyong Ho Zen im Sitzen oder Liegen. Er meditierte über dem *Kong-An*, den er in einem Zen-Buch entdeckt hatte: „Zen-Meister Yong Un sagte, ‚bevor der Esel loszieht, ist das Pferd bereits angekommen'. Was bedeutet das?" „Ich bin bereits so gut wie tot", dachte er; „kann ich nicht hinter Leben und Tod kommen, so gelobe ich, diesen Raum nicht mehr zu verlassen." Jedesmal, wenn er müde wurde, nahm er eine Ahle und stach sich in den Oberschenkel.

Drei Monate vergingen, und in dieser Zeit schlief Kyong Ho nicht einen Augenblick.

Eines Tages ging sein Schüler in die nahegelegene Stadt, um Essen zu erbetteln. Überraschend traf er Herrn Lee, der ein enger Freund von Kyong Ho war. Herr Lee fragte: „Was hat denn dein Meister in der letzten Zeit gemacht?"

Der Schüler antwortete: „Er übt sehr hart, er ißt, sitzt und liegt ausschließlich."

„Wenn er nur ißt, sitzt und liegt, wird er als Kuh wiedergeboren werden."

Der junge Mönch wurde sehr ärgerlich: „Wie kannst du das sagen? Mein Lehrer ist der größte Gelehrte von ganz Korea! Ich bin sicher, er kommt in den Himmel, wenn er stirbt!"

„Das ist keine Art, mir zu antworten."

„Warum nicht? Wie hätte ich denn antworten sollen?"

„Ich hätte geantwortet, ‚wird mein Lehrer als Kuh wiedergeboren, dann ist er eine Kuh ohne Nüstern'."

„Eine Kuh ohne Nüstern? Was bedeutet das?"

„Geh und frag deinen Lehrer."

Als der Schüler zum Tempel zurückkam, klopfte er sogleich an Kyong Hos Tür und berichtete von seinem Gespräch mit Herrn Lee. Als er zu Ende war, öffnete sich zu seiner Überraschung die Tür, und Kyong Ho kam mit großen, leuchtenden Augen aus dem Raum.

Hier ist das Gedicht, das er nach seiner großen Erleuchtung geschrieben hat:

Ich hörte von der Kuh ohne Nüstern,
und plötzlich ist das ganze Universum mein Zuhause.
Der Yon Am Berg liegt flach unter der Straße.
Nach getaner Arbeit singt ein Bauer.

Gleich darauf suchte Kyong Ho Zen-Meister Man Hwa zum Interview auf. Man Hwa gab ihm die Übertragung und den Dharma-Namen Kyong Ho, der „Leerer Spiegel" bedeutet. Auf diese Weise wurde er der 75. Patriarch in seiner Tradition. Von ihm bekamen fünf große Zen-Meister die Übertragung in dieser Reihenfolge: Yong Son, Han Am, He Wol, Sa Wol und Mang Gong, der Lehrer von Ko Bong, welcher Dae Soen Sa Nims Lehrer war.

Kurz vor seinem Tod schrieb Kyong Ho folgendes Gedicht:

Das Licht vom Mond des klaren Geistes
trinkt alles in der Welt aus.
Verschwinden Geist und Licht,
was ... ist ... das ...?

Einen Augenblick nachdem er das Gedicht beendet hatte, war er tot.

67. Die Bodhisattva-Sünde

Eines Abends, nach dem Dharma-Vortrag im Zen-Zentrum in New Haven, fragte ein Zen-Schüler Dae Soen Sa Nim: „Du sagst, manchmal begehe ein Bodhisattva eine schlechte Tat. Was wäre der entsprechende Anlaß dafür?"

Dae Soen Sa Nim antwortete: „Komm her." (Einige Zuhörer kicherten)

Der Schüler kam nach vorne und kniete sich vor Dae Soen Sa Nim hin. Dae Soen Sa Nim schlug ihn. (Gelächter) Dann sagte er: „Verstehst du das?"

Der Schüler lächelte und verbeugte sich.

Dae Soen Sa Nim erklärte: „In unseren Tempelregeln heißt es, ‚du hast bereits fünf oder zehn Gelöbnisse abgelegt. Wisse, wann du sie einhalten mußt und wann du sie brechen sollst, wann sie offen und wann sie geschlossen sind.' Die Gelöbnisse sind sehr wichtig: Sie sind wie ein Zeichen, das an die rechte Richtung erinnert; ohne sie ist es sehr schwierig, den wahren Weg zu finden. Aber es ist auch wichtig, nicht an den Gelöbnissen festzuhalten. Keine Handlung ist an sich gut oder schlecht. Es kommt auf die Absicht an. Behältst du einen Bodhisattva-Geist, dann wirst du es manchmal für nötig halten, die Gelöbnisse zu brechen, um anderen zu helfen.

Stelle dir vor, du gehst z.B. durch den Wald, und ein Hase kreuzt deinen Weg und rennt nach rechts weiter. Einige Minuten später kommt ein Jäger und fragt dich, in welche Richtung der Hase gerannt ist. Erzählst du die Wahrheit, wird der Hase vermutlich getötet. Sagst du nichts, dann könnte der Jäger von selbst den richtigen Weg herausfinden. Erzählst du eine Lüge und schickst den Jäger nach links, rettest du das Leben des Hasen.

Einst reiste Zen-Meister Kyong Ho mit seinem Schüler Zen-Meister Mang Gong. Mang Gong schmerzten seine Beine sehr, und als er sich schließlich unter einem Baum ausruhte, konnte er nicht wieder aufstehen. Das war ein großes Problem, denn sie hatten vor Einbruch der Dunkelheit einen bestimmten Tempel zu erreichen und mußten noch viele Meilen gehen.

Also ließ Kyong Ho Mang Gong unter dem Baum sitzen und ging weg. Er überquerte einige Felder, bis er auf eine Gruppe von arbeitenden Bauern und Bäuerinnen stieß. Darunter war ein sechzehn- oder siebzehnjähriges Mädchen. Er ging zu ihr, nahm sie in die Arme und gab ihr einen leidenschaftlichen Kuß. Der Vater des Mädchens und die anderen sahen ihn mit großem Erstaunen an. Sie fielen aber aus allen Wolken, als sie erkannten, das Kyong Ho ein Mönch war. In heller Empörung verfolgten sie ihn über die Felder. Kyong Ho rannte direkt in Richtung des Baumes und schrie, ‚Steh auf! Renn um dein Leben!' Als Mang Gong ihn näher kommen sah und dahinter die Horde wütender Bauern, sprang er auf und raste wie von der Tarantel gestochen los. Sie erreichten den Tempel vor Einbruch der Dunkelheit."

68. Eine Dharma-Rede

Diese Rede hielt Dae Soen Sa Nim am 18. März 1974 in der Brown Universität.

(Er hält den Zen-Stock hoch und schlägt dreimal damit auf den Tisch) Im Mahaparinirvana-Sutra steht: „Alles ist unbeständig. Das ist das Gesetz von Erscheinen und Verschwinden. Verschwinden aber Erscheinen und Verschwinden, dann ist die Stille gesegnet."

Im Diamant-Sutra steht: „Alles, was erscheint, ist vergänglich. Erkennen wir jedes Erscheinen als Nicht-Erscheinen, dann werden wir die wahre Natur aller Dinge erkennen."

Im Herz-Sutra steht: „Die Form unterscheidet sich nicht von der Leerheit, die Leerheit unterscheidet sich nicht von der Form. Das, was Form ist, ist Leerheit; das, was Leerheit ist, ist Form."

Was ist Erscheinen und Verschwinden? Was ist Unbeständigkeit und Beständigkeit? Was ist Form und Leerheit? In der wahren Stille, der wahren Natur, der wahren Leerheit gibt es weder Erscheinen noch Verschwinden, weder Unbeständigkeit noch Beständigkeit, weder Form noch Leerheit. Der sechste Patriarch sagte: „In Wirklichkeit gibt es überhaupt nichts."

Das Sutra sagt: „Verschwinden aber Erscheinen und Verschwinden, dann ist die Stille gesegnet." Aber es gibt weder die Stille noch den Segen.

Im Sutra steht: „Erkennen wir jedes Erscheinen als Nicht-Erscheinen, dann werden wir die wahre Natur aller Dinge erkennen." Aber es gibt weder die wahre Natur noch irgend etwas.

Im Sutra steht: „Form ist Leerheit, Leerheit ist Form." Aber es gibt weder Leerheit noch Form.

Wenn es weder Denken noch Sprache gibt, dann gibt es bereits kein Erscheinen oder Verschwinden, keine Unbeständigkeit oder Beständigkeit, keine Form oder Leerheit. Aber zu behaupten, dieses alles existierte gar nicht, ist unzutreffend. Öffnest du den Mund, so liegst du schon falsch.

Kannst du Farben sehen, Klänge hören, Sachen berühren? Ist das Form oder ist das Leerheit? Sag's mir, sag's mir! Sagst du auch nur ein einziges Wort, so liegst du schon falsch. Sagst du nichts, so liegst du auch falsch. Was kannst du tun?

KATZ!!!

Erscheinen, Verschwinden – laß es los! Unbeständigkeit, Beständigkeit – laß es los! Form, Leerheit – laß es los!

Der Frühling kommt, und der Schnee schmilzt: Erscheinen und Verschwinden sind einfach genau so. Der Ostwind bläst die Regenwolken nach Westen: Unbeständigkeit und Beständigkeit sind einfach genau so. Schaltest du das Licht an, wird der Raum hell, die gesamte Wahrheit ist einfach genau so. Form ist Form, Leerheit ist Leerheit.

Was ist also dein wahres Gesicht?

(Er schlägt auf den Tisch) KATZ!!!

Eins zwei drei vier, vier drei zwei eins.

69. Der wahre Weg

Eines Morgens, während dem Yong Maeng Jong Jin im Zen-Zentrum in Providence, kam ein Schüler in den Interview Raum und verbeugte sich vor Dae Soen Sa Nim.

Dae Soen Sa Nim sagte: „Was ist der wahre Weg?"

Der Schüler rief: „KATZ!!!"

„Diese Antwort ist weder gut noch schlecht. Sie schneidet dein Denken ab, und somit gibt es weder Sprache, noch Buddha, noch Geist, noch Weg. Nun sag mir: Was ist der wahre Weg?"

„Der Himmel ist blau."

„Das ist zwar wahr, aber nicht der wahre Weg." Dann hielt er seinen Zen-Stock hoch, „welche Farbe hat der Stock?"

„Braun."

„Ja. Frage ich dich nach der Farbe von diesem Stock, so antwortest du nicht, ‚die Glocke ist gelb'. Obwohl das genauso wahr ist. Das hieße, dein linkes Bein kratzen, weil dein rechtes Bein juckt. Genauso verhält es sich, wenn ich dich nach dem wahren Weg frage, und du antwortest, ‚der Himmel ist blau'.

Geh und frag ein Kind nach dem wahren Weg. Ein Kind wird dir eine gute Antwort geben. Zen-Geist ist Kinder-Geist. Die Kinder haben weder Vergangenheit noch Zukunft, sie leben immer in der Wahrheit, die einfach genau so ist. Sind Kinder hungrig, dann essen sie; sind sie müde, dann schlafen sie. Kinder verstehen alles. Also frage ich dich noch einmal: Was ist der wahre Weg?"

Der Schüler stand auf und verbeugte sich.

Dae Soen Sa Nim entgegnete: „Das ist der Große Weg, der Buddha-Weg, der Weg des Tao. Es ist nicht der wahre Weg. Hörst du die Geräusche von draußen?"

„Ja."

„Woher kommen sie?"

„Von den Autos."

„Wo fahren diese Autos?"

„Dort drüben."

„Was ist der Name von dort drüben?"

Der Schüler war verwirrt und sagte nichts.

Dae Soen Sa Nim sagte: „Das ist die 95. Straße. Das ist der wahre Weg. Hoffnungsstraße, das ist der wahre Weg. Doyle Allee, das ist der wahre Weg. Der Weg ist einfach nur der Weg. Da ist nichts dahinter."

Der Schüler verbeugte sich und sagte: „Ich verstehe es, ich danke dir."

„Keine Ursache. Also was ist der wahre Weg?"

„Die 95. Straße führt von Providence nach Boston."

Nachdem der Schüler nach Cambridge zurückgekehrt war, sah er zwei Kinder – ein sechsjähriges Mädchen und einen vierjährigen Jungen – die auf der Straße vor dem Zen-Zentrum spielten. Er fragte das Mädchen: „Was ist der wahre Weg?"

Das Mädchen deutete auf die Fayerweather Straße.

Dann fragte er den Jungen: „Was ist der wahre Weg?"

Der Junge schnitt eine Grimasse, drehte sich um und ging weg.

70. Sex-Geist = Zen-Geist?

Einmal hörte ein Schüler von Dae Soen Sa Nim in der Yale Universität eine Rede von einem Zen-Meister. Als er zum Internationalen Zen-Zentrum in New York zurückkam, fragte er Dae Soen Sa Nim: „Dieser Zen-Meister vertritt eine etwas eigenartige Lehre. Er sagt, Sex-Geist ist gleich Zen-Geist, weil Mann und Frau beim Verkehr ihre eigene Persönlichkeit verlieren und eins werden. Deshalb sollte jeder heiraten, sagt er. Ist das eine korrekte Lehre?"

Dae Soen Sa Nim antwortete: „Unterscheidet sich dein Geist beim Sex von deinem Geist, während du Auto fährst?"

Der Schüler schwieg.

„Ich schlage dich dreißigmal."

„Warum?"

„Du mußt die wahrhaftige Bedeutung meines Schlagens erkennen. Dieser Zen-Meister sagte, beim Sex verlierst du dein kleines Ich. Das kann möglich sein. Es sind aber die äußeren Bedingungen, die dein kleines Ich auflösen. Wechseln die äußeren Bedingungen, dann bist du wieder das kleine Ich. Fährst du dein Auto mit einem klaren Geist, dann verlierst du dich selbst nicht. Außen und Innen werden eins. Bei Rot hältst du an; bei Grün fährst du los. Hast du aber Sex im Kopf und Rot leuchtet auf, dann verstehst du in dem Moment nicht, was Rot bedeutet. Du verlierst alles."

Der Schüler fragte: „Was ist also der Unterschied zwischen Sex-Geist und Zen-Geist?"

„Wir können über drei einzelne Arten von Geist reden. Der erste ist der abhängige Geist. Das nennt man auch: den Geist verlieren. Der nächste ist der auf eins gerichtete Geist. Der dritte ist der klare Geist."

„Was bedeutet, den Geist verlieren?"

Dae Soen Sa Nim antwortete: „Du stehst z.B. am Bahnhof, und plötzlich ertönt ein Pfeifsignal. Du bist total perplex: kein Selbst, keine Welt, nur der Pfiff. Das bedeutet, den Geist verlieren. Oder du hast seit drei Tagen nichts mehr gegessen und jemand gibt dir etwas. Du schlingst es herunter, ohne zu denken. Es gibt nur noch das Essen. Oder du hast ein total gutes Gefühl beim Geschlechtsverkehr und erlebst die vollkommene Auflösung in dem anderen Menschen. Das heißt auch, den Geist verlieren. Kaum ist der Sex vorbei, ist dein kleiner Geist sofort so stark wie eh und je. Das alles sind Handlungen der Abhängigkeit, sie entstehen aus den Wünschen und enden im Leiden."

„Was bedeutet der auf eins gerichtete Geist?"

„Jemand rezitiert ein Mantra, und für ihn gibt es nur noch das Mantra. Er sieht etwas Gutes, und es gibt nur *Om mani padme hum*; er sieht etwas Schlechtes, und es gibt nur *Om mani padme hum*. Was immer er tut, was immer er sieht, es ist immer nur das Mantra."

„Und was bedeutet dann klarer Geist?"

„Der klare Geist ist wie ein Spiegel. Erscheint Rot, so zeigt der Spiegel Rot; erscheint Weiß, so zeigt der Spiegel Weiß. Sind alle Menschen traurig, so bin ich auch traurig; sind alle Menschen glücklich, so bin ich auch glücklich. Der Geist, der nur versucht, allen Menschen zu helfen, das ist der klare Geist. Folglich ist der Geist, der sich in den Wünschen verliert, der kleine Geist. Der auf eins gerichtete Geist ist der leere Geist. Klarer Geist ist der Große Geist, der endloser Raum und endlose Zeit bedeutet."

„Das ist mir immer noch nicht ganz klar. Könntest du bitte noch ein Beispiel geben?"

„Okay. Nimm einmal an, ein Mann und eine Frau schlafen miteinander. Ihr Geist hat sich aufgelöst und sie sind sehr, sehr glücklich. Gerade da platzt ein Räuber mit einem Gewehr herein und fordert, ‚Geld her!'. Plötzlich ist alles Glück verflogen, und beide haben nur noch Angst. ‚Hilfe, Hilfe!!' Das ist der kleine Geist. Je nach den äußeren Bedingungen wechselt er ständig.

Nun zu dem auf eins gerichteten Geist.

Jemand rezitiert ein Mantra und sein Geist ist unbeweglich. Es gibt weder Innen noch Außen, sondern nur die wahre Leerheit. Wieder kommt der Räuber, ‚Geld her!', aber diese Person hat keine Angst. Es gibt nur *Om mani padme hum, om mani padme hum*. ‚Geld her oder Leben!'. Das berührt ihn nicht. Er ist bereits jenseits von Leben und Tod. Folglich hat er nicht die geringste Angst.

Nun zum klaren Geist. Ein Mensch mit klarem Geist behält stets seinen Bodhisattva-Geist. Wieder kommt der Räuber, ‚Geld her!', der Bedrohte erwidert, ‚wieviel brauchst du?' ‚Alles!' ‚Okay.' – und er gibt dem Räuber sein ganzes Geld. Er hat keine Angst, aber er ist sehr traurig und denkt, ‚warum tust du das nur? Jetzt geht es dir noch gut, aber in der Zukunft mußt du dafür sehr leiden.' Der Räuber schaut ihm ins Gesicht und bemerkt statt Angst nur mütterliches Mitgefühl. Das irritiert ihn etwas. Dieser Mensch hat ihm sein ganzes Geld gegeben und lehrt ihn jetzt den korrekten Weg. Das ist der wahre Zen-Geist."

Der Schüler verbeugte sich tief: „Vielen Dank."

Dae Soen Sa Nim sagte: „Vier Dinge sind schwer zu erreichen im Leben.

Das erste ist, einen menschlichen Körper zu bekommen. Das zweite ist, dem Dharma zu begegnen. Das dritte ist, einen scharfäugigen Zen-Meister zu treffen. Das vierte ist, Erleuchtung zu erlangen. Das dritte ist besonders wichtig. Ein Zen-Meister muß nicht unbedingt tief erleuchtet sein und ist nicht unbedingt ein guter Lehrer. Triffst du den falschen Zen-Meister, so folgst du seinem falschen Weg. Es ist, als würde ein Blinder einen anderen Blinden in den Graben führen. Ich hoffe, du kennst jetzt den Unterschied zwischen einem scharfäugigen Löwen und einem blinden Hund."

„Wie soll ich den Unterschied erkennen?"

Dae Soen Sa Nim sagte: „Jetzt ist es Zeit für das Frühstück."

Der Schüler verbeugte sich.

71. Scharfäugige Löwen und blinde Hunde

Am folgenden Morgen sagte der Schüler zu Dae Soen Sa Nim: „Du hast gestern früh über unterschiedliche Lehrer gesprochen. Woran kann ich einen scharfäugigen Zen-Meister erkennen?"

Dae Soen Sa Nim antwortete: „Das ist schwierig, solange du nur an einem Ort bleibst. Du solltest reisen und viele Zen-Meister anhören, dann wird es dir bald klar werden. Im Avatamsaka-Sutra gibt es eine Geschichte über einen Jungen, der bei dreiundfünzig Lehrern lernte. Er lernte, was es bei einem Lehrer zu lernen gab und reiste dann zum nächsten. Schließlich traf er Manjushri, den Bodhisattva der Weisheit, der ihn fragte, ‚was hast du von den dreiundfünzig Lehrern gelernt?' Er antwortete, daß ihm der Lehrer dieses und jener Lehrer jenes beigebracht hätte. Manjushri schlug ihn und alles, was der Junge gelernt hatte, verschwand im Nu. Als ihm das bewußt wurde, beschloß er, wieder auf die Reise zu gehen und einen Lehrer zu suchen. Manjushri, der selbst zuvor verschwunden war, griff in diesem Moment über die zehntausend Welten, berührte die Stirn des Jungen und sagte: ‚Dieser Anfänger-Geist ist der wahre Geist der Erleuchtung.' Als er das hörte, wurde der Junge erleuchtet.

Einige üben fünf oder zehn Jahre Zen, ohne Erleuchtung zu erlangen. Sie werden sehr abhängig von ihrem Lehrer, und er kann ihnen nicht zur Erkenntnis verhelfen. Übst du nur bei einem Lehrer, selbst wenn es ein großer Lehrer ist, dann ist es sehr schwer, Manjushri zu begegnen. Deshalb sollten Zen-Schüler von Lehrer zu Lehrer reisen, bis sie einen scharfäugigen Zen-Meister gefunden haben. Das ist ganz wichtig."

„Aber wie erkenne ich ihn?"

„Anfangs ist es durchaus möglich, daß du ihn nicht erkennst. Aber übst du bereits einige Zeit Zen und hast schon verschiedene Meister gehört, dann kannst du sehr bald die korrekte Lehre von anderen Lehren unterscheiden. Hast du niemals Zucker gekostet, dann weißt du nicht, was süß ist; hast du niemals Salz gekostet, dann weißt du nicht, was salzig ist. Niemand kann es für dich kosten, du mußt es schon selbst tun."

„Aber sind denn nicht alle Zen-Meister erleuchtet?"

„Es gibt unterschiedliche Stufen der Erleuchtung: erste Erleuchtung, ursprüngliche Erleuchtung, und endgültige Erleuchtung. Die erste Erleuchtung bedeutet, die wahre Leerheit zu erlangen. Die ursprüngliche Erleuchtung bedeutet, ‚einfach so' zu erlangen. Die endgültige Erleuchtung bedeutet, ‚einfach genau so' zu erlangen."

„Könntest du das bitte etwas ausführlicher erklären?"

„Okay. Hier ist ein Apfel. Sagst du, es ist ein Apfel, so hältst du an Namen und Formen fest. Sagst du aber, es ist kein Apfel, so hältst du an der Leerheit fest. Also ist das jetzt ein Apfel oder nicht? Schlägst du auf den Boden oder rufst KATZ, dann ist das eine Antwort der ersten Erleuchtung. Sagst du, ‚der Himmel ist blau, das Gras ist grün' oder ‚der Apfel ist rot, die Wand ist weiß', dann ist deine Antwort ‚einfach so'. Beißt du aber in den Apfel, ist deine Antwort ‚einfach genau so'. In der gleichen Weise könntest du die Glocke läuten oder ein Buch aufschlagen und lesen. Somit haben die erste Erleuchtung, die ursprüngliche Erleuchtung und die endgültige Erleuchtung verschiedene Antworten. Einige Zen-Meister machen diese Unterscheidung nicht, andere verstehen nur KATZ oder Stille. Wieder andere unterscheiden zwischen KATZ und ‚einfach so', können aber ‚einfach genau so' nicht verstehen. Ein scharfäugiger Zen-Meister unterscheidet zwischen allen drei Stufen der Erleuchtung und benutzt sie alle drei vollkommen frei."

Der Schüler entgegnete: „Der Zen-Meister, den ich in New Haven gehört habe, sagte, es gebe keine vollkommene Erleuchtung. Er meinte, sie könne nie endgültig sein. Stimmt das?"

„Buddha sagte, ‚alle Wesen sind bereits erleuchtet.' Ein bedeutender Lehrer sagte, ‚ohne Denken, einfach genau so ist Buddha.' Ohne Denken, das ist der klare Geist. Bewahrst du den klaren Geist, dann ist jede Handlung einfach genau so. Zu behaupten, du könntest mehr Erleuchtung erlangen, mehr, mehr, mehr, das ist Denken. Denken ist Begehren, und Begehren führt zu Leiden. Zen-Meister Nam Chan sagte, ‚alltäglicher Geist ist der Weg'."

„Ich habe noch eine Frage. Du hast gesagt ein scharfäugiger Zen-Meister unterscheidet zwischen den drei Erleuchtungsstufen. Ist der Zen-Geist nicht genau der Geist, der frei von Unterscheidungen ist? Sagte nicht der dritte Patriarch, ‚der Große Weg ist nicht schwer für den, der keine Unterschiede macht'?"

Dae Soen Sa Nim entgegnete: „Erste Erleuchtung, ursprüngliche Erleuchtung und endgültige Erleuchtung – sind diese drei gleich oder verschieden?"

Der Schüler dachte einen Moment nach, dann sagte er lächelnd: „Die Wand ist weiß, der Teppich ist blau."

„Du hältst an der Farbe fest."

Der Schüler betonte: „*Du* hältst an der Farbe fest."

„Der Hund rennt hinter dem Knochen her."

„Also sind diese drei nun gleich oder verschieden?"

Dae Soen Sa Nim antwortete: „Die Wand ist weiß, der Teppich ist blau."

Der Schüler lächelte.

72. Ursprünglicher Klang, ursprünglicher Körper

Lieber Soen Sa Nim, 12. Oktober 1974

Grüße aus Cambridge! Ich hoffe, Dir gefallen die beiliegenden „Zen-Comics" – möglicherweise sind sie gut genug, um Englisch mit ihnen zu lernen.

Hier ist alles in Ordnung, und „was bin ich?" wächst und wächst.... Die Yoga Schule beginnt am Samstag. Ich habe für den Anfang zwei Klassen, die eine ist am Samstag vormittag, die andere, die hauptsächlich von Professoren nebst Gattinnen und Freunden besucht wird, ist unter der Woche. Jeder Unterricht beinhaltet zwei Stunden – Körperübungen, Atmen und Anweisungen zur Entgiftung und Ernährung und zum Abschluß Einführungen in die Zen-Übungen. Wir beginnen mit einer halben Stunde Sitzen, das dann im Laufe der Zeit gesteigert wird. Dae Ja plant eine Yoga Klasse für Frauen, und Jonny möchte auch bald eine Yoga Klasse leiten. Das Zen-Zentrum in Cambridge wird das Institut für Hatha Yoga genannt werden.

Einer meiner Freunde bringt bald zwei sehr vermögende Leute mit hierher, die mit uns reden wollen. Bei anderen Gelegenheiten sind sie schon großzügig mit Zeit und Geld umgegangen – vielleicht greifen sie uns auch unter die Arme.

Gestern führte ich gute Verhandlungen wegen eines Lehramtes. Das könnte uns recht hilfreich sein. Aber ungewöhnlich ist daran, daß ich dann *Universitätsprofessor* wäre, ohne eine bestimmte Fachrichtung (z.B. Psychologie, Philosophie, usw.). Es wäre mir gestattet, das zu lehren, was ich möchte (sogar das Dharma). Sie bezahlen viel Geld, was uns natürlich die Unterstützung des Zen-Zentrums erleichtern würde. Aber die Stelle ist schwer zu bekommen – besonders weil die meisten Professoren nicht bereit sind, jemanden in einer so hohen Position zu akzeptieren, der Yoga oder Zen lehrt. Bekomme ich die Stelle, dann müssen sie mich das lehren lassen, was ich möchte.

Hier einige Fragen:

1) Ich höre während der Meditation seit einigen Jahren einen Klang „in meinem Kopf". Nun ist er sehr stark geworden und setzt gleich nach den ersten Minuten des Sitzens ein. Es klingt sehr angenehm, wie das Zirpen vieler Grillen oder das Rauschen in einer großen Muschel. Es kommt als Erwiderung auf „was bin ich?" Soll ich es wie ein Tiger beobachten? mich darin auflösen? es vergessen? (Hat das irgend etwas mit der Methode des Bodhisattva Avalokiteshvara zu tun, in der man sich von allen Geräuschen abgrenzt und sich stattdessen nach innen kehrt, um seine wahre Selbst-Natur zu hören?)

2) Die Wiedergeburt betreffend: Um ganz ehrlich zu sein, ich habe keine *aktuelle* Erfahrung damit (oder ich weiß es nicht), ob ich jemals zuvor gelebt habe; auch weiß ich nicht, was nach dem Tod mit dem Körper geschieht. Die buddhistische Theorie der Wiedergeburt ist sehr weise und einleuchtend, aber ihre Wahrheit wird nicht durch meine *direkte* Erkenntnis bestätigt. Zwei telepathisch begabte Menschen sagten mir, ich sei einstmals Orientale gewesen, und tatsächlich war mir von Kind an der orientalische Lebensstil immer *sehr* vertraut. Auf einem LSD-Trip hatte ich das Gefühl, ich sei ein sehr wilder einfacher Jäger aus der Mongolei, aber ich glaube nicht, daß es ein *unbewußtes* Bild aus einem früheren Leben war.

Ich fühle mich mehr den buddhistischen Ideen von Einheit und Leerheit *verbunden*, aber das beruht auf einigen *wenigen* Erfahrungen solcher Möglichkeiten durch LSD. Wer ist hier, um wiedergeboren zu werden? Es gibt doch nichts Beständiges, da *alles* sich ändert. Viele Leute, die in einem Zen-Zentrum leben, so auch in Cambridge, scheinen sehr überzeugt von der Wiedergeburt zu sein. Ich weiß nicht! Es ist für meine Übung nicht unbedingt notwendig, denn selbst wenn „mein" eigenes

Leben mein allereinziges Leben wäre, würde ich Zen üben. Kannst Du mir helfen? Ich vertraue wirklich darauf, daß weder Buddha, noch die Patriarchen, noch Du lügen. Aber ich brauche auch das sichere Wissen aus mir selbst heraus.

Zugegeben, mein „kleines Ich" haßt *Kong-Ans*. Von allen spirituellen Methoden – Yoga, Singen, Mantra, Atmen, usw. – ist das die einzige, die mein „kleines Ich" nicht ausstehen kann. Mein Professoren-Geist ist beweglich wie ein Auto mit eckigen Rädern, oder wie ein Flugzeug mit Tragflächen aus Nudeln. Es ist eine gute Medizin für mich! Komm bald wieder und lache mit uns.

Möge Deine Buddha-Lehre in Amerika wurzellose, hautlose Un-Früchte hervorbringen.

In Liebe

Byon Jo

Lieber Byon Jo, 21. Oktober 1974

danke für Deinen Brief und das Buch. Das Buch ist sehr gut, ich werde es lesen und die Zen-Ausdrücke auf Englisch lernen.

Ich bin sehr froh über Deinen Anfang in der Yoga Schule und hoffe, daß sie täglich wächst und die beste Yoga Schule in den Staaten wird.

Neuerdings kommen einige Amerikaner nach Tal Mah Sah, um Zen zu üben. Sie hören die Lehre der Chogye Schule (unser Stil) zum erstenmal, und sie sind davon begeistert. Einige wollen Schüler werden und nach Cambridge ins Zen-Zentrum kommen. Wenn sie kommen, mußt Du ihnen helfen.

Es ist in Ordnung, reiche Leute in das Zen-Zentrum einzuladen, aber noch besser ist es, wenn unsere Schüler so hart arbeiten, bis das Geld ausreicht, um ein Haus zu kaufen. Das ist der bessere Weg.

Ich hoffe für Dich, daß Du bald die Stelle bekommst und allen Menschen damit hilfst. Viele Leute hängen an Namen und Formen, bist Du ein Professor, so werden sie ganz anders auf Dich hören. Dann wird es Dir leichter fallen, ihnen zu helfen. Ich hoffe, Du bekommst diese Stelle, hilfst allen Menschen und wirst ein guter Professor.

Zu Deiner Frage über den Klang: dies ist der ursprüngliche Klang. Du kannst ihn hören, wenn Du ganz still bist, hältst Du aber an ihm fest, so wird er immer lauter, und das ist nicht gut. Bewahre einfach „was bin ich?" und dann wird der Klang zu „was bin ich?". Dann ist der Klang kein Klang, und kein Klang ist Klang. Dann wirst Du Dein wahres Selbst erkennen. Das ist Dein wahres Selbst.

Dein wahres Selbst hat kein Innen, kein Außen.
Klang ist klarer Geist; klarer Geist ist Klang.
Klang und Hören sind nicht getrennt voneinander.
Es gibt nur den Klang.

Ich frage Dich – Du hast doch jetzt einen Körper. Existiert er oder ist er Leerheit?

Wieviele Farben hat der Regenbogen?

Einer sagt fünf, ein anderer sieben, einer sagt zwölf, ein anderer dreißig und einer sagt hundert. Welche Zahl ist die richtige?

Ursprünglich hat der Regenbogen keine Farben.

Der Buddhismus unterscheidet vergangene,
gegenwärtige und zukünftige Leben.
Das Christentum hat kein vergangenes Leben,
sondern nur Gegenwart und Zukunft.
Der Taoismus hat weder Vergangenheit noch Zukunft,
sondern nur die Gegenwart.
Was ist zutreffend?

Im Herz-Sutra steht, ‚Form ist Leerheit, Leerheit ist Form'. Hängst Du an Namen und Formen, dann erscheint und verschwindet alles. Schneidest Du aber alles Denken ab, so erscheint und verschwindet nichts mehr.

Der Buddhismus sagt, es gibt die Wiedergeburt. Ist das zutreffend oder nicht?

Sagst Du „zutreffend", so schlage ich Dich dreißigmal.

Sagst Du „nicht zutreffend", so schlage ich Dich auch dreißigmal.

Warum?

Du hast es bereits verstanden.

Die Katze mag die Maus.

Erschaffst Du weder das „kleine Ich" noch den „Professor" und hältst auch nicht an der *Kong-An* Übung fest, so kehrt all Dein Denken zu Deinem wahren Selbst zurück, und Dein Geist wird klar. Der Geist ist wie eine Schultafel. Du malst Bilder wie „kleines Ich", „Professor", „Zen-Schüler" usw.; wischst Du es aus, so verschwindet alles. Zuerst verschwindet alles, dann zeichnest Du nur ein Bodhisattva-Bild. Ein Bodhisattva bedeutet keine Wünsche für mich selbst, er hilft nur den anderen. Also hoffe ich, Du

LÄSST ES LOS
LÄSST ES LOS
LÄSST ALLES LOS

Hier ist ein Gedicht für Dich:

> Form-Körper und Gedanken-Körper –
> woher kommen sie?
> Vor dem Denken gibt es weder Namen noch Formen,
> nur endlose Zeit und endlosen Raum.
> Kinder jagen mit ihren Netzen hinter Schmetterlingen her.
> Wind kommt auf, und ein Apfel fällt zu Boden.

Ich hoffe, Du erlangst bald Erleuchtung und wirst ein bedeutender Mann.

Bis bald

S.S.

73. Die Geschichte Mang Gongs

Zen-Meister Mang Gong, der Dae Soen Sa Nims Großlehrer war, wurde bereits als Junge Mönch und studierte einige Jahre die Mahayana-Sutren im Tempel Dong Hak Sa. Als er dreizehn Jahre alt war, fand eine Zeremonie zum Beginn der großen Ferien statt. Der Sutren-Meister erhob sich und sagte: „Ihr müßt alle sehr hart üben, den Buddhismus lernen und wie große Bäume werden, aus denen man Tempel baut und auch wie große Schüsseln, die viele gute Dinge enthalten können. Im Sutra steht, ‚das Wasser wird jeweils rund oder eckig, es hängt ganz von der Gestalt des Behälters ab, in den es gegossen wird. Auf die gleiche Weise werden die Menschen gut oder schlecht, je nach ihren Freunden.' Habt stets Buddha im Geist und achtet auf gute Gesellschaft. Dann werdet ihr zu riesigen Bäumen oder zu Behältern des Dharmas. Das ist mein innigster Wunsch."

Als nächstes sprach Kyong Ho, der gerade den Tempel besuchte. Er war bereits als großer Zen-Meister in ganz Korea bekannt, stets in Lumpen gekleidet, langhaarig, mit einem langen, dünnen Bart, war er eine auffallende Figur unter den ordentlichen, kahlgeschorenen Mönchen. Er sagte: „Ihr seid alle Mönche. Mönche sind frei von den unbedeutenden persönlichen Gewohnheiten und leben nur, um anderen zu dienen. Der

Wunsch, ein großer Baum oder ein Behälter des Dharmas zu werden, hindert euch, wahre Lehrer zu werden. Große Bäume haben großen Nutzen, kleine Bäume haben kleinen Nutzen; gute und schlechte Schüsseln können jeweils auf ihre Weise benutzt werden. Nichts ist überflüssig. Behaltet euch stets beides, gute und schlechte Freunde. Lehnt nichts ab. Das ist der wahre Buddhismus. Mein innigster Wunsch ist, daß ihr von allem begrifflichen Denken frei werdet."

Jeder war voll tiefer Bewunderung. Als der Zen-Meister den Dharma-Raum verließ, rannte Mang Gong hinter ihm her und zog an seiner Robe. Kyong Ho drehte sich um: „Was willst du?"

„Ich möchte dein Schüler werden, bitte nimm mich mit."

Kyong Ho brüllte ihn an, wegzugehen, aber der Junge wollte nicht weichen. Dann sagte er sehr ernst: „Du bist nur ein Kind, du bist nicht in der Lage, den Buddhismus zu verstehen."

Mang Gong entgegnete: „Menschen können jung oder alt sein, aber gibt es denn Jugend oder Alter im Buddhismus?"

Kyong Ho sagte: „Du schlechter Kerl! Du hast Buddha getötet und aufgegessen! Komm jetzt."

Er brachte den Jungen zum Tempel Chung Jung Sa und vertraute ihn dem dortigen Abt an.

Mang Gong übte die nächsten fünf Jahre sehr hart. Als er achtzehn war, hörte er einmal folgendes *Kong-An*: „Die zehntausend Dharmas kehren zu dem Einen zurück: wohin kehrt das Eine zurück?" Sofort stürzte er in den großen Zweifel. Er konnte weder essen noch schlafen noch über irgend etwas nachdenken, außer über diese eine Frage. Den ganzen Tag und bis tief in die Nacht bohrte diese Frage in seinem Kopf, wo immer er war und was immer er auch tat.

Als er eines Tages meditierte, tat sich vor ihm in der Wand ein großes Loch auf. Er konnte die ganze Landschaft sehen! Gras, Bäume, Wolken, blauer Himmel, alles war in vollkommener Klarheit durch die Wand sichtbar. Er berührte die Wand. Sie war immer noch da, aber durchsichtig wie Glas. Er sah nach oben und konnte direkt durch das Dach sehen. Da überkam Mang Gong unbeschreibliche Freude. Am folgenden Morgen eilte er ganz früh in das Zimmer des Zen-Meisters und verkündete: „Ich bin in die Natur aller Dinge vorgedrungen. Ich habe Erleuchtung erlangt."

Der Meister sagte: „Oh, tatsächlich? Was ist dann die Natur aller Dinge?"

„Ich kann direkt durch die Wand und durch das Dach sehen, als ob sie überhaupt nicht da wären."

„Ist das wahr?"

„Ja, es gibt überhaupt kein Hindernis."

Der Meister ergriff seinen Stock und schlug Mang Gong auf den Kopf: „Ist jetzt irgendein Hindernis da?"

Mang Gong war total überrascht. Er riß seine Augen auf, sein Gesicht lief rot an, und die Wand wurde wieder massiv.

Der Meister fragte: „Wo ist deine Wahrheit jetzt?"

„Ich weiß nicht. Bitte lehre mich."

„An welchem *Kong-An* arbeitest du?"

„‚Wohin kehrt das Eine zurück?'"

„Verstehst du denn das Eine?"

„Nein."

„Zuerst solltest du das Eine verstehen. Was du gesehen hast, war eine Täuschung. Laß dich davon nicht in die Irre leiten. Arbeitest du härter an deinem *Kong-An*, wirst du es bald verstehen."

Mang Gong kam frisch motiviert aus diesem Gespräch. Die drei folgenden Jahre meditierte er unaufhörlich über die große Frage. An einem Morgen, der sich von keinem anderen Morgen unterschied, sang er wie gewöhnlich die Worte des Morgenglockenliedes: „Willst du alle Buddhas der Vergangenheit, Gegenwart und Zukunft verstehen, dann mußt du erkennen, daß das ganze Universum nur vom Geist erschaffen ist." Als er diese Worte gesungen hatte, schlug er die große Glocke. Plötzlich öffnete sich sein Geist und er verstand, alle Buddhas sind in einem einzigen Klang enthalten.

Taumelnd vor Freude rannte Mang Gong in den Dharma-Raum und versetzte dem Mönch, der gewöhnlich neben ihm saß, einen Tritt. Der schrie auf: „Bist du verrückt?"

„Das ist die Buddha-Natur!"

„Hast du Erleuchtung erlangt?"

Mang Gong erklärte: „Das ganze Universum ist eins. Ich bin Buddha!"

Während des folgenden Jahres trat und schlug Mang Gong noch viele andere Mönche und wurde sehr bekannt. Man erzählte sich: „Er ist ein freier Mann ohne das geringste Hindernis."

Nach einem Jahr kam Kyong Ho eines Tages zu einer bedeutenden Zeremonie. Während Mang Gong zu ihm ging, dachte er sich: „Dieser Zen-Meister und ich, wir sind gleich. Wir haben beide Erleuchtung erlangt. Er ist Buddha, und ich bin Buddha. Aber weil er mein erster Lehrer war, so werde ich mich vor ihm verbeugen, wie es jeder gewöhnliche Mönch tut."

Nachdem Mang Gong sich verbeugt hatte, begrüßte ihn Kyong Ho: „Willkommen, es ist lange her, seit ich dich das letzte Mal gesehen habe. Ich hörte, du hast Erleuchtung erlangt. Ist das wahr?"

„Ja, Meister."

„Wunderbar. Ich werde dir jetzt eine Frage stellen." Kyong Ho hob einen Fächer und einen Schreibpinsel direkt vor Mang Gong in die Höhe: „Sind diese beiden gleich oder verschieden?"

„Der Fächer ist der Pinsel, der Pinsel ist der Fächer."

Eine Stunde lang versuchte Kyong Ho mit großmütterlichem Mitgefühl, Mang Gong seinen Fehler zu erklären; aber der wollte nicht zuhören. Schließlich sagte Kyong Ho: „Ich habe noch eine Frage an dich. Während der Beerdigungszeremonie werden folgende Worte rezitiert: ‚die Statue hat Augen, und ihre Tränen fallen leise herunter.' Was bedeutet das?"

Mang Gong war fassungslos. Er wußte nichts darauf zu sagen. Plötzlich schrie ihn Kyong Ho an: „Wenn du das nicht verstehst, wieso behauptest du dann, der Fächer und der Pinsel seien gleich?"

Mang Gong verbeugte sich und sagte am Boden zerstört: „Vergib mir."

„Erkennst du deinen Fehler?"

„Ja, Meister. Was kann ich tun?"

„Als Zen-Meister Jo-ju vor langer Zeit gefragt wurde, ob ein Hund Buddha-Natur habe, antwortete er, ‚Nein!' Was bedeutet das?"

„Ich weiß nicht."

Kyong Ho sagte: „Bewahre stets diesen Geist, der nicht weiß, so wirst du bald Erleuchtung erlangen."

Mang Gong erkannte, welch großes Geschenk diese Lehre war. Die nächsten drei Jahre übte er sehr hart und ließ seinen Weiß-Nicht-Geist nicht mehr los. Eines Tages hörte er die große Glocke schlagen und verstand Jo-jus Antwort. Er ging wieder zu Kyong Ho, verbeugte sich und sagte: „Jetzt verstehe ich, warum sich der Bodhisattva von Äußerlichkeiten abwendet: weil Zucker süß ist und Salz salzig ist."

74. Mang Gong erklärt sein KATZ

Einst weilte Zen-Meister Mang Gong zusammen mit Zen-Meister He Wol im Tempel Yang San Tong Do Sa. Die Mönche saßen beim Mittagessen und wurden bedient. Anschließend wartete jeder darauf, daß der *Chuk-Pi* geschlagen würde, so daß sie mit dem Essen beginnen konnten. Plötzlich durchschnitt He Wols „KATZ!!!" die erwartungsvolle Stille. Jeder erstarrte und war verwirrt. Sie sahen He Wol an, der mit vollkommener Gelassenheit einfach nur aß.

Also begann jeder zu essen, aber alle dachten dabei: „Warum hat der Meister geschrien?“ „Was bedeutet das?“ „Warum kann ich nicht verstehen, was gerade geschehen ist?“ Als schließlich das Essen beendet war und die Schüsseln gespült, abgetrocknet und in ihre Tücher gepackt waren, wurde der *Chuk-Pi* geschlagen, und jeder erhob sich. Plötzlich schrie Mang Gong: „KATZ!!!“ und wiederum erstarrte jeder und war verwirrt.

Später kam ein Mönch zu Mang Gong und fragte, was das alles zu bedeuten habe. Mang Gong antwortete: „Es tut mir leid, aber ich kann es dir nicht sagen.“ Ein weiterer Mönch kam, dann noch zwei und später drei. Sie alle verbeugten sich und sagten: „Meister, bitte erkläre es uns.“

Schließlich sagte Mang Gong: „Ich mache nicht gerne den Mund auf. Aber weil ihr mich gefragt habt und den ehrlichen Wunsch hegt, es zu verstehen, werde ich es erklären.“ Dann schrie er plötzlich: „KATZ!!!“ und ging weg.

75. Die Übertragung von Kein-Geist

An einem Dienstag, nach dem Dharma-Vortrag im Zen-Zentrum in Cambridge, fragte ein Schüler Dae Soen Sa Nim: „Was ist in der Zen Tradition die Gnade oder die Übertragung von Kein-Geist von einem Lehrer auf den Schüler?

Dae Soen Sa Nim antwortete: „Wie kann dieser Kein-Geist übertragen werden? Was gibt es da zu übertragen? Einst stand Buddha auf dem Gipfel des Geierberges. Täglich hielt er für seine Anhänger eine lange Predigt. Einmal hatten sich zwölfhundert Menschen versammelt, um sein Dharma zu hören. Er setzte sich vor sie hin und schwieg. Eine Minute verging, fünf Minuten, zehn Minuten vergingen. Schließlich hielt Buddha eine Blume hoch. Nur Mahakasyapa verstand das und lächelte. Buddha sagte daraufhin zu ihm, ‚ich habe das wahre Dharma, und ich übertrage es dir.‘ Aber später sagte ein bedeutender Lehrer, ‚Buddha ist verrückt. Jeder hat bereits das wahre Dharma, wie kann Buddha es dann einem allein übertragen? Das hieße ja, Hundefleisch als Kalbsfilet anzupreisen und zu verkaufen.‘ Im Zen bedeutet eine Übertragung nur die Bestätigung eines Zen-Meisters, daß du bereits Erleuchtung erlangt hast. Er prüft deinen Geist und erkennt, ob du verstehst oder nicht. Hast du Erleuchtung erlangt, dann überträgt er dir seinen Stil zu lehren.“

Eine Schülerin fragte: „Du hast gesagt, der Zen-Meister prüft die Erleuchtung des Schülers. Wenn alle Menschen jedoch bereits das wahre Dharma besitzen, alle Buddha-Natur haben, wie kann dann jemand *nicht* erleuchtet sein?"

Dae Soen Sa Nim sagte: „Dein Haar ist sehr dunkel, warum ist es dunkel?"

„Es ist dunkel. Nichts weiter."

„Du hältst an dunkel fest."

„Aber es ist dunkel!"

Dae Soen Sa Nim entgegnete: „Im Herz-Sutra steht, es gebe weder Augen noch Farbe. Woher kommt dann dunkel?"

„Ich weiß nicht."

„Du weißt nicht? Ich schlage dich!"

„Es kommt von meinem Geist."

„Von deinem Geist? Wo ist dein Geist?" (Gelächter der Zuhörer) „Du weißt nicht was dunkel ist, ja?"

Die Schülerin schwieg.

„Du weißt nicht alles."

Die Schülerin schwieg noch immer.

Dae Soen Sa Nim erklärte: „*So* prüft ein Zen-Meister den Geist." (Lautes Gelächter) „Jeder sieht, daß dein Haar dunkel ist, aber niemand kann es verstehen. Jeder hat Buddha-Natur, aber niemand erkennt sie. Folglich ist es unbedingt notwendig, den Geist zu prüfen."

76. Im Bauch der Kuh

An einem Morgen hielt Dae Soen Sa Nim folgende Dharma-Rede im Zen-Zentrum in Providence: „Vor langer Zeit nahm ein bedeutender Zen-Meister drei Reiskörner nach dem Frühstück und verwandelte sie in eine winzige Kuh. Zuerst war die Kuh sehr klein und sehr hungrig. Sie sah sich auf dem Tisch um und entdeckte eine Nadel und aß sie auf. Sie fuhr damit fort, jedes Teil zu essen, das in ihr Maul paßte und wuchs sehr schnell. Je mehr sie aß, umso größer wurde sie. Schon bald war sie genug gewachsen, um den bedeutenden Zen-Meister zu essen, was sie auch mit dem größten Vergnügen tat.

Sie aß die gesamte Küche auf und begab sich dann zum Dharma-Raum. Dort aß sie zunächst den *Moktak*, die Räucherstäbchen und den Buddha! Sie war noch immer sehr hungrig, und deshalb aß sie den ganzen Tempel und alle Gebäude, die ihn umgaben.

Die Kuh wuchs und wuchs. Sie mußte niemals scheißen, und so wurde sie genau um das Volumen eines jeden Teiles größer, das sie gerade aß. Es war außerdem ein sehr beklemmendes Erlebnis, von dieser Kuh gegessen zu werden, weil das niemanden körperlich verletzte.

Schon bald entstand großes Leiden. Einmal begannen die Menschen im Bauch der Kuh, an Namen und Formen festzuhalten. Sie verbreiteten feste Vorstellungen von gut und schlecht, von Raum und Zeit, Licht und Dunkelheit. Die Kuh aß weiter und weiter. Sie aß alle Berge und Flüsse, alle Bodhisattvas, bedeutenden Lehrer und Buddhas.

Infolgedessen landeten die endlose Zeit, der endlose Raum und das ganze Universum im Kuhmagen.

Jetzt seid ihr alle im Bauch der Kuh, in dem alles erscheint und verschwindet. Ihr haltet an Namen und Formen fest. Außerhalb der Kuh gibt es kein Leiden, es erscheint nichts und verschwindet auch nichts.

Wie könnt ihr herauskommen?"

77. Heute ist Buddhas Geburtstag. Die Sonne scheint.

Lieber Soen Sa Nim, 10. Mai 1973

danke für die Akupunkturbücher, und vielen Dank für den wundervollen Brief.

Heute ist Buddhas Geburtstag. Wir haben besondere Räucherstäbchen auf dem Altar. Gestern Abend kam Professor Pruden zum Abendessen. Er aß eine Menge Tempura und Salat dazu. Wir sangen für ihn einige der Lieder, zu Ehren von Buddhas Geburtstag, und er sah sehr glücklich aus.

Ich brülle wie ein Löwe und töte alle Buddhas, bedeutende Lehrer und alle Menschen. Deshalb stürzen alle Berge ein, und die Meere werden leer.

Was brüllt denn da wie ein Löwe? Ich weiß nicht. KATZ!!! Heute ist Buddhas Geburtstag. Die Sonne scheint.

Bobby

Lieber Bobby, 14. Mai 1973

wie geht es euch allen? Ich bin sehr dankbar für Deinen Brief und die Bücher, *die Lehre des Buddha*.

Es ist großartig, daß ihr Buddhas Geburtstag gefeiert habt. Danke. Es freut mich sehr zu hören, daß ihr Professor Pruden bei euch zum Abendessen hattet.

Dein Brief ist sehr gut, das heißt, Du hast während meiner Abwesenheit gewissenhaft Zen geübt.

Zu dem Satz, „ich brülle wie ein Löwe": Obwohl Du alle Buddhas, bedeutende Lehrer und Menschen getötet hast, fährst Du blitzschnell wie ein Pfeil zur Hölle. Da es ursprünglich gar nichts gibt, ist es unnötig zu töten, Berge einstürzen zu lassen und Meere zu leeren.

„Ich weiß nicht. KATZ!!!" Das ist auch ganz wunderbar. Wie kannst Du aber Rot von Weiß oder die Decke vom Fußboden unterscheiden, wenn es weder Kopf noch Schwanz, weder Auge noch Ohr in diesen Wörtern gibt?

Selbst wenn Du hinter die endlose Zeit kommen kannst, so erlangst Du dadurch noch nicht die Buddha-Natur.

Überraschenderweise sagst Du dann, daß heute Buddhas Geburtstag ist und die Sonne scheint.

Mir fehlen die Worte, um dich gebührend zu preisen. Die Wahrheit ist einfach genau so. Aber obwohl Du die Wahrheit gesagt hast, kannst Du noch lange nicht Dein wahres Selbst erkennen, es sei denn, Du erkennst die feinen Härchen, die auf dem Knochen von Raum und Zeit wachsen. Was kannst Du tun?

Der blaue Berg steht bewegungslos;
die weißen Wolken ziehen hin und her.

Bis bald

S.S.

78. Dok Sahn und sein Stock

Dok Sahn war bekannt dafür, Fragen zu beantworten, indem er den Fragenden mit dem Stock schlug. Einmal ging er in einen Tempel, um eine Rede zu halten. Er stand auf dem Podium vor den Zuhörern, hielt seinen Zen-Stock hoch und sagte: „Heute werde ich keine Fragen beantworten. Stellt jemand eine Frage, so werde ich ihn dreißigmal schlagen."

Ein Schüler kam zu ihm hoch und verbeugte sich, Dok Sahn schlug ihn dreißigmal.

„Warum schlägst du mich?" fragte der Schüler, „ich habe mich nur verbeugt und keine Frage gestellt."

Dok Sahn sagte: „Woher kommst du?"

„Aus dem Osten."

„Bevor du überhaupt aus dem Osten rauskommst, schlage ich dich dreißigmal."

Somit schlug er ihn dreißigmal. Der Schüler verbeugte sich und ging an seinem Platz zurück.

Einmal kam ein Schüler zu Dok Sahn, und als er sich verbeugte, schlug ihn Dok Sahn sofort. Der Schüler fragte: „Was habe ich falsch gemacht?"

„Ich werde doch nicht warten, bis du den Mund aufmachst."

Ein anderesmal kam ein Mönch in Dok Sahns Zimmer. Er war scharfsinnig und selbstbewußt. Er erkannte, daß Dok Sahn die Menschen stets schlug, und er stellte sich darauf ein, den ersten Hieb auszuteilen. Er hob die Hand, aber Dok Sahn hatte bereits seinen Stock erhoben: „Was ist denn das? Das war aber nicht ausgemacht!"

Der Mönch war verwirrt und wollte sich drücken, doch Dok Sahn schlug ihn auf den Rücken. Er drehte sich um, und Dok Sahn schrie: „KATZ!!!"

Der Mönch erstarrte. Dok Sahn sagte: „Ist das alles, was du zu bieten hast?"

Der Mönch verbeugte sich: „Es tut mir leid."

Dok Sahn klopfte ihm auf die Schulter: „Gut, gut."

Auf diese Weise schlug Dok Sahn seine Schüler und öffnete damit vielen den Geist.

79. Alle Dinge sind deine Lehrer

Lieber Soen Sa Nim, 7. Januar 1975

wie geht es denn so in Rhode Island und Cambridge?

Im April wird Song Ryong nach Asien gehen und dann denke ich, werde auch ich hier weggehen. Ein ceylonesischer Mönch, Ananda (er ist seit dreißig Jahren Mönch), bat mich, ihm zu helfen, ein Zen-Zentrum in meiner Heimatstadt zu eröffnen. Aber ich fühle mich noch nicht so weit. Es gibt ganz wenig in allen Schriften, das diese Person nicht versteht, so auch in den *Kong-Ans*. Aber es scheint mir, als ob Verstehen überhaupt nicht wichtig ist – zumindest das Verstehen, das man in Worte faßt. Das einzig Wichtige ist zu erkennen, was gerade ist, alle Urteile über Innen und Außen, heilig oder teuflisch erst gar nicht aufzubauen; somit entsteht vom Standpunkt der Ewigkeit und Zeitlosigkeit aus ein klares Erkennen. Aber ich verdiene wohl dreißig Hiebe für diese Ausdrucksweise.

Nun zu diesem Problem:

In den letzten beiden Jahren bin ich in zunehmendem Maße aus der Leerheit gekommen, und ich erkenne immer mehr, ich bin die Welt, die Welt ist ich. Wie ich denke, so ist die Welt. Durch mein Handeln erschaffe ich mir die Welt um mich herum. Seit ich das immer klarer erkenne, sehe ich dauernd Anlässe, andere zu belehren: ihnen klarzumachen, wie sich jeder einzelne seinen Himmel und seine Hölle selbst erschafft, wie er/sie durch seinen/ihren Haß und Ärger eine Welt aus Haß und Ärger erschafft.

Ich kann nicht weiter nur für mich selbst leben. Ich muß helfen und andere aufrütteln. Aber mir fehlt die *Kraft*, anderen zu helfen, und sie hören mir nicht zu – nicht etwa, weil ich es nicht verstehe, sondern weil mein Verstehen noch nicht ‚meines' geworden ist. Aber nun habe ich alles Verstehen losgelassen, denn handelt jemand vom *Standpunkt des Verstehens* aus, so ist dieses Verstehen immer noch abgetrennt von ihm. Hat man das Verstehen erst losgelassen, so kann wirkliches Verstehen darüber auftauchen, daß es gar nichts zu verstehen gibt. Aber auch das muß losgelassen werden. Wie kann man jemanden, der verzweifelt für die Wahrheit, für Gott, für die Linderung von Schmerzen kämpft, mitteilen: alles, was getan werden muß ist, mit dem Suchen aufzuhören?

Täglich wächst meine Verantwortung, nicht nur als Idee, nein, täglich entdecke ich mehr Situationen, in denen ich helfen sollte. Aber mir fehlt die Möglichkeit, es zu tun, weil es mir einfach nicht klar ist, wie ich helfen und andere dazu bringen kann, mir zuzuhören.

Seit ich jeden Tag meine Verantwortung klarer erkennen kann, bin ich in meinem Handeln sehr viel vorsichtiger geworden – viel freundlicher, viel engagierter – und vermeide nicht mehr die Situationen, die Taten von mir fordern, wie z.B. arbeiten, um Schulden abzuzahlen, oder das Füttern streunender Tiere. Aber ich werde auch sehr wütend, wenn ich andere Menschen sehe, die ihrer Verantwortung ausweichen: vor den Schulden wegrennen, oder unter dem Deckmantel einer spirituellen Weiterentwicklung ihre Frauen und Kinder verlassen und taub gegen deren Forderungen sind – es ist alles dasselbe, alles ist eins. Blödsinn! Sie sind nur faul, rennen vor dem Alltag weg und klammern sich an den falschen Frieden der Tatenlosigkeit. Sie haben keine Ordnung in ihren Leben und sind fest davon überzeugt, einen tiefen Einblick zu haben (genauso wie der Mann in Deinem *Kong-An*, der die Asche auf dem Buddha abklopft). Sie machen mich so wütend, weil sie nicht erkennen können, wie ihre Art zu handeln und Verantwortung zu vermeiden, andere verletzt und ihnen Schmerzen zufügt, und ich sehe keine Möglichkeit, irgend etwas zu ändern.

Oder noch etwas: Ich kenne einen sehr ehrgeizigen Menschen, der viele andere verletzt und nur danach strebt, seinen Traum zu verwirklichen, aber er kümmert sich nicht im geringsten um die anderen, er rennt nur seinem Traum hinterher.

Ich bin frustriert, weil ich an diese Menschen nicht herankommen kann, um ihnen zu zeigen, wie sie Schmerzen in der Welt verursachen und sich selbst damit schaden. So übe ich weiterhin Zen, um meinen Geist noch mehr zu reinigen und möglicherweise einen Weg zu finden, diese Menschen zu lehren, wie sie damit aufhören können, andere und sich durch ihren Ehrgeiz, ihre Unverantwortlichkeit, ihren Haß oder ihre Ideale zu verletzen. Und mein Ärger über meine Unfähigkeit, andere zu verändern, macht mich krank. Das ist ja kein neues Problem. Es verfolgt mich, seit ich achtzehn bin – also seit vierzehn Jahren.

Dies führt zu meinem zweiten Problem. Wenn Hearn im April weggeht, so weiß ich nicht recht, was ich dann tun soll, außer daß ich nicht hierbleiben möchte. Keiner der Zen-Meister in Los Angeles scheint wirklich gut zu sein, und in keinem der Zentren wird ernsthaft und intensiv geübt – jeder macht, was er will, die Leute haben wenig Disziplin und sitzen sehr selten. Das Zusammensein mit solchen Menschen ist sehr schwierig, weil ich sie nicht vom Wert des Sitzens überzeugen kann.

Sollte ich

ein Hundert-Tage-Einzelretreat auf dem Grundstück meines Bruders in der Wüste von Arizona machen?

einen Zen-Meister in einem Kloster in Japan finden, wo wirklich intensiv geübt wird?

ein Zentrum mit Ananda gemeinsam in meiner Heimatstadt aufbauen, obwohl ich nicht weit genug bin?

nach Providence oder Cambridge kommen, um mit euch zu üben, weil ich bei euch ein tiefes Verständnis fühle? Aber ich habe Schwierigkeiten, Deine Zen-Reden zu verstehen (obwohl ich von Dir sehr angetan bin), weil ich keine Entsprechung für die Worte, die Du gewöhnlich benutzt, in meinem eigenen Geist finden kann. Wohingegen Song Ryong für mich sehr einfach zu verstehen ist.

Könntest Du mir einmal ohne den üblichen Zen-Rede-Stil antworten, oder doch im Zen-Rede-Stil, falls notwendig?

Es ist so einfach zu sagen, wenn die Zeit reif ist, wirst Du schon wissen, was zu tun ist. Aber in meinem Fall bewahrheitet sich das nicht, denn ich wollte schon von hier weg, als ich zum erstenmal hierherkam, aber keine Alternative erschien mir gut genug, und jetzt ist auch keine gute in Sicht. So bin ich immer noch hier, habe unaufhörlich meine kleinen Kämpfe mit meinem Lehrer über seine Unehrlichkeit und die mangelnde Übung.

Ganz allmählich wird hier ein wenig mehr geübt, aber das ging sehr langsam. Auch wenn überhaupt nicht meditiert wird, sitze ich meine fünf Stunden täglich eben allein, und das ist nicht besonders gut, weil, wenn alle Leistungen von meinem Selbst kommen und dieses Selbst wächst und stärker wird, es dementsprechend schwerer wird, loszulassen und sich von Dingen zu trennen. Alles kommt aus eigener Kraft und nur wenig aus „anderen Kräften“. Wird die Übung tiefer, so kommen die Bemühungen lediglich aus der Notwendigkeit, das zu tun, was getan werden muß, und das Selbst wird nicht immer stärker. Eine aus eigener Kraft durchgeführte Übung hat vielleicht irgendwann die gleichen Erfolge, aber das dauert sehr viel länger, besonders, weil kein echter Zen-Meister da ist, und Song Ryong kommt nur einmal pro Woche (oder seltener) zum *Dokusan* und *Teisho* (meist nicht einmal das).

Übt ihr denn richtig hart in Providence oder Cambridge oder auch nur schwach und träge mit vielen Unterbrechungen? Seit sechzehn Monaten wurde hier in diesem Zentrum praktisch nicht geübt, dafür gab es ständig Unterbrechungen – nun ist es einfach an der Zeit, intensiver zu üben.

Bitte schreib mir auf alle Fälle bald,

Ed

Lieber Ed, 16. Januar 1975

danke für Deinen Brief, er ist sehr, sehr lang. Das ist gut. Aber ich habe Dir schon einmal gesagt, daß es falsch ist, auch nur den Mund zu öffnen. Halte den Mund stets geschlossen. Du verstehst schon. Im Herz-Sutra steht: „. . . erkennt, daß alle fünf Skandhas leer sind und überwindet so alles Leiden und alle Not." Beherzigst Du das, so wird es in Deinem Geist keine Orte, keine Freunde, keine Tempel, keine Lehrer mehr geben. Das Wichtigste ist, wie Du Deinen Geist bewahrst. Ist Dein Geist korrekt, so ist es unwichtig, wo Du lebst. Als Du Mönch wurdest, hattest Du den Anfänger-Geist. Nun hast Du wohl den Anfänger-Geist verloren. Ich hoffe, Du findest ihn bald wieder.

Du schreibst: „Ich erschaffe mir die Welt um mich herum", und „jeder einzelne erschafft seinen Himmel und seine Hölle selbst." Worte sind geduldig. Zen bedeutet, das alles nicht zu tun, dann gibt es nichts. Das ist die wahre Leerheit. Sie bedeutet, ohne Hindernisse zu sein. Warum machst Du „Welt", „ich", „andere Leute", usw.? Zuerst mußt Du Dein wahres Selbst verstehen. Dann erst kannst Du die Fähigkeit entwickeln, den Geist anderer Leute zu verstehen. Wie kannst Du andere lehren, wenn Du Dich selbst nicht verstehst?

Du sagst, andere hören Dir nicht zu. Aber was verstehst Du? Was sagst Du? Wollen sie Deine Worte hören? Wollen sie Dein Verstehen? Solange Du Deine Überzeugungen hast und andere Leute die ihren, solange seid ihr verschieden, und die Leute werden Dir nicht zuhören. Zuerst mußt Du alle Deine Meinungen, alle Deine Erkenntnisse, Deine Beunruhigungen über Deine Situation und Deine Erklärungen über Bord werfen. Dann wird es nichts mehr geben, und danach kannst Du erst den Geist der anderen verstehen. Dein Geist wird klar sein wie ein Spiegel. Erscheint Rot, so zeigt der Spiegel Rot; erscheint Weiß, so zeigt der Spiegel Weiß. Ist Dein Geist klar, reflektiert er den Geist anderer. Ist jemand traurig, so bist Du auch traurig; sind andere still, so bist Du auch still; haben andere Wünsche, so verstehst Du ihre Wünsche. Dann ist es möglich, andere zu lehren und ihren Verstand anzuhalten.

Gut und schlecht sind Deine wahren Lehrer. Schneidest Du Dein „kleines Ich" ab, so gibt es weder Vorlieben noch Abneigungen, weder gut noch schlecht. Alle einzelnen Teilchen des Universums sind Deine guten Freunde und Lehrer. Du mußt Dein eigenes Selbst töten, dann erreichst Du die Freiheit ohne Hindernisse. So wirst Du Deinen wahren Weg finden. Erkennst Du diesen wahren Weg, so gehe nur zu und achte auf jeden Schritt. Halte nicht an dem fest, was es am Straßenrand gibt. Geh nur immer geradeaus weiter vorwärts.

Einst sagte Buddha: „Ist Dein Geist klar, so ist das ganze Universum klar." Schneidet Dein Geist alles Denken ab und wird klar, so ist jeder Ort, an dem Du Dich befindest, auch klar. Kümmere Dich nicht um andere Leute. Übst Du wahrhaft intensiv, dann werden sie Dir alle folgen. Dein Geist ist sehr stark, aber Dein „Selbst" klammert sich an diesen starken Geist. Dadurch hast Du sehr ausgeprägte Vorlieben und Abneigungen, viel Wut, Frustration, schlechte Gedanken über andere und so weiter. Du mußt Dich vollkommen von diesem starken Geist, von diesem starken Ich trennen. Das ist ganz wichtig. Sprichst Du über Dein Verstehen, dann bedeutet das nur Festhalten an Deinem Geist. SCHNEIDE DIESES ICH AB!!

Einst fragte jemand Zen-Meister Jo-ju, „hat ein Hund Buddha-Natur?" Jo-ju antwortete, „Nein!" Verstehst Du dieses „Nein!"? Was bedeutet es? Öffnest Du den Mund, um zu antworten, so schlage ich Dich dreißigmal. Öffnest Du den Mund nicht, so schlage ich Dich auch dreißigmal. Was kannst Du tun? Denken ist nicht gut, also laß alles los.

Du möchtest einen großen Zen-Meister finden, oder einen Ort, an dem intensiv geübt wird, oder ein Hundert-Tage-Retreat machen oder nach Providence kommen. Läßt Du Deinen Geist nicht los, so kann Dir keine dieser Möglichkeiten helfen. Du mußt erkennen, was die Zen-Übung bedeutet. Was ist *Sitzen*? Sitzen bedeutet, alles Denken abzuschneiden und einen unbeweglichen Geist zu behalten. Was ist *Zen*? Zen bedeutet klar werden. Du hältst am äußerlichen Zen fest, Du erkennst das wahre Zen nicht. Erkennst Du aber wahrhaft, was Zen heißt, brauchst Du keinen Zen-Meister, kein Hundert-Tage-Retreat, keinen Ort, an dem intensiv geübt wird und kein Zen-Zentrum in Providence oder Cambridge.

Dann kannst Du einfach gehen, stehen, sitzen, schlafen, reden oder schweigen – alles wird Deine Übung sein. Bewahre stets den klaren Geist und kehre immer zu Deinem wahren Selbst zurück. Darum gibt es keine Augen, keine Ohren, keine Nase, keine Zunge, keinen Körper, keinen Geist, keine Farbe, keinen Klang, keinen Geruch, keinen Geschmack, kein Fühlen, nichts, was den Geist berühren könnte. Dann verstehst Du „es gibt nichts zu erreichen, weil es nichts zu erreichen gibt." Du mußt den „Ich-Möchte-Erleuchtung-Geist" abschneiden.

Es ist besonders wichtig für Dich, den Verstand zu bremsen. Je mehr Du Erleuchtung möchtest, um so entfernter ist sie. Möchtest Du einen guten Ort finden, um Zen zu üben, so wird kein Ort gut genug sein. Schneidest Du aber alles Denken ab und kehrst zu Deinem Anfänger-Geist zurück, dann ist das bereits Erleuchtung. Bewahrst Du einen klaren und leeren Geist, dann ist jeder Ort, an dem Du Dich gerade aufhältst, das Nirvana. Folglich mußt Du ganz eisern den Mund geschlossen halten und Dich vom blauen Himmel, den weißen Wolken, den hohen stillen Bergen und den lärmenden Städten lehren lassen. Sie sind alle einfach genau so. Sie sind Deine wahren und wahrhaft großen Lehrer. Ich hoffe also, Du tötest zuerst Dein starkes Selbst, findest für immer Deinen klaren Geist und errettest alle Menschen vom Leiden.

Die blauen Berge und grünen Wälder
sind der Patriarchen klares Gesicht.
Erkennst Du dieses Gesicht?
Ein Vierteldollar sind fünfundzwanzig Cents.

Bis bald

S.S.

Lieber Soen Sa Nim, 8. März 1975

wie ist es denn in Providence? Hier ist es wundervoll – kühl und regnerisch – welche Seltenheit. Ich habe vor, ungefähr am 15. Juli in den Osten zurückzukehren und meine Mutter zu besuchen – und Dich.

Ich habe eine ‚Öffne-meinen-Mund' Frage:

Wozu all dieses mühevolle Üben, wenn wir bei der Mühelosigkeit enden? Wozu Sitzen, *Kong-Ans*, Singen, usw.? Bei meinem Sitzen in den letzten zehn oder zwölf Monaten gab es keinen (oder nur geringen) Unterschied zwischen dem Sitzen und dem Nicht-Sitzen, sondern nur Klarheit. Das heißt, mein Sitzen mit einem *Kong-An* ist mein Sitzen und an nichts denken (*Shikantaza*), und das Bemühen ist die Mühelosigkeit. Sich anzustrengen führt in eine Richtung und ist zu Anfang das Gegenteil zu dem später folgenden Stadium des Nicht-Bemühens. Da später alles mühelos wird, wozu bemüht man sich dann drei bis fünf Jahre, wenn es doch nur zur Mühelosigkeit führt? Warum beginnt man dann nicht einfach mit der Mühelosigkeit, indem man einfach achtsam ist, wie in der Hinayana Vipassana Methode oder wie es Krishnamurti lehrte? Warum verbringt man drei bis fünf Jahre damit, sich von der Mühelosigkeit zu entfernen, um dann zurückzukehren?

Also im japanischen Soto und Rinzai-Zen scheint höherer Wert auf die Bemühung gelegt zu werden – intensives Sitzen, endloses Arbeiten, usw. – ganz anders als bei euch. Ihr legt wenig Nachdruck auf das Sitzen und die damit verbundenen Anstrengungen. Warum?

Auch sagst Du, *Kensho*, Erleuchtung ist „klarer Geist". Maezumi und Hearn stimmen dem beide nicht zu. In den letzten vier Jahren hatte ich viele derartige Erfahrungen: Ich war in den Ebenen jenseits der Klarheit. Zustände, in denen das Ich (Körper und Geist) verschwindet und man nur die Welt als Ganzes sieht, Erfahrungen ohne Abtrennung, ohne Raum, ohne Zeit, nur das.

Ist dieser Zustand das, was Du mit dem „klaren Geist" meinst? Ist mein Sitzen gut, dann erfahre ich den Zustand der Einheit, des „einfach so", alle paar Tage. Ist mein Sitzen schlecht, dann ereignet es sich überhaupt nicht oft. Aber jetzt erkenne ich, es gibt keinen Unterschied zwischen gutem und schlechtem Sitzen, zwischen Klarheit und dem vollgestopften, besorgten Geist.

Aber gibt es denn irgendeinen Punkt im Training, den man Erleuchtung nennen kann? Ich glaube nicht. Alles ist Erleuchtung, oder etwa nicht?

Außerdem: Warum braucht man zwanzig bis dreißig Jahre Training bei einem japanischen Roshi, aber bedeutend weniger bei einem koreanischen? Was hat es mit der japanischen Methode auf sich, warum dauert sie so lange? Ist sie gründlicher und vollständiger? besser oder schlechter, oder warum?

Du fragst mich: „Was verstehst Du?"

Ich verstehe, daß es nichts zu verstehen gibt, nichts getan oder geübt werden muß, es gibt nur den klaren Geist. Das will aber niemand hören, stattdessen bevorzugt man es zu trinken, zu tanzen, Krach zu schlagen, Meinungen zu haben und endlos über Liebe und Mitgefühl zu reden. Das ist aber nur die Idee dieser Leute von Liebe und Mitgefühl.

Ich habe wenig Lust, Lehrer zu werden, es hören ohnehin immer nur sehr wenige zu, und selbst wenn man einmal redet, ist man die meiste Zeit kein guter Lehrer.

Meine Lehre, die ich den anderen vermitteln möchte, ist also folgende: sich nicht um die Millionen verschiedener Übungsarten zu kümmern, sondern nur zu sitzen. Die Methode ist unwichtig, einfach nur sitzen, *Kong-An*, *Shikantaza*, Atemzüge zählen. Dann funktioniert das wahre „Ich", ohne denken, ohne reden; dann, manchmal, ohne zu wissen wann, erscheint Buddha oder Gott, einfach so, wahrhaftig.

Auch habe ich weder ein Interesse daran, erleuchtet zu sein – Erleuchtung ist nur ein Wort – noch bin ich es jetzt, noch werde ich sie aus eigenem Antrieb erlangen, solange ich übe. Welchen Unterschied macht das schon?

Aber ich habe großes Interesse daran, anderen zu zeigen, daß Denken, Ideen, usw. die Klarheit blockieren, zumindest am Anfang. Sie sollten ihre Meinungen und Emotionen auf jede ihnen nur mögliche Weise fallen lassen.

Ich hoffe, Dich im Juli oder Anfang August zu sehen.

Hochachtungsvoll

Ed

P.s. Im Beruf, sowie auch im Training, denke ich wirtschaftlich und plane alles im voraus. Bis vor ein oder zwei Jahren war ich sehr optimistisch, was die *Zukunft* der Welt anbelangt in bezug auf Nahrung,

Kriege usw., aber ich wußte, das besagte nichts, weil die Welt viel zu kompliziert ist, um gedanklich auch nur annähernd zu erfassen, was geschehen könnte, geschweige denn, um mit ausreichender Genauigkeit irgendwelche bedeutsamen Pläne auszuarbeiten. Aber durch intensives Nachforschen weiß ich heute, was vor sich geht. Die Welt ist in unermeßlichen Schwierigkeiten, mehr als sie es je zuvor war, und in diesen Schwierigkeiten steckt sie möglicherweise schon viel zu lange, als daß man noch irgend etwas dagegen unternehmen könnte.

Was wirklich getan werden muß, ist, den menschlichen Geist zu revolutionieren. Es ist in dieser Zeit nicht damit getan, ein guter Lehrer zu sein. Viele, unzählige Menschen müssen diese Revolution jetzt verwirklichen, oder die ganze Welt stirbt. Wenn das geschieht, so geschieht es, aber ebenso wie ein guter Arzt die Krankheiten behandeln wird, während sie aufkeimen, so sollten die, die dazu fähig sind, die Krankheiten des Verstandes jetzt behandeln – und zwar schnell. Uns bleibt keine Gnadenfrist mehr von hundert oder tausend Jahren – sondern vielleicht nur noch zwei oder drei Jahrzehnte, bevor die Welt zusammenbricht und nur noch ein unglaubliches Leiden übrigbleibt. Und sehe ich Leiden, so leide ich. Dieses Leiden *muß* verhindert werden.

Lieber Ed, 22. März 1975

danke für Deinen Brief. Ich würde mich sehr freuen, wenn Du an die Ostküste kämest.

Du schreibst sehr viel über Bemühung und Mühelosigkeit. Wirf das alles weg. Wozu das viele Denken? Warum klammerst Du Dich dermaßen an Worte? Ein bedeutender Lehrer sagte, „die zehntausend Fragen sind eine Frage. Löst Du diese eine Frage, dann verschwinden alle zehntausend Fragen."

Was willst Du? Bemüht sich einer sehr und ein anderer macht sich nicht die geringste Mühe – mach Dir nichts daraus. Kümmere Dich ausschließlich um Deine eigenen Angelegenheiten. Beende zuerst Deine eigene große Arbeit, dann wirst Du alles verstehen. Sitzen, gehen, reden, lachen, essen – das alles ist Zen. Das mußt Du erkennen.

Sitzen ist sehr wichtig. Aber für das wahre Sitzen ist es bedeutungslos, ob der Körper sitzt oder nicht sitzt. Du kennst bereits die Geschichte von Ma-jo, der sehr verbissen saß und Nam Ak, der einen Ziegelstein polierte.

Du meinst, ich hätte gesagt, die Erleuchtung ist klarer Geist. Was ist der klare Geist? Klarer Geist ist nur ein Name. Erleuchtung ist auch nur ein Name. Sage ich also klarer Geist, ist das kein klarer Geist. Sagst Du Erleuchtung, ist das keine Erleuchtung. Rot ist Rot, Weiß ist Weiß. Nur einfach so. Das ist der klare Geist, das ist Erleuchtung. Es ist letztendlich nichts. Sagst Du, klarer Geist sei Erleuchtung, so schlage ich Dich dreißigmal. Sagst Du, klarer Geist sei keine Erleuchtung, so schlage ich Dich ebenfalls dreißigmal. Klammere Dich weder an den klaren Geist noch an die Erleuchtung. Klammere Dich auch nicht an Zen-Worte. Du mußt sehr vorsichtig sein. Zen-Meister benutzen die Worte, um ihren Schülern Fallen zu stellen.

Du schreibst, während Du gut sitzt, taucht ein Zustand von Einheit auf, der jenseits der Klarheit liegt. Was ist Einheit? Was ist gutes und was ist schlechtes Sitzen? Du sollst Deinen Geist nicht kontrollieren. Den Geist zu kontrollieren, ist eine üble Zen-Krankheit. Auch wenn Du Dich sprachlich noch so gut ausdrückst, es ist nur Denken. Schreib mir einen Satz, der vor dem Denken liegt.

Du fragst, warum man bei einem japanischen Zen-Meister zwanzig oder dreißig Jahre braucht, um seine Ausbildung zu vollenden. Unter einem koreanischen Zen-Meister dauert es endlos. Du vergleichst ständig japanisches und koreanisches Zen und andere Arten des Buddhismus miteinander. Das ist Dein schlechtes Karma. Das alles ist einfach nicht wichtig! Wirf alles weit weg!

Du schreibst, Du verstehst, daß es nichts zu verstehen gibt. Aber Du verstehst Erleuchtung, Leerheit, alles. Bis jetzt hast Du weder Erleuchtung, noch Leerheit noch irgend etwas *erlangt*. Das Verstehen kommt aus dem Denken. Etwas erlangen liegt vor dem Denken. Öffnest Du den Mund, so liegst Du schon falsch. Außerdem habe ich Dir bereits gesagt, Du sollst den Mund geschlossen halten. Halte Dich an diese Regel!

Der dritte Patriarch sagte einmal:

> Der große Weg ist nicht schwierig
> für die, welche keine Unterscheidungen machen.
> Wirf Vorlieben und Abneigungen weg,
> und alles wird vollkommen klar.

Laß alles Lehren los, laß überhaupt alles los. Betonst Du, daß Du an keiner Übungsmethode festhältst, so hältst Du bereits an einer Methode fest. Wirfst Du all Dein Festhalten weg, sind folgende Worte überflüssig: „Das wahre ‚Ich' funktioniert ohne Denken, ohne Reden". Du schreibst, „dann, manchmal, ohne zu wissen wann, erscheint Buddha oder Gott, einfach so, wahrhaftig." Erscheint Dir Buddha, mußt Du Buddha töten; erscheint Dir Gott, mußt Du Gott töten. Wozu ist Gott oder Buddha notwendig? Ein bedeutender Lehrer sagte: „Ich wandere durch die sechs Reiche der Existenz, ohne die Buddhas und Bodhisattvas um die geringste Hilfe zu bitten." Ein anderer bedeutender Lehrer sagte: „Töte ich meine Eltern, so kann ich es dem Buddha beichten. Töte ich aber den Buddha, wem kann ich dann beichten?" Du mußt diesen Ort der wahren Reue finden.

Du schreibst, daß Du nicht interessiert daran bist, Erleuchtung zu erlangen. Du bist aber sehr interessiert daran und klammerst Dich sehr an die Erleuchtung. Warum solltest Du sonst Erleuchtung, Erleuchtung, Erleuchtung schreiben? Was ist denn Erleuchtung? Du mußt das Herz-Sutra lesen. Verstehst Du erst die wahre Bedeutung des Herz-Sutras, wirst Du auch Deinen wahren Weg erkennen.

Belehrst Du die anderen, bist Du wie ein blinder Mann, der andere Blinde in den Graben führt. Du mußt Deine Augen öffnen. Das ist ganz dringend notwendig.

Du denkst, die ganze Welt leidet und hast Angst davor, daß sie zerstört wird. Du möchtest alle Menschen vor dem Leiden retten. Also bist Du ein großer Bodhisattva, ein großer Mann. Aber ein wahrhaft großer Mann kennt weder Worte noch Sprache – nur Taten. Das nächste Mal möchte ich einen kurzen Brief von Dir. Geh hinaus und frage den Baum, der vor dem Tempel steht, nach dem wahren Weg. Dieser Baum wird Dich lehren. Schreibe mir nichts weiter. Teile mir nur mit, was der Baum Dir gesagt hat.

Hochachtungsvoll Dein

S.S.

80. Wer macht eins?

Eines Abends, nach dem Dharma-Vortrag im Bostoner Dharmadhatu, fragte ein Schüler Dae Soen Sa Nim: „Wenn alles eins ist, was ist zwei?"

Dae Soen Sa Nim antwortete: „Wer macht dieses ‚alles eins'?"

„Du."

„Ich mache nicht eins. *Du* machst eins."

„Also gut, warum nennst du es eins?"

Dae Soen Sa Nim sagte: „Du hältst an den Worten fest." Nun folgte ein kurzes Schweigen. „Okay, ich frage dich: Warst du null oder eins, bevor du geboren wurdest?"

„Weder noch."

„Nicht null?! Dein Körper existierte nicht vor deiner Geburt, also warst du null, okay?"

„Nicht null."

Dae Soen Sa Nim entgegnete: „Nicht null? Dein Körper *existierte* bereits?", dann deutete er auf das lange blonde Haar des Mannes, „Okay – hattest du dieses Haar schon vor deiner Geburt?"

Nach einigem Zögern antwortete der Schüler: „Nein."

„Okay. Jetzt ist dein Haar eins. Hast du nach deinem Tod noch Haare?"

„Nein."

„Gut, das gilt jetzt für dein Haar, nur für dein Haar. Vor der Geburt waren deine Haare null, nun sind sie eins, und in Zukunft sind sie wieder null. Okay?"

„Okay."

„Das ist die Wahrheit. Folglich ist null gleich eins, eins ist null. Okay?"

„Okay."

„Also einmal null ist null. Zweimal zehn ist null. Dreimal hundert ist null. Okay?"

„Hmmmm ... wenn du es sagst."

Dae Soen Sa Nim erklärte: „Du sagst eins, du sagst zwei, du sagst drei, du sagst viele, viele: alle ergeben null. Möchtest du aber eins, dann hast du eins; möchtest du zwei, dann hast du zwei; möchtest du hundert, dann hast du hundert. Descartes sagte, ‚ich denke, also bin ich'. Denke ich eins, so habe ich eins. Vorher dachtest du eins, also hattest du eins. Ich habe nicht eins gedacht, und so hatte ich auch nicht eins. Somit sagst *du* eins, ich sage nicht eins."

Der Schüler fragte: „Warum sagst du dann nicht, alles ist null?"

„Nicht null." (Gelächter der Zuhörer) „*Du* sagst null, ich sage nicht null. „

„Du sagst eins."

Dae Soen Sa Nim entgegnete: „Ich sage null." (lautes, anhaltendes Gelächter) „Du sagst eins, ich sage null. Du klammerst dich an meine Worte. Ich klammere mich nicht an Worte, ich bin frei. Manchmal sage ich null, manchmal sage ich nicht null. Denkst du aber eins, dann hast du auch eins. Denkst du hundert, dann hast du hundert. Schneidest du alles Denken ab, dann ist alles leer. Denkst du Gott, dann hast du Gott; denkst du Buddha, dann hast du Buddha. Denkst du nicht, dann gibt es weder Gott noch Buddha. Das meinte Buddha, als er sagte, ‚das ganze Universum ist durch dein Denken erschaffen'."

81. Welcher ist *dein* Stern?

Kurz nachdem Chung Gang im Alter von zweiundzwanzig Jahren Erleuchtung erlangt hatte, ging er zu Zen-Meister Mang Gong. Dieser sagte zu ihm: „Buddha erlangte Erleuchtung, als er den Morgenstern am östlichen Himmel sah. Aber es gibt so viele Sterne. Welcher ist *dein* Stern?"

Chung Gang begab sich auf alle Viere und tastete den Boden um sich herum ab.

Daraufhin sagte Mang Gong: „Oh, du bist wahrhaftig Buddha geworden." Er gab ihm die Übertragung.

82. Die Geschichte der Sul

Unter den Schülern des Zen-Meisters Ma-jo war ein Laie namens Chang. Er war ein sehr eifriger Buddhist, der zweimal täglich die Sutren rezitierte, sich verbeugte und häufig den Zen-Meister aufsuchte. Er nahm stets seine kleine Tochter Sul mit.

Das Mädchen war noch frommer als ihr Vater. Sie leistete ihm täglich beim Verbeugen und Rezitieren Gesellschaft und freute sich immer sehr darauf, den Meister zu sehen. Eines Tages sagte Ma-jo zu ihr: „Weil du so ein nettes Mädchen bist, möchte ich dir ein Geschenk machen. Mein Geschenk an dich ist das Wort *Kwanseum Bosal.* Du wiederholst diesen Namen des Bodhisattvas einfach immer und immer wieder, so oft du nur kannst. Dann wirst du die Glückseligkeit finden."

Zu Hause gab der Vater Sul ein Bild des Bodhisattvas, das sie an die Wand hängen sollte. Sie verbrachte viele Stunden singend davor, *Kwanseum Bosal*, *Kwanseum Bosal.* Schließlich sang sie alle Tage hindurch ununterbrochen, wo immer sie auch war – beim Nähen, Kleiderwaschen, Kochen, Essen, Spielen, ja sogar während sie schlief. Ihre Eltern waren sehr stolz auf sie.

Einige Jahre vergingen, und ihre Freunde waren schon längst zu dem Schluß gekommen, daß Sul etwas verrückt sei. Doch das berührte sie nicht im geringsten, und sie sang weiterhin den ganzen Tag, wo immer sie gerade war. Eines Tages, als sie die Kleider im Fluß wusch, indem sie den Schmutz mit dem Stock herausschlug, schlug plötzlich die große Glocke von Ma-jos Tempel. Der Klang der Glocke und der Klang ihres Stockes wurden eins, und ihr Geist öffnete sich. Sul war überwältigt vor Freude, sie fühlte sich, als tanzte das ganze Universum *Kwanseum Bosal* singend umher, aber es war niemand anderes als sie selbst. Sie selbst war *Kwanseum Bosal*! Und *Kwanseum Bosal* war die Erde, der Himmel, die große Glocke von Ma-jos Tempel, die schmutzige Wäsche, die auf einem Haufen am Flußufer lag. Sul hüpfte voller Freude nach Hause und sang nie wieder *Kwanseum Bosal.*

Während der folgenden Tage bemerkten die Eltern eine große Veränderung an ihrer Tochter. Das sonst so ruhige und wohlerzogene Mädchen platzte nun häufig laut lachend heraus, ohne ersichtlichen Grund, unterhielt sich lange mit Bäumen und Wolken; rannte die Straße zum Dorf in halsbrecherischem Tempo herunter, wie ein Junge. Ihr Vater war in großer Sorge um sie und beschloß daher, durch ihr Schlüsselloch zu beobachten, was Sul alleine in ihrem Zimmer tat. Er sah zuerst das Bild von *Kwanseum Bosal* an der Wand und daneben ihren Altar, auf dem gewöhnlich das heilige Lotus-Sutra lag, umringt von Blumen und Räucherstäbchen; doch heute lag es nicht da. Dann entdeckte er Sul, sie saß in einer Ecke, mit dem Gesicht zur Wand, sie saß auf... dem Lotus Sutra! Er wollte seinen Augen nicht trauen. Nach dem ersten Schock platzte er ins Zimmer und schrie: „Was denkst du dir eigentlich dabei! Bist du noch recht bei Verstand! Das ist eine heilige Schrift! Warum setzt du dich darauf!"

Sul lächelte und entgegnete ganz ruhig: „Vater, was ist denn heilig daran?"

„Es sind Buddhas eigene Worte, es enthält die größte Wahrheit des Buddhismus."

„Kann die Wahrheit in eine Sprache gefaßt werden?"

Langsam erkannte Chang, daß mit seiner Tochter etwas geschehen war, das nicht im Bereich seiner Vorstellungen lag. Sein Ärger verwandelte sich in totale Verwirrung.

„Was ist dann deiner Meinug nach die Wahrheit?"

„Versuchte ich dir das zu erklären", antwortete Sul, „würdest du es doch nicht verstehen. Geh und frage Ma-jo und höre, was er dir sagt."

Daraufhin besuchte Chang den Zen-Meister Ma-jo und berichtete über die letzten Tage. Zuletzt sagte er: „Bitte Meister, sage mir, ist meine Tochter verrückt?"

Ma-jo antwortete ihm: „Deine Tochter ist nicht verrückt, *du* bist verrückt."

„Was soll ich denn tun?"

„Mache dir keine Sorgen", beruhigte ihn Ma-jo und übergab ihm eine Kalligraphie auf Reispapier mit folgendem Text:

> Hörst du den hölzernen Hahn am Abend krähen,
> dann kennst du das Land, in dem dein Geist geboren wurde.
> Im Garten vor meinem Haus,
> ist der Weidenbaum grün, die Blume ist rot.

„Hänge dies in das Zimmer deiner Tochter und beobachte, was geschieht."

Chang war jetzt noch verwirrter als je zuvor. Er ging nach Hause wie einer, der seine Richtung verloren hat. Er verstand überhaupt nichts mehr.

Als Sul die Kalligraphie an der Wand gelesen hatte, nickte sie nur und sagte zu sich: „Oh, ein Zen-Meister ist auch einfach so." Dann legte sie das Lotus-Sutra zurück auf den Altar und umringte es wieder mit Blumen und Räucherstäbchen.

Nach einiger Zeit des intensiven Übens ging sie zum Tempel, um Ma-jo zu sehen. Zu dieser Zeit war der Zen-Meister Ho Am bei ihm zu Besuch, und sie baten Sul zum gemeinsamen Tee. Nachdem sie sich eine Tasse Tee eingegossen hatte, sagte Ho Am zu Ma-jo: „Mir ist zu Ohren gekommen, daß diese junge Dame sehr intensiv geübt hat." Ma-jo schwieg. Ho Am wandte sich nun direkt an Sul: „Ich werde deinen Geist prüfen."

„In Ordnung."

„Im Sutra steht, ‚der Berg Sumeru paßt in ein Senfkorn; jemand dringt ein und bricht die Felsen in tausend Stücke.' Was bedeutet das?"

Sul warf die Tasse gegen die Wand, an der sie zerschellte.

Ma-jo lachte und klatschte in die Hände: „Sehr gut! Sehr gut! Nun werde *ich* deinen Geist prüfen."

„In Ordnung."

„Im Buddhismus wird das Wort ‚Karma' sehr oft benutzt. Du hast gutes buddhistisches Karma. Jetzt frage ich dich: Was ist Karma?"

Sul sagte: „Entschuldige bitte, könntest du die Frage nochmals erklären?"

„In allen drei Fahrzeugen des Buddhismus wird Karma auf unter-

schiedliche Weise benutzt. Ich frage dich, was bedeutet Karma genau?"
Sul verbeugte sich vor Ma-jo: „Danke." Dann war sie still.
Ma-jo lächelte: „Ein sehr guter Trick. Du verstehst es."
Sul wuchs heran und behielt stets den vollkommen klaren Geist. Nach außen hin handelte sie ganz alltäglich, und innerlich war ihr Geist der Geist eines Bodhisattva. Sie heiratete schließlich und zog eine große, glückliche Familie auf, alles eifrige Buddhisten. Viele Menschen suchten sie auf und baten um ihren Rat und ihre Hilfe. Sie wurde als große Zen-Meisterin bekannt.
Eines Tages, als Sul schon eine alte Frau war, starb ihre Enkelin. Sie weinte bitterlich während der Beerdigung, und auch zu Hause hörte sie nicht auf zu weinen, als die Besucher zur Kondolation anstanden. Jeder war schockiert, und sie begannen zu flüstern. Schließlich ging einer von ihnen zu ihr: „Du hast große Erleuchtung erlangt und bereits erkannt, daß es weder Leben noch Tod gibt. Warum weinst du? Warum ist deine Enkelin ein Hindernis für deinen klaren Geist?"
Sul hörte sofort auf und entgegnete: „Verstehst du, wie wichtig meine Tränen sind? Sie sind größer als alle Sutren und alle Worte der Patriarchen und alle nur erdenklichen Zeremonien. Wenn meine Enkelin mich weinen hört, so wird sie ins Nirvana eintreten." Dann rief sie allen Besuchern zu: „Versteht ihr das?"
Nicht einer verstand.

83. Dialog mit Swami X

Ein Tages lud ein bekannter Yogi während seines Aufenthaltes in Cambridge Dae Soen Sa Nim zu einem Gespräch ein. Es waren einige Dutzend Schüler anwesend. Eine riesige Menge von Früchten waren als Geschenk vor den Swami hingestellt worden, der auf einem Stuhl auf einem kleinen Podium saß. Dae Soen Sa Nim wurde ein Platz auf seiner linken Seite auf dem Boden angeboten.
Nachdem sich Dae Soen Sa Nim und die drei Schüler, die ihn begleiteten, gesetzt hatten, bot der Swami ihm etwas Süßes an. Einer von Dae Soen Sa Nims Schülern lehnte ab und erklärte, daß Dae Soen Sa Nim Diabetes hat.

„Oh," sagte der Swami, „das ist nicht gut. Du solltest täglich zwei Meilen laufen, das hilft dir ganz sicher."

Dae Soen Sa Nim entgegnete: „Diabetes ist sehr gut. Form ist Leerheit, Leerheit ist Form. Dieser Körper ist bereits Leerheit. Somit ist meine Diabetes Leerheit. Also ist sie sehr gut."

Der Swami schwieg für einige Zeit, dann sagte er: „Reden wir doch miteinander. Sag etwas."

Dae Soen Sa Nim sagte: „Wie sollt ihr euren Geist während der Yoga-Übung halten?"

„Der Geist und das innere Selbst sollten miteinander verschmelzen. Wobei der Geist von jedem gegenständlichen Denken frei sein sollte. Hast du gelesen, was Patanjali über Yoga schreibt?"

„Mein Selbst und mein Geist – sind sie gleich oder verschieden?"

„Verschmilzt der Geist mit dem inneren Selbst, dann ist er eins mit ihm. Kommt er jedoch nach außen, dann ist er abgetrennt."

Dae Soen Sa Nim sagte: „Der Geist hat weder ein Innen noch ein Außen, wie kann er also eins mit dem Selbst oder getrennt von ihm sein?"

„Wer handelt denn außen, wenn nicht der Geist?"

„Was ist Geist?"

Der Swami antwortete: „Der Geist ist die Tendenz des Selbst, die nach außen geht, die handelt. Geht sie nach innen, dann entsteht das Selbst; ist sie außen, dann entsteht das Handeln in der Welt. Der Geist ist also kein selbständiges Wesen, er ist auch keine Form von irgend etwas, er ist nichts als das Bewußtsein. Zieht sich das universelle Bewußtsein zusammen und nimmt Formen äußerer Objekte an, so nennen wir es Geist. Und kehrt dieser Geist sich nach innen und wird zum Selbst, dann wird er wieder zum Bewußtsein an sich. Es zieht sich zusammen, und es dehnt sich aus."

„Der Geist hat weder ein Innen noch ein Außen. Das Denken macht Innen und Außen, Bewußtsein und Geist – alles ist vom Denken erschaffen. Also ist der Geist Nicht-Geist."

„Nimmt der Geist die Form äußerer Objekte an, so wird er zum Geist. Kehrt er aber nach innen und vergißt alle Objekte, so wird er wieder zum Selbst, zum Bewußtsein."

Dae Soen Sa Nim fragte: „Wer macht Innen, wer macht Außen, wer macht Bewußtsein, wer macht Objekte?"

„Weißt du denn, wer *dich* gemacht hat?"

„Wenn du mich fragst, dann werde ich dir antworten."

„Was meinst du? Wer hat die Welt erschaffen?"

Dae Soen Sa Nim antwortete: „Vor dir liegen viele Äpfel und Orangen."

Das verwirrte die Hindi-Übersetzerin sehr, und sie bat Dae Soen Sa Nim, seine Antwort doch zu wiederholen. Dann übersetzte sie stirnrunzelnd.

Der Swami schwieg kurze Zeit. Dann fragte er: „Ist das eine Antwort?"

„Willst du eine andere Antwort?"

„Ja."

„Eins und zwei ergibt drei."

„Stelle dir vor, du nimmst von drei zwei weg, dann ...?"

„Nur noch eins."

„Stell dir vor, wir nehmen auch eins weg."

Dae Soen Sa Nim antwortete: „Dann schlage ich dich!"

Die Übersetzerin hielt den Atem an. Sie war sichtbar schockiert und wollte das zuletzt Gesagte offensichtlich nicht übersetzen. Nach einiger Zeit überwand sie sich doch.

Der Swami sah ausgesprochen verärgert aus. Er wippte mit dem Fuß und sagte: „Diese Antwort ergibt keinen Sinn. Welches Wissen hast du überhaupt?"

„Gut, ich erkläre es dir. Ich frage dich jetzt: Eins und zwei ergibt das drei oder ergibt das null? Was ist zutreffend?"

Der Swami sagte: „Schau, alles wechselt von Moment zu Moment. Manchmal kann es zehn sein, manchmal fünf, ein anderes Mal sieben, dann wieder neun. Alles wechselt ständig. Nichts ist festgelegt. Alles ist nur im Moment wahr."

„Behauptest du, daß alles wechselt, dann hältst du an der Form fest."

„Ich halte *nicht* an der Form fest! Aber *du* hältst an deinen Fragen und Antworten fest!"

Dae Soen Sa Nim lachte: „Wahrhaftig, *das* ist eine gute Antwort."

„Warum sollte man an den Dingen festhalten, da sie ständig wechseln? Warum sollte man sie sich wünschen?"

„Okay, ich frage dich ..."

„Nein, *ich* habe eine Frage an *dich*. Welchen Zweck hat unser Gespräch über spirituelle Dinge?"

„Heute ist Samstag."

Der Swami entgegnete: „Das ist keine Antwort eines Philosophen. Es ist die Antwort eines Kindes!"

„Ja."

„Aus der Sicht des weltlichen Lebens hat alles immer einen Zweck. Frage ich z.B. diesen Mann", er deutete auf einen seiner Anhänger, „ ‚warum bist du hergekommen?', so wird er mir antworten, ‚ich wollte dich sehen' oder ‚ich möchte dich etwas fragen'. Antworten sollten so sein, daß man sie verstehen kann. Jemand fragt mich etwas, weil er Zweifel hat, und meine Antwort wird ihm seine Zweifel nehmen. Aber deine

Antworten haben weder einen Sinn noch einen Zweck. Sie sind die Antworten eines spielenden Kindes."

„Diese anderen Antworten sind Kinderantworten. ‚Ich bin hergekommen, weil ich dich sehen wollte' – jedes Kind versteht das. Aber ‚heute ist Samstag' – diese Antwort verstehen Kinder nicht. Somit sind *deine* Antworten die eines Kindes."

Der Swami entgegnete: „Nur wenn andere verstehen, was wir sagen, hat es einen Sinn und einen Zweck. Versteht dich aber niemand, worin liegt dann der Sinn deiner Fragen und Antworten? Es sollte einfach ein Sinn darin sein."

„Ich erkenne, daß du ein großer Mann bist. Aber du verstehst nicht. Also bist du ein Kind."

„Es war nicht die Rede von groß oder klein. Reden wir aber miteinander, so sollten wir Wörter und Sätze auf eine Weise benutzen, daß sie im alltäglichen Leben und im weltlichen Handeln etwas Sinn ergeben. Ob im Großen oder im Kleinen, es muß eindeutig sein. Sowohl Kinder als auch Erwachsene sollten sie verstehen können."

„Ich habe noch eine Frage an dich", sagte Dae Soen Sa Nim und nahm sich einen Apfel. „Das ist ein Apfel, okay? Sagst du aber, das ist ein Apfel, dann hältst du an Namen und Formen fest. Sagst du, das ist kein Apfel, so hältst du an der Leerheit fest. Ist das jetzt ein Apfel oder nicht?"

„Beides."

„Beides? Ich werde dich sechzigmal schlagen! Antwortest du ‚Apfel', so ist das falsch; antwortest du ‚kein Apfel', so ist das auch falsch; antwortest du ‚Beides', so ist das doppelt falsch. Warum? Das Denken macht diesen Apfel. Er sagt nicht, ‚ich bin ein Apfel'. Die Menschen nennen ihn Apfel, also ist er vom Denken gemacht."

Der Swami sagte: „Wir wissen, daß er auf einem Baum wächst."

„Jawohl! *Das* ist eine gute Antwort. Eine ausgezeichnete Antwort wäre ..." Dae Soen Sa Nim biß in den Apfel.

Der Swami sagte: „Auch ohne ihn zu essen, weiß ich, was ein Apfel ist. Die, die das nicht wissen, haben es nötig, ihn zu essen. Du erkennst den Apfel beim Essen. Ich erkenne ihn schon, wenn ich ihn sehe."

„Eine andere gute Antwort wäre es gewesen, ihn mir zu geben und zu sagen, ‚bitte iß ihn'."

„Das ist unnötig. Ich kann sehen, was er ist."

„Das ist wahr. Worte sind überhaupt unnötig."

Der Swami entgegnete: „Es gibt viele Arten des Verstehens, das Essen ist nicht die einzige. Eine andere ist z.B.: Verlaß für einige Zeit deine Philosophie und gehe auf den Markt. Angenommen, du erzählst dem Verkäufer, was ein Apfel ist, welche Größe er hat und so weiter. Er wird dir keinen Apfel zum Essen geben. In unserem Alltag ist deine Philosophie nutzlos. Eine Philosophie sollte praktisch sein. Wir sollten sie im Alltag anwenden können. Unsere Philosophie und unser Alltag sollten nicht getrennt voneinander sein, sie sollten eins sein. Die Philosophie sollte so einfach sein, daß jeder sie anwenden kann. Heutzutage interessiert sich kein Wissenschaftler für so etwas. Sie glauben an nichts, was nicht funktioniert."

Dae Soen Sa Nim antwortete: „Ich bin kein Philosoph, ich bin kein Wissenschaftler, ich bin kein Buddhist."

„Welche Absicht verfolgst du dann?"

„Du hast es bereits verstanden."

Der Swami sah auf die Uhr: „Ich muß jetzt gehen. Wir reden ein andermal weiter. Es ist nicht schwierig, mit dir zu reden." Dann lachte er und fügte hinzu: „Weil du kein Philosoph bist, gebe ich dir einen Apfel", und er reichte ihm einen Apfel.

Dae Soen Sa Nim gab ihn lächelnd zurück: „Ich möchte ihn dir geben."

Der Swami sagte: „Ich bin mit beidem glücklich, sowohl mit dem Geben als auch mit dem Nehmen."

Dae Soen Sa Nim sagte: „Vielen Dank."

84. Grosser Irrtum

An einem Sonntag, nach dem Dharma-Vortrag im Internationalen Zen-Zentrum in New York, fragte ein Schüler Dae Soen Sa Nim: „Kann sich das Große Ich jemals irren?"

Dae Soen Sa Nim antwortete: „Ein großer Irrtum."

„Wer erkennt den Irrtum?"

Dae Soen Sa Nim sagte: „Er ist bereits geschehen."

85. Weg der Sprache und Dharma-Weg

Lieber Soen Sa Nim, 10. Februar 1975

vielen Dank für Deinen Brief. Er hat mir geholfen, die Luft zu reinigen, die vom vielen begrifflichen Denken verstaubt war. Schwarze Tinte auf weißem Papier – nur einfach so. Du hast mir viele Fragen gestellt, aber in Wirklichkeit nur die eine: Was geschieht nach dem Tod? Ich weiß nicht. Ich wußte es, bevor ich geboren wurde, aber ich habe es vergessen. Deine Hausaufgabe ist eine harte Nuß. Hier sind meine Antworten.

Zu dem Mann, der die Asche auf den Buddha fallen läßt und zu „die Maus ißt das Katzenfutter, aber die Katzenschüssel ist zerbrochen“:

Eis, Wasser, Dampf – eine kochend heiße Badewanne

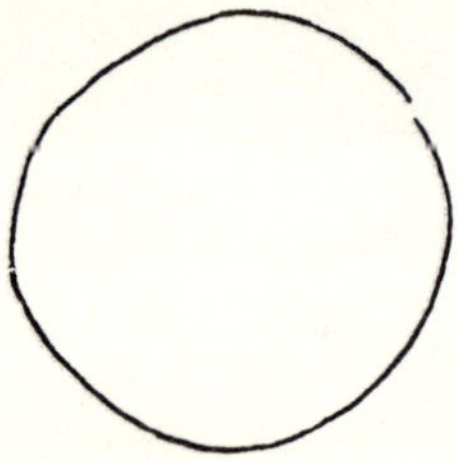

Die beinlose Katze kratzt sich
die Maus ohne Maul ißt
zerbrochene Schüssel ohne Boden oder Wände
ist das Katzenfutter geschluckt
bewegt es sich nicht

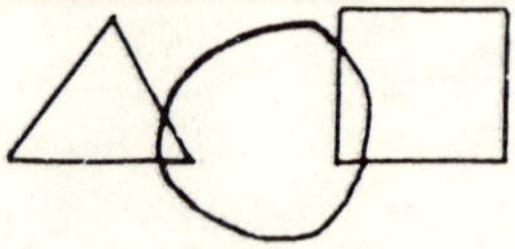

Dein Gedicht ist wundervoll.
Hier ist ein Gedicht für Dich:

Ohne ersichtlichen Grund
ist mein Leben vollständig
Um Mitternacht in der Höhle
glimmt noch immer ein schwaches Licht
Bewegt sich der Geist auch nur einen Schritt
fällt die Asche des Räucherstäbchens wie ein Donnerschlag
KATZ
Wieviel wiegt das?
Du mußt die Waagschalen bringen.

Mit einer tiefen Verbeugung
Steve

Lieber Steve, 23. Februar 1975
Wie geht es Dir so in der letzten Zeit? Danke für Deinen Brief. Ich habe ihn erwartet und mich gefreut, als er kam.

Du schreibst, „schwarze Tinte auf weißem Papier – nur einfach so." Das sind sehr schöne Worte, aber es gibt zwei unterschiedliche ‚einfach so' Antworten: den Weg der Sprache und den Dharma-Weg. Nimm z.B. folgendes *Kong-An*:

Hier ist eine Glocke.
Sagst Du, es ist eine Glocke,
dann hältst Du an Namen und Formen fest.
Sagst Du, es ist keine Glocke,
dann hältst Du an der Leerheit fest.
Ist es eine Glocke oder nicht?

Ich zeige Dir vier Antworten: 1. Nur auf den Boden schlagen. 2. „Die Glocke lacht." 3. „Außen ist es dunkel, innen ist es hell." oder „die Glocke steht auf dem Boden." All diese Feststellungen sind nur einfach so. Es sind gute, aber nicht vollständige Antworten. 4. Die Glocke nehmen und sie läuten. Das ist eine 100 % vollständige Antwort. Es ist also durchaus möglich, daß jemand „einfach so" versteht und trotzdem nicht die beste Antwort gibt. Die Antworten des Weges der Sprache sind gut, aber sie sind oft nicht vollständig. Die Antwort des Dharma-Weges ist die vollständige Antwort. Ist eine Frage vielschichtig, so werden der Weg der Sprache und der Dharma-Weg eins. Bei der Frage: „Was ist Buddha?" gibt es viele vollständige Antworten, wie: „Drei Pfund Flachs", „trockene Scheiße am

Stock", „die Wand ist weiß, der Teppich ist blau", usw. Bei einer einfachen Frage aber unterscheidet sich der Dharma-Weg von dem Weg der Sprache. So ist es bei der Frage mit der Glocke, da gibt es nur eine vollständige Antwort. Das gleiche gilt für das Maus *Kong-An*. Der Weg der Sprache ist unvollständig, Du mußt den Dharma-Weg finden, dann kannst Du eine gute Antwort geben. Diese Antwort trifft genau den Punkt.

Du zeichnest ein Dreieck, einen Kreis und ein Viereck. Denkst Du dabei, dann ist es die Handlung eines Besessenen. Schneidest Du all Dein Denken ab, so sind diese Figuren unnötig. Scheiße ist Buddha, Kotze ist Buddha – beides ist die Wahrheit, beides ist einfach genau so. Bewahrst Du Deinen unterscheidenden Geist, wieso hörst Du dann bei drei Figuren auf? Es gibt mehr Möglichkeiten, und die Figuren, die Du zeichnen könntest, wären endlos. Das sind alles nur Hilfsmittel, um Zen zu lehren, es gibt sie nicht in Wirklichkeit. Du sollst nicht an den Formen hängen. Du sollst Deine Hausaufgabe beenden, das ist sehr wichtig. Du mußt verstehen, daß ein Vierteldollar fünfundzwanzig Cents sind.

Dein Gedicht ist sehr gut. Aber was bedeutet „mein Leben ist vollständig"? Benutzt Du „vollständig", dann mußt Du „mein Leben" streichen. Benutzt Du aber „mein Leben", dann mußt Du „vollständig" streichen. Wie kannst Du den Klang der Räucherstäbchenasche, die wie ein Donnerschlag fällt, hören? Du schreibst „KATZ" und „wieviel wiegt das?" Ich habe Dich bereits gefragt, wieviel das wiegt. Um das Gewicht zu erkennen, brauchst Du Waagschalen ohne Maß und Gewichte.

Hier ist ein Gedicht für Dich:

Der Schneemann Bodhidharma schwitzt
und wird kleiner und kleiner.
Der Klang seines Herzschlags
erschüttert Himmel und Hölle.
Seine Augenbrauen fallen herab,
dann seine Augen und schließlich seine Karottennase.
Ein kleiner Junge ruft: „Bodhidharma stirbt!"

Hochachtungsvoll Dein

S.S.

86. Das Tathagata

An einem Abend, nach dem Dharma-Vortrag im Zen-Zentrum in Cambridge, fragte eine Schülerin Dae Soen Sa Nim: „Ich habe eine rein technische Frage. Könntest du einiges über das Konzept des Tathagata erklären?"

Dae Soen Sa Nim antwortete: „In Amerika unterzeichnen die Leute ihre Schecks und Dokumente. Im Orient dagegen benutzt man den Stempel oder das Siegel. Das Tathagata ist ähnlich. Es gibt drei Arten des Zen: Theoretisches Zen, Tathagata Zen und Patriarchales Zen. Theoretisches Zen ist einem Stück Papier vergleichbar, das gestempelt wird: jeder kann dieses Zeichen verstehen. Tathagata Zen hingegen ist, als ob man Wasser stempelt: jeder kann das Geräusch hören, aber der Stempel verschwindet sofort. Patriarchales Zen ist, als ob man den Raum stempelt: keiner kann es verstehen. Alles kommt und geht ungehindert. Durch das Wasser entsteht ein kleines Hindernis, auf dem Papier ergibt es ein offensichtliches Anhaften. Tathagata Zen ist also die mittlere dieser drei Möglichkeiten. ‚Form ist Leerheit, Leerheit ist Form' bedeutet, ‚keine Form, keine Leerheit'. Möchtest du die wahre Bedeutung des Tathagata verstehen, dann höre folgendes *Kong-An*: Einst fragte jemand Zen-Meister Jo-ju, ‚was ist Buddha?' Jo-ju antwortete, ‚geh und trink Tee'. Dieser Mensch hatte aber schon einige Zeit Zen geübt und verstand ein wenig, er rief, ‚KATZ!!!' Da sagte Jo-ju, ‚hast du Tee getrunken?' Was bedeutet dieser Dialog? Verstehst du ihn, dann verstehst du die wahre Bedeutung des Tathagata."

„Ich denke, ich verstehe ihn."

„Wenn du denkst, kannst du ihn nicht verstehen. ‚Weder Form noch Leerheit' liegt vor dem Denken. Denkst du, so ist das kein Tathagata Zen."

Ein anderer Schüler sagte: „Was bedeutet der Dialog denn?"

Dae Soen Sa Nim antwortete: „Ich schlage dich dreißigmal." (Gelächter der Zuhörer)

„Aber ich kann doch die Geschichte nicht verstehen."

„Ich habe es bereits erklärt: Ich schlage dich dreißigmal."

„Oh, jetzt verstehe ich."

„Was verstehst du?" (Gelächter)

„Autsch!"
Dae Soen Sa Nim sagte: „Hast du schon zu Abend gegessen?"
„Nein."
„Du mußt hungrig sein. Geh und iß etwas."
Der Schüler verbeugte sich.

87. Bodhidharma und ich

Einmal wohnten Dae Soen Sa Nim und einer seiner Schüler einem Dharma-Vortrag im Zen-Zentrum in Kalifornien bei. Der Dharma-Lehrer sprach über Bodhidharma. Als seine Rede beendet war, fragte ihn jemand: „Was unterscheidet Bodhidharmas neunjähriges Sitzen in Sorim von deinem Sitzen hier und jetzt?"

Der Dharma-Lehrer antwortete: „Ungefähr fünftausend Meilen."

„Ist das alles?"

„Gib einige Meilen hinzu oder ziehe einige ab."

Später fragte Dae Soen Sa Nim seinen Schüler: „Wie hat dir diese Antwort gefallen?"

Der Schüler antwortete: „Sie war weder gut noch schlecht, aber der Hund rennt hinter dem Knochen her."

„Wie hättest *du* denn geantwortet?"

„Ich würde sagen: Warum machst du einen Unterschied?"

Dae Soen Sa Nim sagte: „Nicht schlecht. Jetzt frage *du mich*."

„Was unterscheidet Bodhidharmas neunjähriges Sitzen in Sorim von deinem Sitzen hier und jetzt?"

„Weißt du es denn nicht?"

Der Schüler antwortete: „Ich höre."

„Bodhidharma saß neun Jahre in Sorim, ich sitze jetzt hier."

Der Schüler lächelte.

88. Briefwechsel mit einem ordinierten amerikanischen Juristen

Lieber Soen Sa Nim, 26. Dezember 1974

danke für Deinen Brief, die Ratschläge und das Gedicht. Ich kann jetzt leider nur einen kurzen Brief schreiben, weil noch eine Unmenge Büroarbeit auf mich wartet. Bis jetzt weiß ich noch keine Antwort auf Dein Maus *Kong-An*.

Zur Übung: Wir meditieren weiterhin jeden Morgen, aber das ist nur eine Bodhisattva Praxis – wie die Verbeugungen auch. Die Hauptübung mache ich in der Zeit, in der ich mit den Menschen und den alltäglichen Verantwortungen während der Arbeit umgehen muß. Ich versuche bei allem, was auftaucht, angemessen zu reagieren, und gleichzeitig beachte ich sehr genau jeden Wunsch und jegliches Gefühl, das mir sagt, etwas sollte anders sein, als es ist. Taucht ein solches Gefühl auf, so schwinge ich meine Axt.

Danke für Deine sehr hilfreichen Briefe und alle Deine Belehrungen. Ich schreibe Dir weiteres über meine Hausaufgabe, sobald sich die Gelegenheit bietet.

Hapchang

An Hanh

Lieber Ven. An Hanh, 2. Januar 1975

Ein glückliches neues Jahr! Ich hoffe, Du beendest bald Deine Hausaufgabe, erlangst Erleuchtung und errettest alle Wesen vom Leiden.

Ich habe Dir bereits gesagt, daß ein Vierteldollar fünfundzwanzig Cents sind. Verstehst Du die wahre Bedeutung davon, so verstehst Du das Maus *Kong-An*. Nimm z.B. an, jemand bittet mich um fünfundzwanzig Cents. Ich gebe ihm einen Vierteldollar. Er schreit mich an: „Das sind keine fünfundzwanzig Cents, das ist ein Vierteldollar!" Ich sage: „Selbstverständlich sind das fünfundzwanzig Cents." Aber er glaubt mir nicht: „Nein, nein, das ist ein Vierteldollar, das sind keine fünfundzwanzig Cents." Das geht so eine ganze Weile. Schließlich gebe ich ihm zwei Zehner und einen Fünfer. Er ist überglücklich. Dieser Mann versteht nur fünf undzwanzig Cents, aber nicht einen Vierteldollar. Nun sieh Dir das *Kong-An* noch mal an. Du verstehst nur Maus, Katzenfutter, Katzenschüssel, zerbrochen, aber Du verstehst nicht die Bedeutung, die dahintersteckt. Diese Bedeutung mußt Du finden. Die Bedeutung hinter fünfundzwanzig Cents ist ein Vierteldollar; hinter einem Vierteldollar steckt die Bedeutung fünfundzwanzig Cents. Du bist bereits ein großer Mann. Warum hängst Du an Worten und Äußerlichkeiten? Der Apfel ist rot, aber der Apfel ist süß. Bleibe nicht an der Farbe kleben, Du mußt die Süße schmecken. Namen und Formen sind unnötig. Iß nur.

Hier ist ein anderes Gedicht für Dich:

Der Mond ist weiß, der Schnee ist weiß,
die ganze Erde ist weiß.
Der Berg ist dunkel, die Nacht ist dunkel,
der Geist des Gastes ist dunkel.
Das Käuzchen schreit „Uhh-huuu",
das Echo klingt sehr kalt.
Es weiß nicht, daß das Vollmondlicht
den fünfzehnten Tag bedeckt.

Ich erwarte Deine Hausaufgabe. Bitte schreibe mir eine gute Antwort. Du schreibst, Dein Sitzen sei nicht Deine Hauptübung. Es ist nicht gut, in Begriffen wie Hauptübung und Nicht-Hauptübung zu denken – das spaltet den Geist. Was ist die Hauptübung? Ein bedeutender Lehrer sagte: „Sitzen, liegen, reden, schweigen, sich bewegen – während all dieser Tätigkeiten darf nur ein Geist sein." Dieser eine Geist ist Kein-Geist. Kein-Geist bedeutet wahrer leerer Geist. Der wahre leere Geist liegt vor dem Denken. Vor dem Denken ist nur einfach so. Also wo ist da die Hauptübung und die Nicht-Hauptübung? Meditierst Du, so meditiere einfach nur; redest Du, so rede nur; arbeitest Du, so arbeite nur. Alles ist Deine Hauptübung. Ab und zu tauchen Wünsche auf, das ist weder gut noch schlecht. Behalte nur weiterhin den klaren Geist. Du mußt weder darin wühlen, noch mußt Du Deine Axt schwingen. Ein bedeutender Lehrer sagte: „Ich wandere durch die sechs Königreiche und bitte weder Buddhas noch Bodhisattvas um die geringste Hilfe." Denken ist gut; der Geist, der die Axt schwingt, ist Denken. Mache Dir keine Sorgen, aber sieh alles ausnahmslos als Deine Hauptübung an. Ich hoffe sehr, daß Du in allem die Hauptübung entdeckst, alle Deine Handlungen von einem Geist ausgeführt werden und Du alle Wesen errettest.

Bis bald

S.S.

Lieber Soen Sa Nim, 7. Januar 1975
Betreff des Maus *Kong-Ans*:

Ich wurde nie geboren.
Ich werde niemals sterben.
Gerade eben werde ich geboren.
Gerade jetzt sterbe ich.

$0 = \infty$

Zu sagen, es ist richtig, heißt an Namen und Form festhalten. Zu sagen, es ist falsch, heißt, nicht wissen, warum die Katzenschüssel zerbrochen ist. Was sagst Du dazu?

Hapchang

An Hanh

Lieber An Hanh, 11. Januar 1975

danke für Deinen Brief, Deine Antwort auf dieses *Kong-An* ist sehr gut, aber sie ist 84.000 Meilen von der wahren Antwort entfernt.

Ich schlage Dich dreißigmal!

Ist das richtig oder falsch?

Ich träumte letzte Nacht:

$\infty = 0$

Gerade eben werde ich geboren,
gerade jetzt sterbe ich.
Aber ich wurde nie geboren,
ich werde nie sterben.
Keine Zeit, kein Raum, kein Hindernis;
zum Himmel fliegen in absoluter Freiheit.
Wie wundervoll das ist!
Aber, der Knochen von Raum und Zeit taucht unvermittelt auf
und kracht in meinen Schädel.
Auuuuuuuaaaaa!!!! ... Ich wache auf.
Mondlicht fällt durchs Fenster auf den Boden.

Reicht Dir diese Antwort oder nicht? Reicht sie Dir, so findest Du auch die wahre Bedeutung, warum die Katzenschüssel zerbrochen ist. Reicht sie Dir nicht, dann befindest Du Dich immer noch in diesem Traum. Du mußt aufwachen! Ich werde Dir den Schlüssel geben, um dieses *Kong-An* zu knacken. Biok An Lok (Blue Cliff Records) sagt: „Siehst Du Rauch hinter den Bergen aufsteigen, dann weißt Du, daß dort ein Feuer ist. Erblickst Du Hörner auf einer Steinmauer, weißt Du, daß dahinter eine Kuh steht."

S.S.

Lieber Soen Sa Nim, 31. Januar 1975

ich danke Dir für Deine letzten zwei Briefe. Ich habe mich sehr gefreut zu hören, daß Du eine unbegrenzte Aufenthaltsgenehmigung erhalten hast und daher auch nach Korea zurückreisen kannst.

Danke ebenfalls für die Einladung, Dich zu begleiten, aber ich befürchte, es wird dieses Jahr nicht möglich sein. Ich habe viel in meinem Büro und mit dem Orientalistik-Unterricht zu tun. Es gibt keinen, der ihn während meiner Reise übernehmen könnte. Möglicherweise kann ich nächstes Jahr oder das darauffolgende Jahr einmal nach Asien fahren. Wenn ja, so hoffe ich, eine Empfehlung für die Mönche in Korea von Dir zu bekommen.

Es wäre großartig, wenn Du auf Deinem Weg in Los Angeles unterbrechen könntest. Wenn ja, so würden wir uns alle darauf freuen, Dich zu sehen.

Mit meiner Hausaufgabe stecke ich fest. Du warst so nett, mir einen Hinweis für das Maus *Kong-An* zu geben, aber ich bin immer noch sehr unsicher. Kürzlich hast Du mir geschrieben: „Mondlicht fällt durch das Fenster auf den Boden. – Reicht Dir diese Antwort oder nicht?" Ich glaube, Du möchtest mir klarmachen, daß ich mit dem „einfach so" Aspekt leben und nicht dem Freiheits-Geist nachjagen soll. Kurz zuvor hast Du mir Gedichte geschickt, die mir zu verstehen gaben, daß vier Vierteldollar einen Dollar ergeben – was ich so verstand; mich nicht an einzelnen der verschiedenen Aspekte des *Kong-Ans* zu klammern – ich weiß nicht. Möglicherweise mache ich mir zuviele Vorstellungen, sicher ist nur, daß ich feststecke.

Du schreibst auch, der Schlüssel für das Maus *Kong-An* liege in den Aussagen von Biok An Lok über das Feuer in den Bergen und die Kuh hinter der Mauer. Davor sagst Du mir auch noch, ich solle die Bedeutung hinter dem *Kong-An* sehen, aber ich bin immer noch zu dumm, um zu kapieren, wohin das führen soll. Der erste Teil (mit der Maus) zeigt auf 360 °, das ist offensichtlich. Der Teil mit der Schüssel deutet auf das, was dahintersteht? Was steht hinter 360 °???? Ich weiß nicht. Möglicherweise ist es das endgültige Verwerfen der Idee des Zen-Kreises, des „einfach so" oder irgendeiner besonderen Geisteshaltung. Deshalb bleibt mir die meiste Zeit nichts anderes als, ich weiß nicht und abwarten. Wie auch immer, es ist notwendig, Dir eine Antwort auf das *Kong-An* mitzuteilen.

„Was bedeutet: ‚die Katzenschüssel ist zerbrochen'?" Hier ist meine Antwort:

Es ist nichts besonderes

Übrigens, die Tempelregeln, die Du verfaßt hast, sind sehr wichtig für uns Amerikaner. Ich werde versuchen, sie in Umlauf zu bringen, weil sie sich direkt gegen unsere Art richten, mit anderen Menschen zu spielen; was einer unserer Hauptfehler ist. Scheinbar haben wir alle eine Unmenge Mund-Karma, und diese Regeln werden uns helfen, es aufzuhalten.

Bis bald

An Hanh

Lieber An Hanh, 12. Februar 1975

danke für Deinen Brief. Wie geht es Dir? Ich hoffe, Du behältst diesen „steckengebliebenen" Geist konsequent und erlangst bald Erleuchtung.

Wir haben übrigens beide dasselbe Karma, keiner von uns wird im nächsten Frühjahr die Möglichkeit haben, nach Korea zu fahren. Ich muß hierbleiben, weil ich jetzt der Abt vom Tempel Won Gak Sa in New York bin und wir dort das Internationale Zen-Zentrum aufbauen. Es gibt dort viele koreanische Buddhisten, die mich gerne oft bei sich hätten, und somit erwartet mich eine Menge Arbeit zwischen Providence, Boston und New York.

Ich mag Deinen „steckengebliebenen" Geist sehr. Eine gute Antwort auf das Maus *Kong-An* zu finden ist halb so wichtig, wie den „steckengebliebenen" Geist zu bewahren. Dieser Geist ist Dein wahrer Schatz. Bewahrst Du ihn aber nur für Dich selbst, dann wird er bald zu einem gewöhnlichen Wunsch. Du mußt diesen Schatz mit anderen teilen, um allen Menschen zu helfen. Deshalb benutzen wir *Kong-Ans* und Interviews, und deshalb müssen wir Erleuchtung erlangen.

Hier ist ein weiterer Hinweis für Dich:

$3 \times 3 = 9$
$4 + 5 = 9$
$10 - 1 = 9$
$18 : 2 = 9$

Das sind viele verschiedene Beispiele, aber hinter allen steckt dieselbe Antwort: 9. Unser *Kong-An* ist ähnlich. Es ist sehr gut, da alle Worte – Maus, Katzenfutter, Schüssel, zerbrochen – auf dasselbe hinweisen. Du mußt dieses eine finden. Ich habe Dir bereits viele Tips gegeben, und wenn Du nicht an meinen Worten klebst, wirst Du feststellen, daß sie sich nicht voneinander unterscheiden. Sie weisen alle auf die Bedeutung, die dahintersteckt.

Deine Antwort ist weder gut noch schlecht, sie ist nichts besonderes. Aber „es ist nichts besonderes" hat eine ganz besondere Bedeutung. Die Bedeutung, die dahintersteckt, ist „einfach so".

Du schreibst in Deinem Brief, die Tempelregeln seien sehr gut. Vielen Dank. Ich lege Dir einige *Kong-Ans* bei, in der Hoffnung, sie nützen Dir.

Bis bald

S.S.

Lieber Soen Sa Nim, 7. April 1975

Ich höre, Deine Zen-Zentren sprießen an der Ostküste hervor, wie die Pilze nach einem Frühlingsregen. Das ist großartig. Ich bin ganz sicher, vielen Menschen wird auf diese Weise geholfen aufzuwachen.

Über meine Hausaufgabe „die Katzenschüssel ist zerbrochen", gibt es nichts zu berichten.

Ich habe mich bemüht, den Amerikanern Zen zu erklären, indem ich die Sprache und die Beispiele so benutzte, wie es ihnen entspricht. Jetzt folgt ein Beispiel, wie ich die Dharma Vorträge im Internationalen Buddhistischen Meditationszentrum halte: (Teile mir bitte mit, ob Du dieser Lehrweise zustimmst).

„In den Philosophie-Klassen bedienen sie sich eines Experiments, um ihre Erkenntnisse zu lehren. Sie füllen drei Eimer mit Wasser: einen mit heißem, einen mit eiskaltem und einen mit Wasser, das Zimmertemperatur hat. Derjenige, der das Experiment durchführt, hält die rechte Hand in das heiße und die linke Hand in das eiskalte Wasser. Er läßt ungefähr dreißig Sekunden beide Hände im Wasser, um sich an die Temperatur zu gewöhnen. Dann nimmt er beide Hände gleichzeitig heraus und taucht sie sofort in das Wasser mit Zimmertemperatur. Aber dieses Wasser wird von der rechten Hand, die aus dem heißen Wasser kommt, als kalt, von der linken Hand aber, die aus dem eiskalten Wasser kommt, als warm empfunden. Versucht es, und ihr werdet es selbst feststellen.

Was sagt das über Zen aus? Es zeigt uns, daß unsere dualistischen Vorstellungen, wie heiß und kalt, von dem besonderen Blickpunkt abhängig sind, von dem ihr sie betrachtet. ‚Kalt' bedeutet also nur, ‚kälter als meine Hand', und ‚heiß' bedeutet nur, ‚heißer als meine Hand'. Ohne einen vergleichbaren Bezugspunkt, z.B. ‚meine Hand', haben Worte wie heiß oder kalt überhaupt keine Bedeutung — sie sind Unsinn.

Diese Wahrheit gilt für alle dualistischen Kategorien: heiß und kalt, hell und dunkel, gut und schlecht, sein und nicht sein, usw.

Das zeigt uns klar, was wir bei der Zen-Übung lernen können. Ihr lernt, die Zusammenhänge frei von irgendwelchen Bezugspunkten zu erkennen. Das ‚Ich' wird als momentaner Blickpukt ausgeschaltet. Ohne alles vom ‚Ich' aus zu betrachten, gibt es weder gut noch schlecht, weder sein noch nicht sein. All dieses Denken entpuppt sich Wort für Wort als Unsinn. Alles ist einfach das, was es ist, ohne irgend eine relative Qualität hinzuzufügen. Erscheint Rot, ist es Rot. Tauchen Schmerzen auf, tut es weh. Scheint die Sonne, wird der Raum hell. Nur einfach so.

Ich sage dies alles nur, um euch zur Zen-Übung zu ermutigen. Diese Worte enthalten kein Zen. Verstehen ist nichts. Ihr müßt es selbst erfahren. Arbeitet schwer und erwacht, und errettet dann alle bewußten Wesen."

Möglicherweise ist das vielzuviel Gerede, aber die Leute scheinen es zu mögen, und es ermutigt sie, Zen zu üben.

Seit Januar habe ich nichts mehr vom Zen-Zentrum in Providence gehört. Hoffentlich haben sie meinen Namen von ihrer Anschriftenliste nicht gestrichen. Ich hoffe, Dich auf Deiner nächsten Reise an die Westküste zu treffen.

Danke für Deine Lehre.

Hochachtungsvoll

An Hanh

Lieber An Hanh, 17. April 1975

danke für Deinen Brief und Deine freundlichen Worte. Ich habe voll Ungeduld Deine Antwort auf die Hausaufgabe erwartet, aber Du schreibst, es gebe nichts zu sagen. Das macht mich sehr traurig. Dieses *Kong-An* ist viel zu leicht. Alles was Du verstehen mußt ist, daß ein Vierteldollar fünfundzwanzig Cents sind. Nur das.

Vielen Dank, daß Du mich an Deinem Lehren teilhaben läßt. Diese Art zu lehren ist sehr gut, aber ein wenig unklar. Du sagst, relative Qualitäten seien Unsinn, und daß alles das ist, was es ist, ohne irgendwelche hinzugefügten relativen Qualitäten. Aber sogar Rot ist relativ, Schmerzen sind relativ, Sonne, scheinen, hell – das ist alles relativ. Du sagst, alle relativen Qualitäten seien Unsinn. Warum benutzt Du sie dann hier? Ist das „Ich" als momentaner Blickpunkt ausgeschaltet, wie kann dann Rot erscheinen? Wer sieht Rot? Wer fühlt die Schmerzen? Wer versteht „einfach so"?

Wir haben da drei Bereiche: den relativen Bereich, den Unsinn-Bereich und den „einfach so" Bereich. Deine Lehre ist vom relativen Bereich zum Unsinn-Bereich klar, aber vom Unsinn-Bereich zum „einfach so" Bereich ist sie unklar. Die Leute werden einige Schwierigkeiten haben, das zu verstehen.

Ein bedeutender Lehrer sagte: „Um die Krankheit irregeleiteter Ansichten zu kurieren, müssen wir den Leuten eine im Grunde illusionäre

Medizin verabreichen. Ist die Krankheit kuriert, dann müssen wir ihnen die illusionäre Medizin wieder wegnehmen." Wie nehmen wir diese illusionäre Medizin wieder weg? Das ist ganz wichtig. Nehmen wir diese Medizin nicht weg, dann verfällt der Patient der Illusion.

Deine Lehre versucht, die Krankheit des Festhaltens und der Gegensätze zu kurieren, und Du benutzt die Unsinn-Medizin. Aber wie nimmst Du diese Unsinn-Medizin wieder weg? Wohin mit dem Unsinn? Deshalb ist der Bereich vom Unsinn zu „einfach so" nicht klar.

Hier ist ein Beispiel für korrektes Lehren: Kalt und heiß sind vom Denken erschaffen. Durchtrennst Du alles Denken, dann verschwinden alle Gegensätze. Das ist das Absolute. Dann gibt es weder gut noch schlecht, weder hell noch dunkel, weder heiß noch kalt. Aber vor dem Denken gibt es auch weder Worte noch Sprache. Öffnest Du Deinen Mund, so liegst Du schon falsch. Es ist also auch falsch, „weder heiß noch kalt" zu sagen. Es gibt nur KATZ, nur SCHLAGEN. Aber selbst das ist nur ein Festhalten an der Leerheit. Folglich bewahrst Du in der wahren Leerheit, die vor dem Denken liegt, nur den klaren Geist. Alles ist genauso wie es ist. Dein Geist ist wie ein klarer Spiegel. Rot erscheint und der Spiegel zeigt Rot; Weiß erscheint und der Spiegel zeigt Weiß. Wird es kalt, dann ist es nur kalt; wird es heiß, dann ist es nur heiß.

Ich hoffe, dieses Beispiel ist Dir hilfreich. Du mußt darauf achten, wann Du die Medizin einsetzt, und wann Du sie wegnimmst.

Ich schicke Dir eine Kopie der Dharma-Rede, die ich bei der Eröffnungszeremonie des Internationalen Zen-Zentrums in New York halten werde. Worin unterscheidet sich Dein Lehren von meinem Lehren? Findest Du das heraus, so wird Dich meine Dharma-Rede lehren. Es ist dringend notwendig, zuerst den Geist zu kurieren, der die Welt in Gegensätze unterteilt. Verstehen die Leute aber „einfach so", dann ist das auch nur Denken, ist auch nur eine Abhängigkeit von „einfach so". Die Dharma-Rede ist wirklich vorbei, nachdem ich „eins zwei drei vier; fünf sechs sieben acht" gesagt habe. Der ganze Rattenschwanz dahinter sind Erklärungen, aber Erklärungen sind notwendig. Dann teste ich nochmals den Geist der Leute mit Fragen über gleich und verschieden. Der Schlußsatz bedeutet, alles wegzuwerfen: gleich oder verschieden, Erklärungen, „einfach so", Dharma-Reden, alles.

Es tut mir leid wegen der mangelnden Informationen. Ich werde dem Direktor in Providence Bescheid geben, damit er Dich auf den neuesten Stand bringt.

Ich hoffe, Dich bald zu sehen.

Hochachtungsvoll Dein

S.S.

89. Alle Menschen retten

Eines Abends, nach dem Dharma-Vortrag im Zen-Zentrum in Cambridge, fragte ein Schüler Dae Soen Sa Nim: „Du sagst doch, du bist hier, um alle Menschen zu retten. Heißt das, ihnen nur auf dem Weg zur Erleuchtung zu helfen, oder sie auch vor Hunger, Krieg und Schmerzen zu retten."

Dae Soen Sa Nim antwortete: „Ich habe die Rettung aller Menschen bereits beendet."

Es entstand ein langes Schweigen.

„Verstehst du, was das heißt?"

Wiederum ein langes Schweigen.

Nun sagte Dae Soen Sa Nim: „Laß es los. Okay?"

90. Ein Dialog im Tal Mah Sah

An einem Sonntag, nach dem Dharma-Vortrag im Tempel Tal Mah Sah in Los Angeles, kam der Laie Bon Won zu Dae Soen Sa Nim und fragte: „Wo liegt das Reich der Erleuchtung?"

Dae Soen Sa Nim sagte: „Weißt du es denn nicht?"

Bon Won schlug auf den Boden.

Dae Soen Sa Nim entgegnete: „Ich glaube dir nicht. Gib mir eine andere Antwort."

„Draußen ist es heute sehr heiß."

„Gut. Ich möchte dir eine Frage stellen. Als vor langer Zeit Zen-Meister Se Sahn Erleuchtung erlangte, schrieb er folgenden Vers:

Wird das Haar weiß, ist der Geist noch lange nicht weiß.
Das ist eine alte Weisheit.
Horch! Ein hölzerner Hahn kräht!
Höre es, und beende die Arbeit eines großen Mannes.

Was bedeuten die letzten beiden Zeilen?"

„Ich habe schon zu Mittag gegessen, deshalb bin ich jetzt nicht hungrig."

„Dein Mittagessen interessiert mich nicht. Nur *du* weißt, ob dein Bauch voll ist. Ich frage dich nach dem krähenden hölzernen Hahn. Was bedeutet das?"

„Kikeriki."

„Bist du ein hölzerner Hahn?"

Bon Won fragte: „Warum spielst du die Flöte ohne Löcher?"

Dae Soen Sa Nim antwortete: „Selbst wenn du alle Buddhas getötet hättest, würde ich dir nicht glauben. Die Bedeutung der ‚Arbeit eines großen Mannes' ist bereits in dem Gedicht enthalten. Welche Zeile enthält diese Bedeutung?"

„Am Himmel von Los Angeles ist viel Smog."

„Nicht gut. Lies das Gedicht noch einmal."

Bon Won las das Gedicht und sagte: „Hast du bereits zu Mittag gegessen?"

„Nicht gut. Die Bedeutung steht in dem Gedicht. Lies es noch einmal."

Bon Won las das Gedicht noch einmal und schwieg.

„Du weißt es immer noch nicht. Nun frage *du mich*."

„Was bedeutet es, die Arbeit eines großen Mannes zu beenden?"

Dae Soen Sa Nim antwortete: „Wird das Haar weiß, ist der Geist noch lange nicht weiß."

Da begann Bon Won laut loszulachen, und Dae Soen Sa Nim schloß sich ihm an.

91. Der Mönch als Fährmann

Vor langer Zeit lebte in China der große Zen-Meister Yak Sahn. Er hatte zwei große Schüler – Un Am und Dok Song – beide erhielten von ihm die Übertragung und wurden selbst Zen-Meister. Un Am war ein kräftiger, unermüdlicher Mann, mit einer Stimme wie eine große Bronzeglocke und einem Lachen, das die Erde beben ließ. Er wurde bald ein berühmter Lehrer, und viele hunderte von Schülern kamen, um bei ihm zu lernen. Ganz anders war Dok Song, ein schmächtiger, dünner Mann, dessen Natur dermaßen zurückhaltend war, daß kaum jemand Notiz von ihm nahm. Nur ab und zu sagte er etwas, das in den Köpfen der Zuhörer tagelang nachklang.

Nach dem Tod von Zen-Meister Yak Sahn ging Dok Song zu Un Am und sagte: „Du bist jetzt ein großer Zen-Meister und hast viele Schüler und zahlreiche Tempel. Ich finde das gut, aber mein Weg ist ein anderer. Er führt zu den Bergen, Flüssen und Wolken. Mache nach meiner Abreise einen guten Schüler ausfindig, den du zu mir schickst, damit ich meine Schuld an unseren Meister zahlen kann."

Mit diesen Worten zog Dok Song weiter in die Provinz Hwa Jong. Dort legte er seine Mönchsrobe ab, ließ sich die Haare wachsen und kaufte sich ein kleines Boot, in dem er die Leute von einem Flußufer zum anderen ruderte. Dok Song lebte also das Leben eines einfachen Fährmannes in totaler Zurückgezogenheit und Freiheit.

Viele Jahre vergingen. In der nahe gelegenen Provinz lebte ein junger Mann namens Son Hae. Er war seit seinem neunten Lebensjahr Mönch und studierte seither gewissenhaft die Sutren. Er lernte von allen führenden Gelehrten der Umgebung und meisterte eine beträchtliche Zahl von Mahayana Texten. Schließlich erreichte er das Ansehen, einer der größten Dharma-Lehrer des Landes zu sein, und die Leute reisten von weit her, um seine Vorträge zu hören und in seinem Tempel zu sein.

Eines Tages, nach einem besonders guten Vortrag, fragte ihn jemand: „Bitte Meister, erkläre mir, was ist der Dharma-Körper?"

„Der Dharma-Körper existiert nicht", antwortete Son Hae.

Der Fragende gab nicht nach: „Und was ist das Dharma-Auge?"

„Das Dharma-Auge ist makellos."

Plötzlich ertönte aus dem Hintergrund ein prustendes Gelächter, so mächtig, daß die Erde bebte. Son Hae schwieg, und es folgten einige Augenblicke der totalen Stille. Dann stieg er vom Podium herab und ging den Gang hinunter in den Hintergrund der Halle, blieb direkt vor dem alten Mönch, der gelacht hatte, stehen und verbeugte sich: „Vergebt mir, ehrwürdiger Herr, aber wo liegt mein Fehler?"

Der Mönch lächelte mit tiefer Anerkennung über Son Haes Bescheidenheit und antwortete: „Deine Lehre ist nicht unrichtig, aber du hast nicht die mindeste Ahnung von den Grundsätzen des Dharmas. Was du benötigst, ist die Anleitung eines scharfäugigen Meisters."

„Könntet ihr nicht die Güte haben, mich zu lehren?"

„Es tut mir leid, aber das kommt nicht in Frage. Warum gehst du nicht in die Provinz Hwa Jong? Dort lebt ein gewisser Fährmann, der wird dir den Weg zeigen."

Son Hae fragte: „Ein Fährmann? Was ist das für ein Fährmann?"

„Über ihm ist kein Platz für ein Dach, unter ihm ist kein Patz für eine Stecknadel. Er sieht einem einfachen Fährmann gleich, aber geh und sprich mit ihm. Du wirst schon sehen."

Infolgedessen entließ Son Hae seine vielen Schüler, legte seine Mönchsrobe ab und begab sich nach Hwa Jong.

Nach einigen Tagen fand Son Hae den Fährmann. Es stellte sich heraus, daß er ein knochiger, schäbig gekleideter, alter Mann war, der in der Tat wie jeder andere Fährmann aussah und lediglich nickte, als Son Hae die Fähre betrat. Dok Song ruderte einige Schläge, ließ das Boot dann treiben und fragte: „Ehrwürdiger Herr, in welchem Tempel wohnst du?"

Son Hae erkannte diese unverfängliche Frage als eine Prüfung. Er wurde wachsam und antwortete: „So wie es ist, bleibt es nicht; so wie es bleibt, ist es nicht."

„Also was kann es sein?", fragte Dok Song.

„Nicht, was vor deinen Augen liegt."

„Wo hast du das gelernt?"

Son Hae entgegnete: „Das Auge kann nicht sehen, das Ohr kann nicht hören."

Bis hierher hatte Son Hae einen annehmbaren Wettstreit geführt, aber der Meister durchschaute seinen Geist vollständig, und als er dann ganz plötzlich „KATZ!!!" schrie, verschlug es Son Hae die Sprache. Einige Augenblicke vergingen, dann sagte der Meister: „Selbst die wahrhaftigste Behauptung ist ein in die Erde gesteckter Pfahl, an dem ein Esel zehntausend Ewigkeiten lang angebunden werden kann."

Jetzt war Son Hae völlig außerstande zu reagieren. Er wurde blaß und konnte kaum noch atmen.

Wiederum sprach der Meister: „Ich habe eine tausend Fuß lange Angelschnur ausgeworfen, der Fisch ist direkt neben dem Haken. Warum sagst du nichts?"

Son Hae öffnete seinen Mund, aber es kam kein Wort heraus. Genau in diesem Moment riß der Meister sein Ruder herum und traf ihn damit voll und in solcher Wucht, daß Son Hae in den Fluß geschleudert wurde. Er ging unter, und als er prustend und nach Luft schnappend wieder auftauchte, ergriff er die Längsseite des Bootes und zog sich langsam daran hoch. Da rief der Meister: „Sag's mir! Sag's mir!" und stieß ihn zurück in den Fluß. Aber diesmal, sobald Son Hae den Schlag der flachen Ruderseite spürte, explodierte sein Geist, und er verstand alles.

Als er wieder auftauchte, hielt er sich über Wasser und nickte dreimal. Der Meister strahlte vor Freude, hielt ihm sein Ruder hin und zog ihn wieder zurück ins Boot. Einige Minuten saßen sie nur da und sahen einander an. Schließlich sagte der Meister: „Du kannst mit der seidenen Schnur am Ende der Angelrute spielen, und solange du das klare Wasser nicht störst, machst du es gut."

Son Hae fragte: „Was willst du mit dem Auswerfen der Angel erreichen?"

„Ein hungriger Fisch verschluckt den Köder mitsamt dem Haken. Denkst du in Form von Existenz und Nicht-Existenz, so wirst du gefangen und zum Abendessen gebraten."

Son Hae lachte: „Ich verstehe kein Wort von dem was du sagst. Ich sehe zwar deine Zunge flattern, aber wo bleibt der Ton?"

„Ich angle in diesem Fluß seit vielen Jahren, aber nur heute habe ich einen goldenen Fisch gefangen."

Son Hae hielt sich die Ohren zu.

„Das ist richtig. Einfach genau so – wie wunderbar!" rief der Meister aus, „jetzt bist du ein freier Mann. Wohin du auch gehst, du darfst keine Spuren hinterlassen. All die Jahre, die ich unter Zen-Meister Yak Sahn studierte, habe ich nur das gelernt. Jetzt verstehst du es, und ich habe meine Schuld bezahlt."

Den ganzen Tag und die ganze Nacht hindurch trieben die beiden Männer, miteinander redend und schweigend, auf dem Fluß. Als es dämmerte, ruderten sie ans Ufer und Son Hae ging von Bord. Der Meister verabschiedete sich: „Du brauchst nicht mehr an mich zu denken. Alles weitere ist unnötig."

Son Hae ging. Nach einer Weile drehte er sich für einen letzten Blick um. Der Meister winkte ihm aus der Mitte des Flusses zu, dann schaukelte er hoch und runter, bis das Boot kenterte. Son Hae wartete darauf, daß der Kopf des Meisters wieder auftauche, aber er kam nicht mehr hoch. Er konnte nur noch das umgekippte Boot langsam flußabwärts treiben sehen, bis es außer Sicht war.

92. Steh auf, wenn die Glocke schlägt

Eines Morgens, während dem Yong Maeng Jong Jin im Zen-Zentrum in Providence, ging ein Schüler in den Interview Raum und verbeugte sich vor Dae Soen Sa Nim. Dae Soen Sa Nim sagte: „Hast du irgendwelche Fragen?"

Der Schüler antwortete: „Nein."

„Dann werde ich dir eine Frage stellen: Was ist der wahre Weg?"

„Durch die Tür hinaus in die Küche."

„Das ist nicht der wahre Weg."

Der Schüler schlug ihn.

Dae Soen Sa Nim rief: „Aua! Aua!"

Der Schüler beugte sich vor und fragte: „Kann ich dir helfen?"

„Nein, aber ich habe noch eine Frage an dich. Einst sagte ein bedeutender Lehrer, ‚steh auf, wenn die Glocke schlägt; wird die Trommel geschlagen, dann verbeuge dich'. Was bedeutet das?"

„Der Vogel fliegt in den Himmel."

Dae Soen Sa Nim entgegnete: „Du hältst einen Stock und versuchst damit, den Mond zu schlagen. Ich gebe dir einen Hinweis. Jeden Morgen und Abend nach dem Gesang zur Glocke schlägt der *Moktak-Meister* in unserem Tempel den *Moktak*. Was tut daraufhin jeder?"

„Aufstehen."

„Und wenn der *Moktak* nochmals geschlagen wird, was tun dann alle?"

„Sich verbeugen."

„Wir benutzen den *Moktak*, in China benutzen sie Glocken und Trommeln. Die Signale sind verschieden, aber die Handlungen sind dieselben. Nun verstehst du also: ‚Steh auf, wenn die Glocke schlägt; wird die Trommel geschlagen, dann verbeuge dich'. Was bedeutet es?"

Der Schüler stand auf und verbeugte sich zu Dae Soen Sa Nim.

Dae Soen Sa Nim sagte: „Stimmt. Bewahre stets diesen Geist. Das ist dein wahrer Weg."

93. Die Geschichte Mun Iks

Vor langer Zeit lebte der große Zen-Meister Poep An Mun Ik. Er gründete viele Tempel, erteilte einundsechzig Schülern die Übertragung und war der erste Patriarch der Poep An Zen-Schule.

Als Mun Ik Schüler bei Zen-Meister Na Han wurde, war er bereits wegen seines phänomenalen Gedächtnisses bekannt. Er konnte viele Sutren Wort für Wort zitieren. Er hatte auch schon viel meditiert, und sein Geist war klar. Fragte ihn jemand nach der Wahrheit, so sagte er immer: „Alle drei Welten, alle Dharmas, alle Buddhas sind vom Geist allein erschaffen."

Zu dieser Zeit gab es in China viele Wandermönche, die sich von allen Begierden losgesagt hatten und ihr Leben lang von Kloster zu Kloster und von Meister zu Meister reisten, wie die Wolken am Himmel. Sie kannten keine Hindernisse.

Seit einiger Zeit bewunderte Munk Ik diese Mönche und ihre Art zu leben. Eines Tages beschloß er, sich ihnen anzuschließen. Er ging zu Na Han und sagte: „Meister, ich komme, um mich zu verabschieden. Von jetzt an werde ich das Leben ohne Hindernisse leben, und deshalb verlasse ich dich morgen."

Der Meister hob kaum merklich seine Augenbrauen und sagte: „Gut, wenn du glaubst, daß du soweit bist."

Munk Ik sagte: „Oh ja, das bin ich."

„Gut ich werde dich prüfen, nur um sicher zu gehen. Du sagst so oft, das ganze Universum ist vom Geist erschaffen. Schau in den Garten hinüber, siehst du die großen Felsbrocken?"

„Ja."

„So sage mir – sind sie in deinem Geist oder außerhalb?"

Ohne das geringste Zögern antwortete Munk Ik: „Sicher sind sie in meinem Geist. Wie kann etwas außerhalb des Geistes sein?"

Der Meister lächelte in sich hinein: „In diesem Falle sorgst du besser dafür, daß du diese Nacht gut schläfst. Es wird eine schwere Reise morgen, mit all diesen Felsbrocken in deinem Geist."

Munk Ik errötete vor Verlegenheit und Verwirrung und senkte den Blick.

Nach einer Weile sagte der Meister: „Versuchst du zu verstehen, dann gleichst du einem Mann, der davon träumt, sehen zu können. Die Wahrheit liegt direkt vor dir. Sie ist lebendig und von unendlicher Größe. Wie können menschliche Worte sie beschreiben?"

Mun Ik verbeugte sich tief: „Meister bitte lehre mich, ich verstehe es nicht."

„In diesem Moment verstehst du es nicht. Dieses Nicht-Verstehen ist die Erde, ist die Sonne, sind die Sterne, ist das ganze Universum."

Als Mun Ik diese Worte hörte, öffnete sich schlagartig sein Geist. Er verbeugte sich abermals und sagte: „Ah, Meister, gibt es noch etwas, das jetzt soweit ist?"

Unvermittelt schrie der Meister: „Mun Ik!"

Mun Ik schrie zurück: „Ja!"

„Sehr gut," freute sich der Meister, „da du jetzt soweit bist, kannst du gehen."

94. Was hast du gesagt?

An einem Donnerstag abend, nach dem Dharma-Vortrag im Zen-Zentrum in Cambridge, fragte ein Schüler Dae Soen Sa Nim. „Was bist du?"

Dae Soen Sa Nim antwortete: „Was hast du gesagt?"

„Was bist du?"

„Was hast du gesagt?"

Der Schüler wiederholte jetzt ganz langsam: „Was ... bist ... du?"

„Vielen Dank." Nun entstand ein kurzes Auflachen unter den Zuhörern, dann trat Stille ein. Dae Soen Sa Nim fügte hinzu: „Verstehst du das?"

„Nein."

„Ich sagte, ‚vielen Dank'. Was bist du?"

Der Schüler antwortete: „Ich weiß nicht."

„Ich schlage dich. Verstehst du es jetzt?"

„Nein."

Dae Soen Sa Nim erklärte: „Okay. Du fragtest mich, ‚was bist du?', und ich antwortete, ‚was hast du gesagt?'. Du fragtest wieder, ‚was bist du?', ich antwortete wieder, ‚was hast du gesagt?'. Du wiederholtest noch einmal, ‚was bist du?', also sagte ich, ‚vielen Dank'. Der Dialog war bereits beendet, aber du wußtest es nicht. Darum fragte ich dich, ‚was bist du?‘. Du wußtest es nicht. Deshalb schlage ich dich, verstehst du das? ‚Was hast du gesagt?‘ war meine Antwort auf deine Frage. Jeder hat diese Antwort verstanden, also hast du jeden gelehrt. Deshalb sagte ich, ‚vielen Dank‘. Aber du hast dein eigenes Lehren nicht verstanden, deshalb schlage ich dich.“

Der Schüler saß einige Augenblicke mit total verblüfftem Gesichtsausdruck da, und schließlich verbeugte er sich ganz langsam.

95. Viel Lärm um nichts

Zen-Meister Ku Sahn schrieb folgende Zeilen an Ven. Dok Sahn, den Abt des Sambosa Tempels:

„Einst fragte Ang Sahn den Zen-Meister Wi Sahn Yung-wu, ‚wo wohnt der wahre Buddha?‘

Wi Sahn antwortete, ‚treffen Entstehen und Materie aufeinander, so werden sie zu Licht. Dieses Licht ist Leerheit, und diese Leere ist voll. Sind alle Phänomene ausgelöscht und an ihren Ursprung zurückgekehrt, dann werden Natur und Form klar. Entstehung ist Entstehung; Materie ist Materie. Nur einfach so: das ist der wahre Buddha.‘

Bei diesen Worten wurde Ang Sahn erleuchtet.

Nun Dok Sahn, wie lautet Deine Ansicht darüber?“

Dok Sahn erwiderte diesen Brief folgendermaßen:

„Man sagt, der Geist habe keinen Wohnsitz. Dok Sahn, der General, der auf dem Robinberg das Tor von Sambosa bewacht, hat auch keinen Wohnsitz und keine Ansicht.

Zum Dialog zwischen Ang Sahn und Wi Sahn – schlage ich sie beide dreißigmal und verfüttere ihre Körper an einen hungrigen Hund.“

Daraufhin schrieb Zen-Meister Ku Sahn folgendes zurück:

„Du schreibst in Deinem Brief, Du seist der General, der das Tor von Sambosa bewacht. Aber in der wahren Leerheit gibt es weder Eingang noch Ausgang. Was bewachst Du also?

Du schreibst außerdem, Du habest Ang Sahn und Wi Sahn dreißigmal geschlagen. Gib mir bitte eine Antwort, die vor den Worten liegt. Du schlägst sie dreißigmal. Wen schlägst Du?“

Dok Sahn schrieb danach an Seung Sahn Soen Sa Nim:
„Wie soll ich denn diese Fragen beantworten? Ich erwarte Deine freundlichen Belehrungen."

Soen Sa Nim antwortete Zen-Meister Ku Sahn:
„Das Schwert des Generals, der das Tor auf dem Robinberg bewacht, tötet Buddhas und Patriarchen, wenn es auf sie trifft. Öffnet Ku Sahn hier seinen Mund, dann wird auch er keine Chance haben, dem Tod durch das erbarmungslose Schwert zu entkommen.
Zu der zweiten Frage – es sind doch Ang Sahn und Wi Sahn, die geschlagen werden. Warum schleppst Du die dreißig Hiebe auf Deinem Rücken herum?
KATZ!!!
Der Himmel ist blau und das Gras ist grün."

96. Ein Hinterhalt auf den Feldern des Dharmas

Eines Morgens, während dem Yong Maeng Jong Jin im Zen-Zentrum in Providence, ging ein Schüler in den Interview Raum und verbeugte sich vor Dae Soen Sa Nim, der ihn fragte: „Hast du irgendwelche Fragen?"
Der Schüler antwortete: „Ja. Ein großer Zen-Meister fragte einst seine Schüler, ‚was ist die Buddha-Natur?' Ein Schüler rief, ‚KATZ!!!'; ein anderer Schüler antwortete, ‚nimm die Hörner eines Hasen und hebe den Mond aus dem Wasser'; der dritte Schüler sagte, ‚die Biene fliegt zu den Blumen'. Welche dieser Antworten ist die beste?"
„Sie sind alle schlecht."
„Warum?"
Dae Soen Sa Nim erwiderte: „Die Biene fliegt zu den Blumen."
„Das ist eine scheußliche Antwort."
Dae Soen Sa Nim fragte: „Warum?"
„Der Baum draußen vor dem Fenster ist grün."
Dae Soen Sa Nim sagte: „Ah, hättest du mir das nicht gesagt, ich hätte doch tatsächlich nicht mehr weiter gewußt."

97. Das Kurz-Antwort-Zen des Un-Mun

Eines Tages fragte ein Schüler Zen-Meister Un-mun: „Was ist es, das über Buddha und alle bedeutenden Lehrer hinausgeht?"

Un-mun antwortete: „Kuchen."

Ein anderer Schüler fragte: „Wenn du nicht denkst, gibt es dann irgendwelche Fehler?"

Un-mun antwortete: „Berg Sumi."

Einmal fragte ihn jemand: „Was ist dein wahres Gesicht?"

Un-mun antwortete: „Ausflüge zwischen Bergen und Flüssen."

Auf diese Weise lehrte Un-mun Zen, indem er stets kurze Antworten auf die Fragen seiner Schüler gab. Oft benutzte er nur ein einziges Wort, um dem Geist seiner Schüler einen Denkanstoß zu geben.

Ein Schüler fragte ihn einmal: „Welches ist das schärfste Schwert?"

Un-mun antwortete: „Patriarch."

Ein anderer Schüler fragte ihn: „Was ist das wahre Dharma des Buddhismus?"

„Breit."

Ein weiterer Schüler fragte: „Wann schlüpft das Hühnchen aus dem Ei?"

„Echo."

Einmal fragte jemand: „Töte ich meine Eltern, so kann ich es dem Buddha beichten; töte ich aber alle Buddhas und bedeutenden Lehrer, wem kann ich dann beichten?"

„Erscheinen."

Ein anderer fragte ihn: „Welcher der drei Körper – Form-Körper, Bewußtsein-Körper und Dharma-Körper – spricht die Wahrheit?"

Un-mun antwortete: „Hauptsächlich."

Auf diese Weise öffnete Un-mun mit seinen kurzen Antworten vielen den Geist.

98. Ko Bong erklärt ein Gedicht

Ein Schüler kam zu Zen-Meister Ko Bong, dem Lehrer von Dae Soen Sa Nim, und sagte:

‚Alle Menschen kommen aus den zehn
Himmelsrichtungen zusammen.
Jeder von ihnen lernt, nichts zu tun.
Das ist ein fruchtbarer Boden, um Buddha zu werden.
Der leere Geist schafft die Prüfung und kehrt zurück.‘

Können diese Worte den Menschen helfen oder nicht?"

Ko Bong antwortete: „Sie können helfen."

„Welcher Satz hilft ihnen?"

„Bringe jeden einzeln vor."

Der Schüler überlegte: „Wie lautet der erste Satz: ‚Alle Menschen kommen aus den zehn Himmelsrichtungen zusammen‘?"

„Der Drache und die Schlange verbünden sich. Erleuchtung und Unwissenheit werden zu zwei Seiten derselben Münze."

„Wer lernt, nichts zu tun?"

„Buddha und alle bedeutenden Lehrer sind heruntergeschluckt; das Auge verbindet Erde und Himmel."

„Was ist ein fruchtbarer Boden, um Buddha zu werden?"

„Von Westen nach Osten sind es einhunderttausend, von Norden nach Süden achttausend."

„Wie lautet der letzte Satz: ‚Der leere Geist schafft die Prüfung und kehrt zurück‘?"

„Während des Handelns oder Nicht-Handelns taucht ein bedeutender Weg auf. Dieser Weg war immer da, und er ließ sich nicht in die Abgründe der Unruhe herabziehen."

Der Schüler stellte fest: „Folglich wird in jedem Satz die Natur widergespiegelt. Jeder einzelne ist die Wahrheit."

„Was hast du erkannt und erreicht?"

Der Schüler rief: „KATZ!!!"

Ko Bong entgegnete: „Das heißt einen Stock nehmen und versuchen, den Mond damit zu schlagen."

99. Die Geschichte Seung Sahn Dae Soen Sa Nims

Dae Soen Sa Nim wurde 1927 in Seun Choen, dem heutigen Nord-Korea geboren. Seine Eltern waren evangelische Christen.

Korea war damals unter strenger japanischer Militärherrschaft, und jegliche politische und kulturelle Freiheit wurde mit aller Brutalität unterdrückt. Von 1944 an gehörte Dae Soen Sa Nim zur unabhängigen Untergrundbewegung Koreas. Einige Monate später wurde er von der japanischen Polizei verhaftet und entkam nur mit knapper Not der Todesstrafe. Nach seiner Entlassung aus dem Gefängnis stahl er gemeinsam mit zwei Freunden mehrere tausend Dollar von den Eltern und überquerte die schwerbewachte Grenze zur Mandschurei, um sich der Freien Armee Koreas anschließen zu können, doch dieser Versuch blieb erfolglos.

In den Jahren nach dem zweiten Weltkrieg studierte Dae Soen Sa Nim westliche Philosophie an der Universität Dong Guk. Die politische Lage in Süd Korea spitzte sich mehr und mehr zu. Eines Tages wurde Dae Soen Sa Nim klar, daß er weder durch seine politischen Aktionen noch durch seine akademischen Studien den Menschen helfen könnte. Deshalb rasierte er sich den Kopf kahl, ging in die Berge und gelobte, nicht eher zurückzukehren, bis er die absolute Wahrheit erkannt hätte.

Drei Monate lange studierte er nun die konfuzianischen Schriften, aber auch sie konnten ihn nicht befriedigen. Dann gab ihm ein Freund, der in einem kleinen Bergtempel Mönch war, das Diamant-Sutra, und das war Dae Soen Sa Nims erste Begegnung mit dem Buddhismus. „Alles, was in dieser Welt erscheint, ist unbeständig. Kannst du alles, was erscheint, so sehen, als ob es nie erschienen wäre, dann wirst du dein wahres Selbst erkennen." Als er diese Worte las, wurde sein Geist klar. Während der folgenden Wochen las er viele Sutren. Schließlich beschloß er, buddhistischer Mönch zu werden, und er wurde im Oktober 1948 zum Mönch ordiniert.

Dae Soen Sa Nim verstand bereits die Sutren. Er erkannte, daß das einzig wichtige für ihn jetzt die Übung war. Folglich ging er zehn Tage nach seiner Mönchsweihe abermals in die Berge, diesmal für ein Hundert-Tage-Retreat auf den Won Gak, den Berg der vollkommenen Erleuchtung. Hier unterzog er sich strengster Übung: Er ernährte sich ausschließlich von getrockneten, zu Pulver gestoßenen Piniennadeln, sang zwanzig Stunden täglich das ‚Große Dharani der urspünglichen Energie' und nahm mehrmals täglich Eisbäder.

Schon bald wurde er von Zweifeln geplagt. Wozu war dieses Einzelretreat notwendig? Warum mußte er sich solchen Extremen aussetzen? Sollte er nicht besser in einen kleinen, im stillen Tal gelegenen Tempel übersiedeln, heiraten, wie es die japanischen Mönche tun und ganz allmählich Erleuchtung erlangen, im Kreise einer glücklichen Familie? Eines nachts quälten ihn diese Gedanken dermaßen stark, daß er beschloß aufzubrechen, und er packte seine Habseligkeiten. Am folgenden Morgen war sein Geist jedoch klarer, und er packte wieder aus. Einige Tage später passierte dasselbe noch einmal, und so packte er in den folgenden Wochen insgesamt neunmal ein und wieder aus.

Fünfzig Tage waren nun schon verstrichen, und Dae Soen Sa Nims Körper war sehr erschöpft. Jede Nacht versetzten Visionen ihn in Angst und Schrecken. Dämonen stiegen aus der Dunkelheit und plagten ihn mit obszönen Gesten. Leichenschänder pirschten sich von hinten an in heran und schlangen ihre kalten Finger um seinen Hals. Riesige Käfer fraßen an seinen Beinen. Tiger und Drachen standen brüllend vor ihm. Er lebte in pausenlosem Terror.

Nach einem Monat dieser Schreckensvisionen verwandelten sie sich in genußvolle Vorstellungen. Manchmal kam Buddha und lehrte ihn ein Sutra. Dann erschienen prächtig gekleidete Bodhisattvas, um ihm mitzuteilen, daß er in den Himmel komme. Manchmal kippte er vor Erschöpfung um, und Kwanseum Bosal weckte ihn freundlich. Als es auf den neunzigsten Tag zuging, war sein Körper kraftvoll und seine Haut war von den Piniennadeln ganz grün geworden.

Eines Tages, eine Woche vor dem Ende des Retreats, als er draußen umherging, sang und mit dem *Moktak* den Rhythmus dazu schlug, tauchten plötzlich zwei elf- oder zwölfjährige Jungen zu beiden Seiten von ihm auf und verbeugten sich. Sie trugen sehr bunte Roben, und ihre Gesichter waren von außerirdischer Schönheit. Dae Soen Sa Nim war sehr überrascht. Sein Geist fühlte sich stark und vollkommen klar, wie war es also möglich, daß sich diese Dämonen materialisieren konnten? Er ging einen schmalen Berpfad voran, und die beiden Jungen folgten ihm geradewegs durch die Felsen zu beiden Wegseiten hindurch. So gingen sie schweigend eine halbe Stunde gemeinsam, und als Dae Soen Sa Nim zurückgekehrt war und sich vor dem Altar nach der Verbeugung aufrichtete, waren sie verschwunden. So ging das eine ganze Woche lang, Tag für Tag.

Schließlich war der hundertste Tag erreicht. Dae Soen Sa Nim war draußen, sang und schlug den *Moktak* dazu. Plötzlich verschwand sein Körper im endlosen Raum. Von weiter Ferne konnte er hören, wie der *Moktak* geschlagen wurde und auch den Klang seiner eigenen Stimme. Für einige Zeit verweilte er in diesem Zustand, und als er in den Körper zurückkehrte, verstand er. Die Felsen, der Fluß, alles was er sehen konnte, alles was er hören konnte, das alles war sein wahres Selbst. Alles ist haargenauso wie es ist. Die Wahrheit ist einfach genau so.

Dae Soen Sa Nim schlief diese Nacht sehr gut. Als er am folgenden Morgen aufwachte, sah er einen Mann den Berg hinaufsteigen. Einige Krähen flogen aufgescheucht aus einem Baum. Da schrieb er folgendes Gedicht:

Die Straße am Fuß des Berges Won Gak
ist nicht die Straße der Gegenwart.
Der Mann, der mit dem Rucksack hinaufsteigt,
ist nicht der Mann der Vergangenheit.
Tak, tak, tak – seine Schritte
durchstechen Gegenwart und Vergangenheit.
Die Krähen dort aus dem Baum.
Krah, krah, krah.

Gleich als er zurückgekehrt war, traf Dae Soen Sa Nim Zen-Meister Ko Bong, dessen Lehrer Zen-Meister Mang Gong war. Ko Bong hatte den Ruf, der brillanteste Zen-Meister Koreas zu sein und einer der strengsten obendrein. Zu dieser Zeit lehrte er nur Laien, denn er war überzeugt, Mönche seien nicht begeistert genug, um gute Zen-Schüler zu sein. Dae Soen Sa Nim wollte an Ko Bong seine Erleuchtung erproben und ging mit dem *Moktak* auf ihn zu: „Was ist das?" Ko Bong nahm den *Moktakt* und schlug ihn. Das war genau das, was Dae Soen Sa Nim erwartet hatte.

Dae Soen Sa Nim fragte: „Wie kann ich Zen üben?"

Ko Bong entgegnete: „Ein Mönch fragte einst Zen-Meister Jo-ju, ‚warum kam Bodhidharma nach China?'. Jo-ju antwortete, ‚die Pinie im Vorgarten'. Was bedeutet das?"

Dae Soen Sa Nim verstand zwar, aber er wußte nicht, wie er antworten sollte. Deshalb sagte er: „Ich weiß nicht."

Ko Bong sagte: „Bewahre nur diesen Weiß-Nicht-Geist. Das ist die wahre Zen-Übung."

In diesem Frühjahr und im Sommer übte Dae Soen Sa Nim hauptsächlich die Arbeitsmeditation. Im Herbst nahm er an der Hundert-Tage-

Meditation im Su Dok Sa Kloster teil und lernte dort die Zen-Sprache und das Dharma-Gefecht. In diesem Winter wurde ihm klar, daß die Mönche nicht ernsthaft genug übten, und er beschloß, etwas nachzuhelfen. Eines nachts, als er Wachdienst hatte (es hatte einige Einbrüche gegeben) holte er alle Töpfe und Pfannen aus der Küche und stellte sie im Kreis im Vorhof auf. In der folgenden Nacht drehte er den Buddha auf dem Hauptaltar gegen die Wand, nahm den Räucherstäbchenhalter, der ein nationaler Schatz war und hängte ihn an einem Persimonenbaum im Garten auf. Am nächsten Morgen war das ganze Kloster in Aufregung. Es gingen Gerüchte um, über durchgedrehte Einbrecher oder Götter, die aus den Bergen kämen, um die Mönche zu ernsthafterer Übung zu ermahnen.

In der dritten Nacht schlich sich Dae Soen Sa Nim zum Nonnenquartier, nahm siebzig Paar Nonnenschuhe und stellte sie vor Zen-Meister Dok Sahns Zimmer auf, zur Schau gestellt wie in einem Schuhgeschäft. Aber in dieser Nacht wachte eine Nonne auf und wollte ins Nebengebäude gehen, vermißte ihre Schuhe und weckte das gesamte Nonnenquartier. Dae Soen Sa Nim wurde gefangen und am nächsten Tag vor ein Gericht gebracht. Weil die Mehrzahl der Mönche dafür stimmte, ihm noch eine Chance zu geben (die Nonnen waren einstimmig gegen ihn), wurde er nicht aus dem Kloster verstoßen. Aber er hatte sich bei allen hohen Mönchen offiziell zu entschuldigen.

Zuerst ging er zu Dok Sahn und verbeugte sich. Dieser sagte: „Bleib bei deiner guten Arbeit."

Dann begab er sich zu der höchsten Nonne und sie sagte: „Sie haben etwas zuviel Aufruhr in diesem Kloster verursacht, junger Mann." Dae Soen Sa Nim lachte: „Die ganze Welt ist bereits in Aufruhr. Was kannst du tun?" Sie konnte nicht antworten.

Der nächste war Zen-Meister Chung Song, der bekannt für seine wilden Taten und unanständigen Reden war. Dae Soen Sa Nim verbeugte sich: „Ich habe alle Buddhas der Vergangenheit, Gegenwart und Zukunft getötet. Was kannst du tun?"

Chung Song antwortete: „Aha!" und sah Dae Soen Sa Nim tief in die Augen und fügte hinzu: „Was hast du gesehen?"

Dae Soen Sa Nim erwiderte: „Du hast es bereits verstanden."

Chun Song sagte: „Ist das alles?"

„In dem Baum vor dem Fenster singt ein Kuckuck."

Chung Song lachte: „Aha!" Er stellte noch einige Fragen, die Dae Soen Sa Nim alle ohne Schwierigkeiten beantworten konnte. Schließlich erhob sich Chung Song, tanzte um Dae Soen Sa Nim herum und rief: „Du bist erleuchtet! Du bist erleuchtet!" Diese Neuigkeit verbreitete sich wie ein Lauffeuer, und nun begann man die Ereignisse der vorangegangenen Tage zu verstehen.

Am 15. Januar war die Zeit um, und Dae Soen Sa Nim zog los, um Ko Bong zu treffen. Auf dem Weg nach Seoul ging er bei Zen-Meister Keum Bong und Zen-Meister Keum Oh zum Interview. Beide gaben ihm *Inka*, das Siegel der Bestätigung des großen Erwachens eines Zen-Schülers.

Dae Soen Sa Nim kam in seinen alten, geflickten Retreatkleidern und mit einem Proviantbeutel bei Ko Bong im Tempel an. Er verbeugte sich vor Ko Bong und sagte: „Alle Buddhas erwiesen sich als ein Leichenhaufen. Wie wäre es mit einem Begräbnis?"

Ko Bong entgegnete: „Beweise es!"

Dae Soen Sa Nim griff in seinen Proviantbeutel und holte einen getrockneten Tintenfisch und eine Flasche Wein heraus: „Hier sind die Überreste der Leichenfeier."

„Dann schenke mir etwas Wein ein."

„Okay, gib mir dein Glas."

Ko Bong streckte seine offene Hand hin.

Dae Soen Sa Nim stieß sie mit der Flasche weg: „Das ist kein Glas, das ist deine Hand!" Dann stellte er die Flasche auf den Boden.

Ko Bong lachte: „Nicht schlecht. Du hast es fast geschafft. Aber ich habe noch einige Fragen an dich." Er begann, Dae Soen Sa Nim die schwierigsten der eintausendsiebenhundert traditionellen *Kong-Ans* zu fragen. Dae Soen Sa Nim löste sie ohne Schwierigkeiten.

Dann sagte Ko Bong: „In Ordnung, eine letzte Frage. Die Maus ißt das Katzenfutter, aber die Katzenschüssel ist zerbrochen. Was bedeutet das?"

Dae Soen Sa Nim antwortete: „Der Himmel ist blau, das Gras ist grün."

Ko Bong schüttelte den Kopf: „Nein."

Dae Soen Sa Nim war verblüfft. Nie zuvor hatte er eine Zen-Frage nicht begriffen. Er wurde rot und gab eine „einfach so" Antwort nach der anderen. Ko Bong schüttelte weiterhin den Kopf. Schließlich explodierte Dae Soen Sa Nim vor Zorn und Enttäuschung: „Drei Zen-Meister gaben mir *Inka*! Warum sagst du, ich läge falsch?!"

Ko Bong entgegnete: „Was bedeutet das? Sag's mir."

Die folgenden fünfzig Minuten saßen sich Ko Bong und Dae Soen Sa Nim Auge in Auge gegenüber, wie zwei lauernde Kater. Es war eine spannungsgeladene Stille. Dann, ganz plötzlich, hatte Dae Soen Sa Nim die Antwort. Sie war „einfach genau so."

Als Ko Bong das hörte, wurden seine Augen feucht und sein Gesicht strahlte vor Freude. Er umarmte Dae Soen Sa Nim und sagte: „Du bist die Blume; ich bin die Biene."

Am 25. Januar 1949 erhielt er die Dharma-Übertragung und wurde somit der 78. Patriarch in der Folge dieser Tradition. Es war die einzige Übertragung, die Ko Bong je gab.

Nach der Zeremonie sagte er zu Dae Soen Sa Nim: „Die nächsten drei Jahre mußt du Stillschweigen bewahren. Du bist ein freier Mann. Wir treffen uns in fünfhundert Jahren wieder."

Jetzt war Dae Soen Sa Nim ein Zen-Meister. Er war zweiundzwanzig Jahre alt.

100. Was ist Liebe?

Eines Abends, nach dem Dharma-Vortrag im Zen-Zentrum in Cambridge, fragte ein Schüler Dae Soen Sa Nim: „Was ist Liebe?"

Dae Soen Sa Nim antwortete: „Ich frage dich: Was ist Liebe?"

Der Schüler schwieg.

Dae Soen Sa Nim sagte: „Das ist Liebe."

Der Schüler schwieg noch immer.

Dae Soen Sa Nim erklärte: „Du fragst mich; ich frage dich. Das ist Liebe."

Worterklärungen

Anuttara Samyak Sambodhi (Sanskrit) ist die vollkommene universelle Erleuchtung.

Bodhidharma (Sanskrit) war der erste Zen-Patriarch. Ursprünglich kam er circa 520 v. Chr. aus China und er saß neun Jahre im Shao Lin Tempel mit dem Gesicht zur Wand.

Bodhisattva (Sanskrit): Bodhi bedeutet vollkommene Weisheit oder Prajna, und Sattva bedeutet ein Wesen, dessen Handlungen die Einheit und Harmonie fördern. Einer, der gelobt, die seelige Stille seiner Erleuchtung zurückzuhalten, um allen bewußten Wesen zu helfen, ihre eigene Befreiung zu finden. Einer der die Erleuchtung nicht für sich, sondern für andere sucht. Das Bodhisattva-Ideal ist das Herz des Mahayana und des Zen-Buddhismus.

Buddha-Natur ist die wahre unveränderliche und ewige Natur aller Wesen. Da alle Wesen diese Buddha-Natur besitzen, ist es ihnen möglich, Erleuchtung zu erlangen und ein Buddha zu werden.

Chuk Pi (korean.) ist ein im Zen-Kloster verwendetes Gerät aus Holz, dessen Teile zusammengeschlagen einen lauten Ton ergeben. Es gibt die Signale für das Essen und Sitzen.

Dae Soen Sa Nim Seung Sahn wurde getauft auf den Namen Duk In; sein Mönchsname war Haeng Won; sein Erleuchtungs-Name ist Seung Sahn, das bedeutet hoher Berg, mit diesem Namen unterschreibt er auch; Soen Sa Nim (korean.) bedeutet Zen-Meister; der Zusatz Dae ist der höchste Titel für einen koreanischen Meister, diese seltene Ehrung wurde ihm 1988 erteilt. In Europa wird er Dae Soen Sa Nim genannt.

De-an (chin.) heißt der Große Friede.

Dharma (Sanskrit) heißt umschrieben „das, was unser wahres Wesen ausmacht". Es ist die Grundlage der menschlichen Moral und Ethik; die Hauptlehre des Buddhismus; das universelle Gesetz; es bedeutet aber auch im weiteren Sinne – jede Lehre der Wahrheit.

Dharma-Raum ist die Meditations- und Zeremonienhalle in den Zen-Zentren.

Dokusan siehe Interview.

Gassho siehe Hapchang.

Geist ist in diesem Buch die Übersetzung des amerikanischen Wortes MIND. Ab und zu ist es auch mit dem Wort Verstand übersetzt. Das Wort Mind ist ein allumfassender Begriff und heißt: Sinn, Gemüt, Herz, Seele, Geist und Verstand. Es steht in unserem Fall für den Geist mit all seinen Gedanken, Wünschen, Vorstellungen, Erinnerungen, Meinungen, seinem Willen und dualistischen Denken, allem intellektuell und emotional Erfahrbaren.

Gelöbnisse sind die ethischen Richtlinien, die im Buddhismus das Verhalten von Mönchen, Nonnen und Laien bestimmen. Um ein offizieller Zen-Schüler zu werden, erhält man die fünf Gelöbnisse, die man bei einer Zeremonie anerkennt:

Ich gelobe, kein Leben zu zerstören.
Ich gelobe, nichts zu nehmen, was mir nicht gegeben wird.
Ich gelobe, keine falschen Tatsachen vorzutäuschen.
Ich gelobe, keinen Mißbrauch mit Sexualität zu treiben.
Ich gelobe, keine Drogen zu mir zu nehmen.

Großes Fahrzeug (Sanskrit): So bezeichnete sich der Mahayana Buddhismus, als er 100 v. Chr. aufkam, da er dank seiner Vielfältigkeit, allen Wesen den Weg zur Erlösung zugänglich machen will.

Hapchang (korean.) ist das Zusammenlegen beider Handflächen vor der Brust als Zeichen des Respekts, der Dankbarkeit und der Demut.

Inka siehe Übertragung.

Interview ist ein formelles, privates Treffen zwischen Zen-Lehrer und Zen-Schüler, dabei werden *Kong-Ans* benutzt, um den Schüler zu prüfen und anzuspornen. Es bietet aber auch Gelegenheit zu Fragen und Belehrungen außerhalb der Form.

Karma (Sanskrit) ist das Gesetz von „Ursache und Wirkung“ und der ewig fortlaufende Prozess von Aktion und Reaktion. Deshalb sind unsere gegenwärtigen Gedanken, Handlungen und Situationen die Wirkung dessen, was wir in der Vergangenheit getan und gedacht haben; und unsere künftigen Gedanken, Handlungen und Situationen sind die Wirkungen unseres gegenwärtigen Verhaltens. Auf diese Weise entsteht das gesamte persönliche Karma.

KATZ ist der berühmte Zen-Schrei aus dem Unterbauch. Sein eigentlicher Sinn liegt im Abschneiden der unterscheidenden Gedanken.

Kensho (jap.), wörtlich „Wesensschau“, wird die Erfahrung des Erwachens genannt, man bekommt dabei Einblick in sein wahres Wesen.

Kong-An (korean.), Koan (jap.) ist eine verwirrende Formulierung, die auf die Wahrheit hinweist. Kong-Ans sind nicht mit Hilfe des logischen Denkens zu lösen.

Kwanseum Bosal (korean.), Bodhisattva Avalokiteshvara (Sanskrit), Kuan Yin (chin.), Kanzeon (jap.) ist der Bodhisattva der Liebe und Güte. Kwan um „der Allerbarmende" oder wörtlich „einer, der die Rufe der Welt wahrnimmt" und daraufhin aus Mitgefühl tätige Hilfe leistet.

Mahakasyapa (Sanskrit) war ein ausgezeichneter Schüler des Buddha und übernahm nach dessen Tod die Führung der Sangha (buddhistische Gemeinde).

Mantra (Sanskrit) sind Worte und Silben, die bei regelmäßiger Wiederholung in der spirituellen Übung das unterscheidende Denken abschneiden und somit den Geist klären.

Moktak (korean.) ist ein ausgehöhltes Holzinstrument, das mit einem Holzkegel geschlagen wird. Es gibt den Rhythmus beim Singen an und setzt dabei die Zeichen für die Verbeugungen. Der Moktak ruft mit seinem weitreichenden Hall die Teilnehmer zu allen Übungszeiten während des Retreats.

Nirvana (Sanskrit) heißt wörtlich „Verlöschen" und ist ein Zustand der Befreiung oder Erleuchtung, gekennzeichnet durch das Aufgehen des individuellen, vergänglichen Ichs im Absoluten.

Prajna Paramita ist die erlösende Weisheit.

Retreat heißt wörtlich Rückzug und ist eine bestimmte Zeit des sich Zurückziehens von der Außenwelt in die Meditation.

Roshi (jap.), wörtlich „alter (verehrungswürdiger) Meister", ist die Bezeichnung für einen Zen-Meister. Die traditionelle Schulung im Zen findet unter einem Roshi statt, der auch Laie sein kann.

Samadhi (Sanskrit) heißt wörtlich „Fixieren, Festmachen" und ist ein Bewußtseinszustand, in dem das Denken aufhört. Es ist ein völliges Aufgehen in der Meditation.

Satori (jap.) bezeichnet die Erfahrung des Erwachens und heißt umschrieben „Erkenntnis".

Sesshin (jap.) siehe YMJJ.

Skandha (Sanskrit) sind die fünf folgenden Gesamtheiten der menschlichen Existenz: Körper oder auch Form, Empfindungen oder auch Gefühle, Wahrnehmungen, Psyche oder auch Antriebe und Bewußtsein. Sie machen die vermeintliche ‚Persönlichkeit' aus. Aus ihnen entstehen die Abhängigkeiten, die Gier und somit auch das Leiden.

Sutra (Sanskrit), wörtlich „Leitfaden", ist ein buddhistischer Schrifttext. Die Sutren enthalten Buddhas Reden und Predigten aus dem Pali-Kanon. Die Mahayana-Sutren sind später entstanden.

Tathagata ist der leere Geist, der weder entsteht noch vergeht, und das Erfahren der Leerheit, sowie der Einheit des Geistes mit dem Universum.

Übertragung, Inka (jap.) wörtlich „das rechte Siegel des deutlich erbrachten Beweises" ist die offizielle Bestätigung eines Meisters, daß seine Lehre von dem Schüler vollends verstanden wurde.

Venerable steht als Anrede für Ehrwürdiger. Die Kurzform ist Ven.

Yong Maeng Jong Jin, (korean.), die Kurzform ist YMJJ, heißt wörtlich „tapfere, unerschrockene Konzentration" und wird umschrieben als „Sitzen wie ein Tiger vor dem Sprung". Es sind drei bis fünf Tage dauernde Retreats, die dreizehn Stunden formelle Meditationsübungen enthalten. Die Teilnehmer folgen in diesen Tagen einem Zeitplan, der das Verbeugen, Sitzen, Singen, Essen und Arbeiten regelt, wobei der Hauptteil die Sitzmeditation ist. In dieser Zeit hat jeder mehrere Gelegenheiten zum Interview.

Zazen, wörtlich „Sitzen in Versunkenheit", ist eine meditative Übung, die im Zen gelehrt wird. Zazen ist in seiner reinsten Form das Verweilen in gedankenfreier, hellwacher Aufmerksamkeit, die an nichts festhält.

Zen-Zentrum: Hier leben Wohn- und Meditationsgemeinschaften unter Dae Soen Sa Nims Leitung. Morgens und abends wird täglich gemeinsam geübt. Diese Zeiten sind öffentlich, und einmal im Monat wird in jedem Zen-Zentrum ein YMJJ angeboten.

Zentren und Kontaktadressen

Dharma Sah
Zen-Zentrum Dorsten
Alleestraße 13 a
4270 DORSTEN 1
Tel. 0 23 62 / 4 34 92

Dharma Sah
Zen-Zentrum Frankfurt
Koselstraße 37 HH
6000 FRANKFURT 1
Tel. 0 69 / 59 97 01

Haupttempel
Dharma Sah
26 Rue Bergere, 4et.
F-75009 PARIS
Tel. 0 03 31 / 47 70 44 70

Ansumala-Meditationszentrum
Kaps 1
8219 RIMSTING
Tel. 0 80 51 / 6 12 36

Waldhaus am Laacher See
Zentrum für Buddhismus und bewußtes Leben
Heimschule 1
5477 NICKENICH
Tel. 0 26 36 / 33 44

Griselda Olavarria
3 Chemin de l'Aulni
CH-1212 GRAND LANCY GENEVE
Tel. 0 22 / 49 09 73 (Arbeit 98 47 10)

Alfred Scheidel
Forum Esoterikum
Postfach 16 A
A-5015 SALZBURG
Tel. 06 62 / 21 04 13

Alois Breiteneder
Anzengruberstr. 75/4
A-1140 WIEN
Tel. 02 22 / 97 49 83